Isabel Gillies
Happy End einer Ehe

PIPER

Zu diesem Buch

Isabel Gillies führt ein wunderbares Leben – mit einem attraktiven, klugen, liebenden Ehemann, zwei großartigen kleinen Kindern und einem schönen Haus. Ihm zuliebe hat sie ihre Schauspielkarriere in New York aufgegeben, um ihm nach Ohio zu folgen; die Familie ist ihr eben am wichtigsten. Doch plötzlich ist dieses Leben vorbei. Ihr Mann Josiah verkündet, dass er sie und seine beiden kleinen Söhne verlassen wird. Für seine neue Kollegin. Die Existenz, die Isabel sich fern der Heimat in der Provinz ihrem Mann zuliebe aufgebaut hatte, lag in Trümmern. Wie die Streichhölzer finden, wenn jemand einem die Lebenskerze ausgeblasen hat und man im Dunkeln steht? Eine atemberaubend ehrliche, unglaublich fesselnde und am Ende befreiende Geschichte über Liebe, Ehe, Familie, Liebeskummer und darüber, dass ein Unglück nicht immer ein Unglück ist.

Isabel Gillies studierte Film an der New York University und spielt in der Fernsehserie »Law & Order: New York« die Ehefrau von Detective Stabler. Ihr Kinodebüt gab sie mit »Metropolitan – Verdammt, bourgeois, verliebt«. Heute lebt sie mit ihrem zweiten Ehemann, den beiden Söhnen und ihrer Stieftochter in Manhattan. Die mitreißende Geschichte ihrer Scheidung wurde in den USA ein Bestseller und war auch bei der Presse ein riesiger Erfolg.
Weiteres zur Autorin: www.isabelgillies.com

Isabel Gillies

Happy End einer Ehe

Eine allzu wahre Geschichte

Aus dem Amerikanischen von
Henriette Zeltner

Piper München Zürich

Mehr über unsere Autoren und Bücher:
www.piper.de

Mix
Produktgruppe aus vorbildlich bewirtschafteten
Wäldern und anderen kontrollierten Herkünften
www.fsc.org Zert.-Nr. GFA-COC-001223
© 1996 Forest Stewardship Council

Deutsche Erstausgabe
November 2010

Titel der amerikanischen Originalausgabe:
»Happens Every Day«, Scribner, New York 2009

Umschlagkonzept: semper smile, München
Umschlaggestaltung: Cornelia Niere, München
Umschlagmotiv: Jason McDonald
Satz: Kösel, Krugzell
Papier: Munken Print von Arctic Paper Munkedals AB, Schweden
Druck und Bindung: CPI – Clausen & Bosse, Leck
Printed in Germany ISBN 978-3-492-25931-6

Für meine Jungs

Erster Teil

Isabel

1.

An einem Nachmittag Ende August nahm mein Mann Josiah sich vor, das Badezimmer unseres neuen Hauses in Oberlin, Ohio, mit Familienfotos zu dekorieren. Im Laufe der Jahre hatten wir eine riesige Menge gerahmter Bilder gesammelt. Manche waren schon Generationen alt und verdienten die Bezeichnung Fotografie wirklich. Etwa das von Josiahs Großvater, ein Typ wie Daniel Day Lewis, kräftig gebaut, auf einer Veranda sitzend und umgeben von seiner ganzen Familie, darunter mein Schwiegervater Sherman im Alter von zehn Jahren. Ich konnte mir das Bild immer gut als Cover für eine Südstaaten-Rockband im Stil von Lynyrd Skynyrd vorstellen. Es gab aber beispielsweise auch eines von meiner Urgroßmutter an ihrem Hochzeitstag im Jahre 1913: Sie war wunderschön und wohlhabend, und man sah ihr darauf richtiggehend an, dass sie aus Boston stammte. Ein Bild meiner Mutter zeigte sie auf den Stufen des Sarah Lawrence College, mit Zöpfen und einer Jackie-O-Sonnenbrille. Und dann waren da natürlich noch zahlreiche Schwarz-Weiß-Aufnahmen der diversen Familienhunde.

Meine Großeltern mütterlicherseits hatten stets zwei bis sechs schwarze Labradore. Es gab aber auch zwei Bernhardiner, einen namens McKinley und seinen Vorgänger Matterhorn. Sie lebten in Croton, New York, am Hudson River, genauer gesagt in der Quaker Ridge Road und gehörten zu dem Zirkel exzentrischer Intellektueller um John Cheever, die ein bisschen mehr, meist ererbtes Geld und reichlich Zeit zur Verfügung hatten. Meine Großeltern und John Cheever pflegten im Namen ihrer Labradore miteinander zu korrespondieren. Das klingt vielleicht verrückt, aber es stimmt. Mein Großvater besaß die Mutter, Sadie (»eine der großartigen Labradore«, wie er in seinem Akzent der Brahmanen von Boston gesagt hätte), und Mr. Cheever die Tochter namens Cassiopeia. In meiner Familie spielen Hunde eine ziemlich bedeutende Rolle. Aber es gab außer den Hunden im Hause meiner Großeltern auch noch den Waschbären Conney, der sich einem auf die Schulter setzte, wenn Drinks serviert wurden, und um in Scotch getauchte Eiswürfel bettelte, einen Tukan, das Schaf Elizabeth und für kurze Zeit sogar zwei Löwenjunge. Daraus könnte man vielleicht schließen, sie wären Tierärzte gewesen, hätten auf einer Farm gelebt oder wären verrückt gewesen, aber sie liebten einfach nur Tiere. Das Haus, in dem meine Mutter aufwuchs, war groß und weiß und von großzügigen Rasenflächen umgeben. Man besaß einen Vervielfältigungsapparat, der im Wohnzimmer stand und mit dem meine Großmutter Mimi umzugehen verstand. Die Familie erstellte *The Quaker Ridge Bugle*, das später als kleine Lokalzeitung sogar gedruckt wurde. Meine Großmutter war Künstlerin. Sie malte und zeichnete hauptsächlich Vögel. Heute schmücken die Bilder meine Wände und die meines Bruders Andrew. Ich erinnere mich daran, dass sie sehr hübsch, aber auch sehr dünn war. Sie trug lange Zöpfe und schwarze Strümpfe zu Sandalen. Sie und mein Großvater, der unter anderem auch Fotograf war, lebten später in Guatemala, sodass ich viele Bilder von ihr in leuchtend bunt gestreiften Ponchos im Kopf habe. Zu ihrer Zeit wirkte sie wie eine feenhafte Version von

Katharine Hepburn. Wie mein Großvater entstammte sie einer guten alten amerikanischen Familie. Sie war aber auch ein komischer Kauz. Eine Intellektuelle, gute Briefeschreiberin und zudem wahrscheinlich eine der ersten Magersüchtigen. Sie rebellierte so heftig wie nur möglich gegen ihre quasi aristokratische, tadellose Herkunft, indem sie Künstlerin wurde und ein alternatives Leben mit vielen Büchern und noch mehr Chaos führte. Viele Stunden verbrachte sie allein in ihrem Atelier. Fern von ihren Kindern, mit denen sie nie wirklich etwas anzufangen wusste. So wurde meine Mutter als die Älteste in die Pflicht genommen, und wahrscheinlich ist sie deshalb bis heute ein solches Organisationstalent. »Das klingt alles ziemlich verrückt, und genau das war es auch«, sagt meine Mutter heute.

Zu den Bildern, die Josiah im Bad aufhängte, gehörte auch eines von meinem Vater. Darauf schüttelt er bei einem Straßenfest 1977 an der Upper West Side Hände. Damals kandidierte er für den Stadtrat von New York City. Er gewann die Wahl nicht, aber meine Erinnerung daran ist nicht mehr so eindringlich wie die an sein Konterfei auf dem Bus der Linie, mit der ich täglich zur Schule fuhr. Ich werde niemals das Bild meines Vaters vergessen, das mich damals ansprang und auf dem er mit der Hand energisch nach vorne deutet, während ich meinen Fahrausweis zückte. ARCH GILLIES FÜR EINEN STARKEN STADTRAT. Ich fand, er hätte gewinnen sollen. Meiner Ansicht nach wäre er sogar als Präsident der Vereinigten Staaten geeignet gewesen. Er kann in größeren Zusammenhängen denken und ist absolut gerecht. Seine Großeltern waren Immigranten aus Schottland. Seine Eltern kamen zwar aus bescheidenen Verhältnissen, bereiteten ihrem einzigen Sohn jedoch in Port Washington, Long Island, eine geordnete, schöne Kindheit. Mein Großvater war bei der Marine und fand, obwohl er nie ein College besucht hatte, Mittel und Wege, sich bis zum Konteradmiral hochzudienen. Als er sich irgendwann zwischen lauter hochrangigen Offizieren wiederfand, bekam er mit, dass sie alle auf Internate gegangen waren. Als er also eines Tages auf Heimaturlaub zu meiner Großmutter nach Hause kam, erklärte er ihr, dass sie nur ein Kind haben würden, nämlich meinen Vater, und ihn auf eine Schule namens Choate in Connecticut schicken würden, die einer seiner Kameraden besucht hatte. Folglich ging mein Vater, der angenommen hatte, er würde tun, was alle seine Freunde taten, und zwar am Flughafen La Guardia arbeiten, nach Choate, wo eine sehr erfolgreiche Karriere ihren Anfang nahm. Er ging nach Princeton und wurde dort Studentenvertreter und Präsident all der für Gespräche und Meinungsaustausch so wichtigen Eating Clubs. In dieser Funktion half er, deren Richtlinien so zu ändern, dass alle Studenten die Chance bekamen, Mitglied bei den Eating Clubs zu werden. Seit damals war er ständig als Organisationstalent aktiv. Daher haben sich meine Eltern 1968 im Wahlkampfteam von Rockefeller kennengelernt. Am Ende der langen Arbeitstage tranken sie oft im Büro noch etwas zusammen. »Ich lieferte den Scotch, sie die Rocks«, pflegte er zu sagen und meiner Mutter dabei zuzublinzeln.

In dem Meer von Fotos gab es auch einen Schnappschuss von Josiah und seinem Bruder mit vier beziehungsweise fünf Jahren. Darauf lehnen sie sich an ihren Vater, der irgendwo im Süden mit ihnen im Auto unterwegs ist – natürlich alle ohne Sicherheitsgurt. Dann gab es da eines von Josiahs Mutter Julia, auf dem sie mit Josiahs Stiefvater John Händchen hält. An seiner anderen Hand hat er vier sich ebenfalls an den Händen haltende Kinder. Darunter ist auch der damals achtjährige Josiah. Sie spazieren allesamt in frisch gestärkt wirkenden weißen Shorts und leuchtend bunten Polos über einen Rasen in Palm Beach. Und sie passen perfekt zusammen.

Außerdem hatten wir eine Menge alter Weihnachtskarten aus unser beider Familien – darauf viele schlaksige langhaarige Teenager vor diversen Bergkulissen in Georgia oder an Felsenstränden in Dark Harbor, Maine. Unsere Eltern waren jeweils mehr als einmal verheiratet, und daher haben wir eine Reihe von Stief-, Halb- und echten Geschwistern, an denen wir sehr hängen. Die Vorsilben vor den Worten Bruder und Schwester spielten nie eine große Rolle.

Es gab auch ein Schwarz-Weiß-Foto meiner Freundinnen von der Highschool auf einem Konzert von Grateful Dead in Providence, Rhode Island. Die Aufnahme ist leicht gewellt, weil ich sie in einem Fotokurs selbst entwickelt habe. Außerdem war da eines von Josiah in einem Ruderboot aus seiner Internatszeit, auf dem er sehr konzentriert dreinschaut. Josiah scherzte oft darüber, dass man ihn in die Mitte der Crew gesetzt hat, um dort als Gewicht zu dienen, nicht nach vorne als Steuermann, der bei Regatten den Ton angab. Trotzdem fiel Josiah unter den acht Ruderkollegen ziemlich auf. Denn wenn jemand wie ein Adonis aussieht, wird er einfach nicht übersehen.

Unter den Bildern befand sich auch ein großes Foto in einem Silberrahmen, das mich und Josiah an unserem Hochzeitstag auf dem Weg zum Altar zeigt. Wir haben in der Weihnachtszeit geheiratet. Ich wünschte mir eine Hochzeit im Stil einer New Yorker Weihnachtsparty, deshalb gab es Unmengen schneeweißer Narzissen. Wir aßen Pasteten mit Hühnerfrikassee und Kokosnusstorte. Und natürlich gab es viele, viele Fotos unserer drei Jungs. Josiah hat einen Sohn aus erster Ehe, Ian, den ich kennenlernte, als er drei war. Ian lebt bei seiner Mutter in Texas und ist Josiah mit seinen dunklen Locken und Mandelaugen wie aus dem Gesicht geschnitten. Mein Lieblingsfoto von ihm ist eine Schwarz-Weiß-Aufnahme, und zwar an einem einsamen Strand irgendwo im Süden. Das Bild ist so schön, dass es schon fast wehtut, aber er trägt darauf ein T-Shirt mit einem gefährlichen Hai, was das Ganze wieder erträglich macht. Gemeinsam haben Josiah und ich zwei Söhne, Wallace, der an dem Tag, als Josiah das Bad dekorierte, drei Jahre und James, der damals sechzehn Monate alt war. Beide Namen haben in unseren Familien Tradition. Auf Wallace kamen wir aber, weil wir uns in der Schwangerschaft *Braveheart* ansahen. Wie gesagt, ich habe schottische Vorfahren. Die Jungs sind blond und kommen in dieser Hinsicht nach mir. Josiah ist ein dunkler Typ. Wallace ist in meinen Augen der sonnige Typ – hell, pulsierend und warmherzig –, James hingegen erinnert mich mehr an den Mond – er ist etwas rundlicher, bedächtig, aber auch sehr witzig. James badet sogar lieber kühler, während es Wallace, so wie mir, nicht heiß genug sein kann.

Wir hatten all diese Bilder in Kartons mit uns herumgeschleppt. Ein Grund dafür war, dass Josiah Englischprofessor ist und wir einige Jahre lang von Collegestadt zu Collegestadt umgezogen sind. Der andere Grund war unser ziemlich prägender WASP-Hintergrund. In unseren Kreisen gilt es als unangebracht, zu viele schöne Bilder von der eigenen Familie ostentativ überall im Haus aufzuhängen. Meine Mutter fand es in Ordnung, kleine, gerahmte Bilder auf dem Sekretär stehen zu haben (sie ließ immer nur Abzüge in 9 × 13 Zentimetern machen). Alles, was darüber hinausging, wäre in ihren Augen prätentiös oder, wie sie zu sagen pflegt, »too much«. Ich fand es immer ein bisschen traurig, dass man den Leuten nicht mehr Zeugnisse unserer glücklichen Familie zeigen sollte, aber ich habe diese Gepflogenheit nie infrage gestellt. Ich nehme die meisten Ratschläge und Empfehlungen meiner Mutter an und habe mich nur von sehr wenigen distanziert. Was die Bilder anging, habe ich wie ein braves Mädchen gefolgt, doch meine Mutter meint auch, ein Auto müsse stets makellos aussehen, während ich meines lieber in dem Zustand mag, in dem sich auch meine Handtasche befindet. Meine Mutter besitzt Schuhcreme in den Farben braun, schwarz, bordeaux und weiß und natürlich auch die nötigen Bürsten und Tücher. Ich dagegen habe in meinem ganzen Leben noch nie eine Dose Schuhcreme gekauft. Josiah teilte in puncto gerahmte Bilder den Standpunkt meiner Mutter. Er fand es peinlich und albern, wenn eingefrorene Glücksmomente in protzigen Silberrahmen Platz wegnahmen. Umso erstaunlicher war das, was er an jenem Tag in unserem Badezimmer machte.

Ich stamme aus New York, Josiah aus Florida, wo seine Mutter und sein Stiefvater leben, beziehungsweise aus Georgia, wo sein Vater und seine Stiefmutter zu Hause sind. Und auch wenn er sich wie ein Bursche aus dem Nordosten fühlt, vor allem seit er mit dreizehn auf ein Internat in New England kam, ist er eigentlich ein hundertprozentiger Südstaatler.

Wir lebten in Oberlin, Ohio, weil Josiah am dortigen College Lyrik lehrte. Oberlin ist ein angesagter, winziger, politisch engagierter, jugendlicher Hotspot mitten im Nordosten von Ohio, der mich in vielerlei Hinsicht an New York erinnerte, was vor allem daran lag, dass die meisten Studenten am College von der Ostküste, wenn nicht sogar direkt aus New York City kamen. Aber es liegt in Ohio – und es ist ländlich und winzig klein. Einer der Dozenten sagte einmal, im Sommer, wenn die Studenten weg sind, kommt es einem vor, als würde man im Central Park leben – nur ohne Besucher. Und er hatte irgendwie recht. Aber nur um das klarzustellen: Ich mochte den Ort wahnsinnig gern.

Wir (unter Unileuten hat es sich so eingebürgert, dass man von »wir« spricht, auch wenn das eigentlich gar nicht stimmt; aber man gondelt so oft von Job zu Job, dass man nach und nach seine Identität als eigenständige Person verliert) hatten diesen Job bekommen, gleich nachdem ich in Cambridge, Massachusetts, unseren Sohn James Thacher zur Welt gebracht hatte. Wegen unseres chaotischen Alltags mit einem Zweijährigen, einem Neugeborenen, einem Hund und zwei Katzen fuhr ich nicht einmal hin, um mich vor Ort umzusehen, bevor wir nach Ohio zogen. Ich glaubte einfach an meinen Traum von einem bukolischen, glücklichen, behüteten, vom Wissenschaftsbetrieb geprägten Leben. Das ist ein wirklich großartiger Traum, wenn man ihn erst mal in seinem Kopf hat.

Ich hatte einen sehr attraktiven (denken Sie an Gregory Peck), brillanten (die meisten Leute hassen dieses Adjektiv im Zusammenhang mit Personenbeschreibungen, aber mir fällt ehrlich gesagt kein treffenderes ein – auf unserer Hochzeit verglich Josiahs bester Freund sein Gehirn mit einer Kathedrale) Freund aus Kindertagen geheiratet, den ich auf der Hochzeit seiner Schwester in Maine wiedergetroffen hatte. Als Sechs- und Siebenjährige waren wir in kleinen Gummibooten gemeinsam in der Penobscot Bay herumgeplanscht. Zum Zeitpunkt der Hochzeit seiner Schwester hatte er gerade seine Promotion im Fach Lyrik in Harvard abgeschlossen, und ich war ein Mädchen aus New York in New York. Ich hatte ihn seit fünfzehn Jahren nicht gesehen. Er war ein Heathcliff mit einem Ohrring. Es mag romantisch klingen, mit einem Poetikprofessor verheiratet zu sein, aber ehrlich gesagt hat er mir nicht oft ein Gedicht rezitiert oder gar eins für mich geschrieben. Es fällt mir ein wenig schwer, das zuzugeben, aber ich mag weder Lyrik noch Jazz besonders. Oft verstehe ich beides einfach nicht. Wenn jemand (und Josiah tat es nur alle Jubeljahre einmal) mich Zeile für Zeile durch die Strophen führt, kapiere ich es, aber selten trifft mich so etwas bis ins Mark, wie mir das schon mit einer Nummer von den Rolling Stones oder der unvollendeten Pietà in Florenz, als ich gerade mal fünfzehn war, passiert ist. Ganz zu Anfang unserer Beziehung ließ er mir eines der wenigen Gedichte zukommen, das selbst ich als großartig erkannte, und zwar »At North Farm« von John Ashbery.

Somewhere someone is traveling furiously
toward you,
At incredible speed, traveling day and
night,
Through blizzards and desert heat, across
torrents, through narrow passes.
But will he know where to find you,
Recognize you when he sees you,
Give you the thing he has for you?

Wir verliebten uns auf dieser Hochzeit innerhalb von zwei Stunden. Und zwar in einer der seltenen Nächte, die so neblig waren, wie es mir in den Siebzigern als Mädchen vorgekommen war, als es den ganzen Sommer über neblig zu sein schien. Inzwischen hat Maine eine Menge von seinem Nebel verloren.

Der Tag nach Sarahs Hochzeit war der, als Prinzessin Diana bei einem Autounfall in Paris ums Leben kam. Ich hatte in der Nacht kaum geschlafen. Denn ich glaube, dass so plötzliche Verliebtheit einen Adrenalinschub auslöst, der dafür sorgt, dass der Körper gar nicht richtig funktioniert. Am Morgen hörte ich die Nachricht von dem Unfall, aber aufgrund der Schmetterlinge, die ich wegen Josiah im Bauch hatte, nahm ich die traurige Neuigkeit gar nicht richtig auf, bis ich ein paar Stunden später mit dem Auto zu ihm fuhr, um gemeinsam spazieren zu gehen. Als ich an dem Stoppschild am Ende unserer Straße halten musste, überkam mich die Trauer wie eine Welle, und ich weinte um Diana. Sie war noch so jung, aber doch um einiges älter als ich, sodass ich immer von ihr beeindruckt gewesen war. Etwa so, wie man seinem besten und hübschesten Babysitter gegenüber empfindet. Es war mir gar nicht bewusst gewesen, wie klein ihre Kinder noch waren. Sechzehn Jahre zuvor waren meine Mutter und ich um vier Uhr früh aufgestanden, um uns im Fernsehen ihre Hochzeit mit Prince Charles anzusehen. Als sie starb, hatte sie gerade vor einem Neuanfang gestanden, genau wie ich damals.

An jenen drei ersten Tagen im September verbrachten Josiah und ich viele Stunden am Strand und erzählten uns, was in den Jahren passiert war, seit wir uns zuletzt gesehen hatten. (Es stellte sich heraus, dass er in seinen Zwanzigern viele Sommer in Maine ausgelassen hatte, da seine erste Frau nicht besonders gern dort oben war.) An einem Abend kochte er Lachs für mich, an einem anderen Pasta mit Pilzen. Lachs und Pilze sind übrigens die einzigen Gerichte, die ich nicht mag. Ich gestand ihm, dass ich nicht gerade verrückt nach Lachs sei, weil ich ehrlich sein wollte, doch am darauffolgenden Abend aß ich klaglos die Pilze, weil ich nicht als verwöhnte Zicke dastehen wollte. Wir gingen mit dem hübschen kleinen Holzboot seiner Eltern segeln und küssten uns andauernd. Als es an der Zeit war, in unseren jeweiligen Alltag zurückzukehren, setzten wir uns mit unseren Kalendern und einer Thermoskanne Tee, die Josiah mitgebracht hatte, auf die Felsen am Fährhafen. Dann planten wir jedes einzelne Wochenende des bevorstehenden Herbstes. An einem würde er mit seinem weißen Subaru-Kombi nach New York kommen. (Ich wohnte zu dem Zeitpunkt in einer Wohnung in Williamsburg, vor der der größte Rosenstrauch der Vereinigten Staaten wuchs. Er war so wertvoll, dass der Direktor des Botanischen Gartens alljährlich höchstpersönlich vorbeikam, um ihn zurückzuschneiden.) In der darauffolgenden Woche würde ich den Zug hinauf nach Cambridge nehmen, um das Wochenende in seinem Apartment zu verbringen, das angeblich eine WG war, obwohl ich dort nie einen Mitbewohner angetroffen habe. Sehr wohl getroffen habe ich allerdings seine vier Katzen. Ich war damals gerade lose mit einem Architekten verbandelt, doch Josiah bat mich, das sofort zu beenden, weil ich ab sofort ihm und er mir gehörte. Ich war vor lauter Liebe wie überwältigt. Er trat sehr bestimmt auf (»Ich koche dir was zum Abendessen und danach spielen wir Scrabble«; »Ich ruf' dich um halb drei an, und wenn du nicht rangehst, werde ich es im Minutentakt weiterprobieren, bis ich dich erreiche«) und sehr leidenschaftlich. Unseren ersten Sex hatten wir am helllichten Tag an einem felsigen Strand. Er war ein besserer Koch als ich, und noch bevor er das Essen servierte, war die Küche bereits wieder tadellos aufgeräumt. Mit seinen achtundzwanzig Jahren war er bereits verheiratet und schon wieder geschieden, was mich eigentlich hätte warnen müssen, aber ich hielt ihn stattdessen für furchtlos und romantisch.

Seine erste Frau Samantha und er hatten gleich nach ihrem Abschluss in Yale geheiratet, also so jung, dass ich das für mich als Irrtum abhaken konnte. Ich ignorierte sogar das Warnsignal, dass er sie verlassen hatte, während sie bereits schwanger war, um mit einer Psychopathin namens Edith fremdzugehen (die auch mich noch unsere gesamte Ehe hindurch verfolgen sollte). Seine Frau zog dann in das Haus ihrer Familie nach Dallas zurück, wo sie blieb, das Baby bekam, sich von Josiah scheiden ließ und später einen wirklich netten weißhaarigen Anwalt heiratete. Josiah fuhr seinen Sohn sehr gewissenhaft jeden Monat besuchen. Das kam mir zwar alles ein wenig kompliziert vor, aber eigentlich war es mir egal, weil ich doch wusste, wie sehr er mich liebte. Er war geradezu verrückt nach mir. Wir befanden uns in dieser Phase, in der man scheinbar gar nichts zu essen braucht, aber trotzdem dauernd in irgendwelchen schummrigen Lokalen sitzt und dort herumknutscht, bis sie zumachen. Ich fühlte mich plötzlich erwachsen. Er kannte mich überall und zu jedem Zeitpunkt meines Lebens. Er kannte meine und ich seine Eltern schon von klein auf. Ich fühlte mich wahrgenommen, verstanden und akzeptiert. Er sagte, er wolle für immer an meiner Seite bleiben und dass es nichts gebe, das ihn je dazu bringen könnte, mich zu verlassen. Ich hatte den Mann getroffen, mit dem ich eine wirklich große Zukunft haben würde. Auch er wusste das und wollte es sogar noch mehr als ich. Am elften Tag nach der Hochzeit seiner Schwester sagte er mir zum ersten Mal, dass er mich liebe. Drei Wochen später hatten wir ein bedeutendes Gespräch im Public Garden in Boston, in dessen Verlauf er erzählte, dass Octavia ein Name wäre, den er schon immer liebte, nur für den Fall, dass wir jemals eine Tochter bekämen. Ich hatte Octavia auch schon immer für einen fantastischen Namen gehalten. Nichts in der Welt hätte mich von dieser Liebe abbringen können. Sie verschlang uns beide.

Wir lernten die Freunde des anderen kennen, kochten zusammen und fingen fast sofort an, uns zu streiten. Unsere erste Auseinandersetzung fand an dem langen Wochenende mit dem Kolumbustag in Maine statt. Wir gerieten in Streit über die Tatsache, dass er vier Katzen besaß, die er sich im Laufe seiner ersten Ehe angeschafft hatte – vier Katzen. Der Konflikt begann ganz langsam, wurde aber rasch hitzig und furchterregend. Ich war schockiert, dass ich das mit jemand anderem als meiner Mutter überhaupt derart leidenschaftlich konnte (bei einer unserer Auseinandersetzungen, als ich ein Teenager war, hatte sie ein Paar Schuhe aus dem Schrank geholt, mir einen davon gegeben und mich angewiesen, ihn so fest wie möglich an die Wand zu werfen, sie warf den anderen). Das brachte mich einerseits ziemlich auf, andererseits erschrak ich auch darüber, wie heftig wir beide uns echauffierten. Wir wussten aber, dass wir die Sache beilegen mussten, denn wir waren derart verliebt, dass weder eine noch tausend Auseinandersetzungen uns hätten aufhalten können. Keiner von uns war in der Lage zu sagen: Stopp, das ist doch verrückt, lass uns das Handtuch werfen! Also begannen wir, Hühnercurry zuzubereiten.

»Ich will damit nur sagen, dass doch schon absehbar war, dass eure Ehe in die Brüche gehen würde. Und trotzdem habt ihr euch immer mehr Katzen angeschafft. Habt ihr bei jeder gehofft, sie würde euer Problem lösen?«, argumentierte ich im besten Therapeutenton. Wir maßen den Kreuzkümmel ab.

»Es ist doch unsinnig, eine Katze, ein Lebewesen also – und für mich sind sie alle ganz real und bedeutungsvoll, wie ich vielleicht noch einmal klarstellen sollte – mit einem Pflaster zu vergleichen. Egal, wie gelegen dir das gerade kommt. Tatsache ist, dass ich jetzt nun mal vier

Katzen habe«, sagte er und schnitt das Hühnerfleisch klein.

»Aber ich kann nicht mit vier Katzen in einem Apartment in New York leben! Das würde niemand tun. Es gibt ja nicht umsonst diese ganzen Klischees von verrückten, vereinsamten Leuten, die mit so vielen Katzen hausen. Dabei mag ich Tiere und möchte jetzt nicht dastehen wie ein Tierhasser«, sagte ich und weinte in die köchelnde Brühe.

»Du bist kein Tierhasser, aber du musst dich mit meiner Lebensrealität auseinandersetzen«, sagte er und hackte den Koriander.

»Mit zwei Katzen kann ich leben«, sagte ich und reichte ihm die Pfeffermühle.

»Ich besitze aber vier.« Er pfefferte.

Wir kamen zu keiner Lösung, aber bis der Reis gar war und das Chutney von Major Grey auf dem Tisch stand, hatten wir die hässliche Streiterei beendet und beschlossen, noch nicht zusammenzuziehen (schließlich hatten wir uns gerade erst kennengelernt), sondern das Projekt vorläufig zurückzustellen. Wir hatten Frieden geschlossen und nannten es das »Aussprache-Curry«. Ich fand uns sogar richtig gut, weil es uns gelungen war, gleichzeitig zu streiten *und* gemeinsam ein Abendessen zu kochen.

Aber ich schweife ab, denn eigentlich wollte ich diese Geschichte mit dem Aufhängen der Familienfotos im Badezimmer beginnen lassen. Fünf Jahre nach unserem Wiedersehen waren wir also in Oberlin angekommen. Genauer gesagt, in einem großen roten Ziegelhaus von 1877, das wir uns an der Ostküste niemals hätten leisten können. Es war unser zweites Jahr in Ohio. Bevor wir das Haus in der Elm Street kauften, hatten wir in einem gemieteten Haus gewohnt, das dem College gehörte, doch als wir »Bricky«, wie wir es nannten, entdeckten, mussten wir einfach zugreifen und unser Traumhaus daraus machen. Wir gaben unser gesamtes Geld aus und nahmen eine Hypothek auf, um uns Tapeten von William Morris und eine neue Heizung zu leisten. Ich wünschte, ich könnte hier ein Foto davon abbilden, denn es war unbeschreiblich schön.

Das Liebste daran, was ich auch bis heute vermisse, war ein Fenstersitz, den ich in der Küche hatte einbauen lassen. Als meine Eltern sich einst ein Landhaus in Connecticut bauen ließen, sagte der Architekt zu meiner Mutter, Teenager würden sich niemals mit einem unterhalten, es sei denn, man kehre ihnen den Rücken zu. Also riet er zu einer Sitzmöglichkeit hinter dem Herd. Dort könnten sie dann herumlümmeln, wie Teenies das gerne tun, während man selbst kocht. Und so kommen all ihre tiefen, dunklen Geheimnisse ans Licht, weil sie keinen Blickkontakt aufnehmen müssen. Meine Mutter beharrt bis heute darauf, dass dieser Architekt recht hatte, weil wir gemäß ihrer Erinnerung langbeinig und aufgekratzt dort herumhingen und vor uns hin plapperten, während sie das Abendessen zubereitete. Das hatte ich im Hinterkopf, als ich mir den kleinen Fensterplatz neben dem Herd ausdachte. Dort sollten Wallace und James als Teenager herumlümmeln, während ich mich am Herd zu schaffen machte. Wenn man dort saß, konnte man auf die hohen, alten Kiefern sehen, die das Haus von dieser Seite beschirmten.

Wir wohnten erst seit einer Woche dort. Ich war unten und packte gerade eine Unmenge Platzteller aus, die seine Mutter uns geschenkt hatte. Julia, Josiahs Mutter, ist eine der großzügigsten Frauen aller Zeiten. Sie möchte ihren Kindern und denen, die sie lieben, alles ermöglichen, was sie sich nur wünschen. Wenn man ihr sagt, man könnte ein oder zwei Tabletts für das neue Haus gut gebrauchen, dann bekommt man zweifellos mindestens sechs, und zwar verpackt in sechs Rollen Papiertücher und viele Lagen Luftpolsterfolie. Das Ganze zusammengehalten von so viel Klebeband, dass man wenigstens eine halbe Stunde lang braucht, um es aufzuschneiden. Sie stammt aus dem tiefsten Süden, ist so hübsch wie Grace Kelly und unglaublich gewissenhaft. Ich bin mir sicher, dass sie, wenn sie nicht einen Mann (Josiahs Stiefvater) geheiratet hätte, der viel reiste und eine Frau brauchte, die sich um seinen Haushalt kümmerte, definitiv bei der NASA oder dem MIT gelandet wäre. Sie ist nämlich noch dazu ein Mathegenie.

Wallace rannte zur Haustür hinein und hinaus, James spielte in einem Umzugskarton mit einer Zitrone. Josiah packte im ersten Stock Kisten aus und schleppte Bücher ins Gästezimmer. Doch dann hörte ich Bilderrahmen aneinanderklackern und wie er das Metermaß herauszog. Meine Neugier war geweckt. Ich ließ den kleinen James in seinem Karton sitzen – keine gute Idee, aber in einem Haus mit mehreren Etagen praktisch unvermeidbar. Ich stieg also die schrecklich steile Treppe hinauf und spähte ins Bad. Josiah saß auf dem Boden, um sich herum unser ganzes Leben auf Bilderrahmen verteilt. »Die hänge ich hier auf«, sagte er. Ich war so erstaunt und gerührt, dass ich sogleich mit den Jungs das Haus verließ, vorgeblich um zum Baumarkt im Nachbarort zu fahren. Auf dem Weg dorthin würde ich mich mit Sicherheit verfransen, aber das spielte keine Rolle. Denn ich war völlig hin und weg von meinem Leben: zwei gesunde Kinder, ein brillanter, großer (mein Vater ist ziemlich groß, und wenn meine Mutter von jemand spricht, den sie schätzt, erwähnt sie stets, ob er oder sie groß ist) Professor als Ehemann, der sorgsam die Zeugnisse unseres glücklichen

Familienlebens an den Badezimmerwänden platziert, damit alle Welt sie sehen soll. Als ich zurückkam, hatte sich das große Bad im ersten Stock in einen Liebesbrief an unsere Familie und an mich verwandelt. Bild an Bild hingen Generationen unserer Familien und die Kleinen, die wir hervorgebracht hatten. Es symbolisierte Sicherheit und Frieden und alles, was ich mir immer gewünscht hatte.

Einen Monat später verließ Josiah mich und die Jungen wegen einer neuen Dozentin. Die Frau war an seiner Fakultät eingestellt worden, um englische Literatur des achtzehnten Jahrhunderts zu unterrichten.

2.

Ich bin keine Schriftstellerin, aber man hat mir gesagt, ich würde gute E-Mails schreiben, deshalb sitze ich jetzt hier in der Bibliothek und erzähle diese Geschichte. Über mich und Josiah. Und es ist meine Version. Josiah könnte sie von einem anderen Standpunkt aus erzählen, und natürlich wäre es dann eine andere, aber im Ergebnis lautet sie für uns beide, dass wir geheiratet haben, Kinder bekamen und dann geschieden wurden. Der Teil mit der Scheidung passierte innerhalb von sechs Monaten – obwohl die Bewältigung einer Scheidung, wenn man Kinder hat, eigentlich ein Leben lang dauert. Das durchzustehen wurde zu meiner Lebensaufgabe. Alles wieder auf die Reihe zu bringen, war meine Bestimmung und mein Antrieb. Dass ich mich da durchmanövriert habe, ist wohl meine bislang größte Leistung gewesen, quasi meine ganz private *Sgt. Pepper's Lonely Hearts Club Band*. Wenn ich in der Geschichte kurz vorgreife, fällt mir eine Szene ein, in der mein Vater in mein Kinderzimmer in unserer New Yorker Wohnung kommt. Dorthin hatte ich mit meinen zwei Jungs aus Ohio zurückkehren müssen, nachdem Josiah uns verlassen hatte. Das Zimmer, in dem einst Sticker von Ranger Rick auf dem Spiegel geklebt und Poster von Duran Duran an den Wängen gehangen hatten, diente meiner Mutter inzwischen als Arbeitszimmer. Ich sitze an ihrem Schreibtisch und fülle ein Formular für den Gebührennachlass an einem viel zu teuren Kindergarten aus, in dem ich Wallace wundersamerweise mitten im Jahr hatte unterbringen können.

Daddy sieht mir über die Schulter, legt eine Hand auf meinen Kopf und meint: »Möchtest du wissen, was Adlai Stevenson bei ihrer Beerdigung über Eleanor Roosevelt gesagt hat?«

»Klar«, sage ich.

Sie sei ein Mensch gewesen, der eher eine Kerze anzündete, als über die Dunkelheit zu schimpfen.

Das habe ich mir zu meinem Motto erkoren.

Bald nachdem ich Josiah geheiratet hatte und unser erster Sohn Wallace zur Welt gekommen war, beschlossen wir, meinen Traum von der Schauspielerei zugunsten seines Traums von einer Karriere als Professor aufzugeben. Ich hatte damals zwar schon als Schauspielerin gearbeitet, war aber nicht berühmt oder Ähnliches. Ganz zu Anfang meiner Karriere hatte ich in einem intelligenten Independent-Film namens *Metropolitan* mitgespielt, der zu einer Art Kultfim der WASPs avancierte. Danach hatte ich in einigen Fernsehserien mitgespielt und einen sehr lange ausgestrahlten, lukrativen Werbespot für Luvs-Windeln gedreht. Da erschien ein akademisches Leben als deutlich bessere Alternative. Es versprach Beständigkeit und wenn auch nicht allzu viel

Geld, so doch gute Sozialleistungen. Lange Sommer, einigermaßen kinderfreundliche Arbeitszeiten in interessanten Collegestädten, wo man für wenig Geld in weitläufigen Häusern mit verwilderten Rosenbüschen im Vorgarten leben kann. Wir würden ständig von jungen, klugen Menschen umgeben sein, und ich war flexibel und offen genug, um mehr oder weniger überall, wo der akademische Arbeitsmarkt uns hinverschlagen würde, Freundschaften zu schließen und uns ein Familienleben einzurichten.

Was ich jedoch, bevor ich einen Dozenten heiratete, nicht wusste, war, dass es, soweit ich das beurteilen kann, schwerer ist, einen Job an einem College zu ergattern, als zum Präsidenten der Vereinigten Staaten gewählt zu werden. Und das sage ich mit meiner Erfahrung als Schauspielerin. Das ist ein barbarisches Verfahren, dem sich Jahr für Jahr Tausende hart arbeitender, deutlich überqualifizierter Leute unterziehen, in der großen Hoffnung auf ein Jahresgehalt von 43 000 Dollar an der Universität von Shagoog in Nord-Was-weiß-ich-wo, Nevada. Allein die Vorauswahl der Kandidaten dauert sechs Monate. Als Erstes geht man eine Liste durch, die am 15. Oktober rauskommt und alle möglichen Jobs eines Fachgebiets im ganzen Land umfasst. Dann gibt es, schließlich reden wir hier vom Wissenschaftsbetrieb, eine Reihe von Tests, die man zu bestehen hat.

In Cambridge, wo Josiah als außerordentlicher Dozent an der Harvard University unterrichtete, wohnten wir in einem elenden braunen Haus, das von außen noch ganz nett aussah, innen aber nach totem Tier roch. Ich meine mich zu erinnern, dass alle Zimmer mit Linoleum ausgelegt waren, und es nur eine einzige, pinkfarbene, nicht besonders tiefe Badewanne in einem hellbraun gefliesten Bad gab. Das ganze Haus war außerdem so kalt wie ein begehbarer Kühlschrank. Nie mehr in meinem Leben habe ich so gefroren wie seinerzeit in Cambridge.

Ich war schwanger mit James und nahm gerade ein Bad in der besagten Wanne, als Josiah mit einer ausgedruckten Liste und einer Landkarte der USA hereinkam. Er setzte sich auf den kleinen Schemel, den Wallace beim Zähneputzen benutzte, um ans Waschbecken zu gelangen.

»Lass uns doch mal sehen, was wir da alles haben. Einen Job für Englische Literatur des zwanzigsten Jahrhunderts an der McGill, den ich niemals bekomme, weil ich kein Kanadier bin. Weißt du, wo die McGill ist?«, sagte er und hielt mir die Karte hin. Seit dem Besuch der Hochzeit meiner Freundin Vanessa in Montreal hatte ich mir immer gewünscht, eines Tages dort zu leben. Ich mag die französische Lebensart, und in Montreal scheint alles französisch zu sein. Man bekommt problemlos gute Baguettes und die Strecke nach New York ist auch ganz schön. Wann immer ich von einem solchen Job hörte, konnte ich gar nicht anders, als mir auszumalen, wir würden bereits dort sein. – So als ob man sich nach einem vielversprechenden ersten Date später im Bett noch am selben Abend die eigene Hochzeit vorstellt. Montreal war also ein schöner Traum.

»Könnte es denen nicht sogar gefallen, dass du kein Kanadier bist? Von wegen Vielfalt?«, sagte ich.

»Ich wünschte, es wäre so. Aber das ist ein ungeschriebenes Gesetz dort.« Josiah schaute wieder in seine Liste und seufzte. »Aber da wäre was an der Universität von Louisiana«, fuhr er fort. Doch ich dachte sofort an zu viele Schlangen und zu wenig frisches Gemüse.

»Eine Stelle an der Fordham University.« New York! »Eine in Harvard, die ich niemals bekommen würde, weil es nicht wirklich um Lyrik geht und ich den Typen kenne, den sie da haben wollen. Aber ich könnte es trotzdem versuchen«, sagte er. Schön, es mag Harvard sein, aber eigentlich kann ich Cambridge mit all den altbackenen Pilgervätern und Übermüttern nicht leiden.

»Dann wäre da noch ein interessanter Job am Oberlin College in Ohio. Ehrlich gesagt, trau ich mich kaum, dir auf der Karte zu zeigen, wo das ist.«

Ich streckte eine nasse Hand danach aus. Irgendwas in meinem Bauch (außer James) gab mir das Gefühl, wir würden genau dort landen. Als ich mir die Karte ansah und Badewasser über die Großen Seen und in den Mittleren Westen tropfte, sagte er: »Eigentlich ist es am Arsch der Welt, obwohl, da ist immerhin Cleveland, aber ich bin mir nicht sicher, ob das einen Unterschied macht. Es sollte dort so ähnlich aussehen wie in Connecticut, auch wenn die Leute aus Connecticut das wahrscheinlich anders sehen. – Bringt die Vorstellung dich zum Schreien?«

»Nein, tut sie nicht«, antwortete ich tapfer. »Es wäre bestimmt cool dort, und verdammt, ich wette, wir kriegen da ein Haus für zwei Dollar.«

Also bewirbt man sich. Wenn man die erste Runde überstanden hat, schickt man eine Arbeitsprobe ein – im Idealfall einen Auszug aus einem Buch, das kurz vor der Veröffentlichung steht (noch so ein unmöglicher Reifen, durch den es im Wissenschaftsbetrieb zu springen gilt). Und es sollte einen nicht abschrecken, dass kaum mehr als drei Leute den Text jemals lesen werden. Dann wartet man ängstlich auf einen Telefonanruf so gegen Ende Dezember (was einem jegliche Weihnachtsstimmung ruiniert und in diesem Fall auch gleich den Geburtstag von Wallace). Mit Glück wird man zum Vorstellungsgespräch auf einer riesigen jährlichen Konferenz eingeladen, auf der alle Universitäten und Colleges, die eine Stelle zu besetzen haben, sich mit dem vielversprechenden akademischen Nachwuchs treffen. Das Ganze nennt sich Modern Language Association, kurz: MLA. Wenn es auch dort gut läuft, wird man vielleicht zu einem Vortrag (quasi einem Probeunterricht) an das eigentliche College gebeten. Es ist eine Art Wimbledon für Dozenten und furchtbar aufregend, weil man sich unvermeidlich schon ausmalt, wie es sein wird, mit der gesamten Familie in diesem wunderbaren College in den Berkshires Fuß zu fassen, doch diese Hoffnung ist trügerisch. Denn auch zu diesem Zeitpunkt sind wahrscheinlich noch drei bis fünf Kandidaten im Rennen. Danach heißt es nur noch beten, dass niemandem auffällt, dass man weder asiatischer Herkunft noch lesbisch, jüdischen Glaubens, schwarz oder eine Frau ist, auch nicht aus Tansania stammt und weder sein Vordiplom in Yale noch seinen Abschluss in Oxford gemacht hat. Nach so jemand verzehren sich nämlich alle Colleges und Universitäten. Es mag gehässig klingen, aber so ist die Realität. Wenn ich noch während meiner eigenen Zeit am College geahnt hätte, wie schwer es für meine Lehrer gewesen sein muss, ihre Jobs zu bekommen, dann hätte ich meine Literaturlisten sicher gewissenhafter abgearbeitet.

Josiah bekam letztendlich den Job in Oberlin. Es war die erste ausgeschriebene Stelle für Lyrik seit vier Jahren.

3.

Ich hatte mich ganz und gar damit abgefunden, fortan die neue Rolle der Hausfrau zu übernehmen. »Stay-at-home-Mom«, also »Vollzeitmutter«, ist ein glamouröser Titel, den man in New York gerne verwendet, doch im Rest des Landes, wo die Leute nur selten Nannies, keinen Lieferservice von Fresh Direct und keine Haushälterinnen haben, ist die übliche Bezeichnung Hausfrau. Ich war ganz aufgeregt bei der Vorstellung, meine Kinder ganz ohne fremde Hilfe großzuziehen, jede Mahlzeit selbst zu kochen und auf eigene Faust eine Stadt zu erkunden, in der ich niemand kannte. Ich gab meinen Job in der Fernsehserie *Law & Order: Special Victims Unit* auf, in der ich die Frau des leitenden Detective gespielt hatte. Eine solide kleine Rolle, die ich bekommen hatte, als Josiah und ich verlobt waren und wir beide in New York lebten. Er schrieb damals gerade seine Dissertation. Gelegentlich wurde ich später noch eingeflogen, um ein, zwei Szenen zu drehen, aber an sich hatte ich, als ich New York verließ, die Schauspielerei aufgegeben und sie mich.

Meine Mutter arbeitete außer Haus, sobald ich drei Wochen alt war. Seit ich denken kann, leitete sie eine berühmte und einflussreiche Stiftung mit Sitz in New York. Es gefiel ihr, hart zu arbeiten, und sie war ziemlich erfolgreich. Das galt für meine beiden Eltern. Wenn ich es mir genau überlege, waren sie eigentlich in all ihren Jobs in Führungspositionen. Immer fungierten sie als Präsidenten oder Chefs. Andere Mütter holten ihren Nachwuchs von der Schule ab oder waren bei Spielverabredungen am Nachmittag dabei. Falls ich meine Mutter tagsüber sehen wollte, besuchte ich sie in ihrem Büro an der Park Avenue. Seit ich weiß, wie die Arbeitsräume anderer wichtiger Leute aussehen, bin ich im Nachhinein unglaublich beeindruckt von der Größe und Eleganz ihres Büros. Meine Mutter hatte eine Sekretärin namens Marian, die wunderbar Diktate aufnehmen konnte und immer genau wusste, wo meine Mutter gerade zu finden war, falls mein Bruder oder ich sie brauchten.

Viel unglaublicher war es jedoch, dass meine Mutter jeden Abend um Punkt sechs Uhr zu Hause war und das Abendessen für unsere Familie kochte, das wir danach gemeinsam am Esstisch einnahmen. Ich erinnere mich noch genau, dass ich hörte, wie die Tür aufgeschlossen wurde und sie »Kuckuck!« rief. Dann wurde die Tür zugeknallt, und sie begab sich schnurstracks in die Küche, um die Schweinekoteletts oder den Fisch abzustellen, den sie auf dem Heimweg gekauft hatte.

»Heute Abend gibt es Cod Cakes von Rosedale auf der East Side!«, rief sie oft.

Ich glaube, sie hielt das Essen von der East Side für besser als das der West Side, wo wir wohnten. Der Umstand, dass sie so hart arbeitete, hielt meine Mutter übrigens niemals davon ab, eine fantastische Köchin, Gastgeberin und Hausfrau zu sein. Nie musste ich ein unterschriebenes Blatt zu spät abgeben, immer hatte ich eine gewaschene und gebügelte Bluse für den »Purple Shirt Day« in der Schule, neben ihrem Sessel im Wohnzimmer stand immer ein Strauß frischer Blumen, und im Küchenschrank gab es immer Mallomar-Kekse. Ich habe sie nie sagen hören, sie sei müde. Nie hat sie sich darüber beklagt, das Abendessen kochen oder Bänder an Ballettschuhe annähen zu müssen. Wenn wir krank waren, ließ sie uns kurz aufstehen, während sie das Bett frisch aufschüttelte. »Es gibt doch nichts Schlimmeres, als ein ungemachtes Bett, wenn man krank ist«, pflegte sie zu sagen und schüttelte die Federn auf wie Frau Holle.

Ich weiß nicht, wie sie das alles geschafft hat, aber ich kann Ihnen verraten, dass es nicht leicht war, ihrem Vorbild zu folgen.

Zum ersten Mal reiste ich mit Wallace, James und unserem Babysitter für den Sommer nach Ohio. Josiah war vorausgefahren, um die nötigen Vorbereitungen zu treffen, und kam uns abholen. Wir flogen von Maine aus, wo wir alle zusammen den Sommer verbracht hatten. Eine Mama, ein Zweijähriger, ein drei Monate alter Säugling und eine schüchterne, blonde holländisch-reformierte Babysitterin aus den tiefsten Wäldern Kanadas. Mein Vater (zu solchen Fahrdiensten immer bereit) chauffierte uns die zwei Stunden zum Flughafen. Geplant waren zwei Flüge, erst von Portland nach Newark, dann von dort weiter nach Cleveland, wo Josiah uns erwartete. Als mein Vater sich am Gate in Portland verabschiedete, wirkte er wie jemand, der vier Kleinkinder allein in die Penn Station schickt. Wie Fallschirmspringer waren Molly (die Babysitterin) und ich mit Tüten und Wickeltaschen behängt. Jede von uns hatte ein Kind, Proviant und Spielzeug im Arm und die Haare zum Pferdeschwanz gebunden. Ich versuchte, ganz organisiert aufzutreten, doch als Erstes stellte eine Gott sei Dank freundliche Sicherheitsbeamtin fest, dass mein Führerschein, mit dem ich mich auswies, seit sechs Monaten abgelaufen war. Wie durch ein Wunder ließ man uns trotzdem an Bord der Maschine (immerhin war Portland der Flughafen, von dem aus die Attentäter des 11. September drei Jahre zuvor gestartet waren). Irgendwie schafften wir es jedenfalls bis Cleveland, wo Josiah uns in Empfang nahm. Als wir schließlich alle in dem Minivan saßen, den er nach Ohio gefahren hatte, fragte ich ihn, noch bevor wir das Terminal verlassen hatten, was es denn zum Abendessen gebe.

»Keine Ahnung, ich habe den ganzen Tag bei Sears in Elyria verbracht, um eine Waschmaschine zu kaufen«, sagte er.

Auch wenn ich mir vage vorstellen konnte, dass es wahrscheinlich ein anstrengendes Unterfangen gewesen war, einen Tag in Elyria, Ohio, damit zu verbringen, eine Waschmaschine zu erstehen, so gab mir die Tatsache, dass es ihm nicht gelungen war, einen Plan für diesen ersten gemeinsamen Abend eines großen neuen Kapitels in unserem Leben zu machen, kein gutes Gefühl. Genau genommen fühlte es sich so an, als hätte er mir den Ehering heruntergerissen, ihn auf die Straße geworfen und uns allen gesagt, wir könnten zu Fuß nach Oberlin laufen.

»Machst du Witze?«, fragte ich und spürte, wie mir Tränen in die Augen traten.

»Nein, du vielleicht?«, fragte er zurück.

Die nächsten zwanzig Minuten lang drückte ich auf dem Beifahrersitz meinen Kopf an das Seitenfenster und weinte stumm in mich hinein. Draußen konnte ich die riesigen, verödeten Fabrikgebäude der Jahrhundertwende aufragen sehen, außerdem gab es links und rechts entlang der Straße wie fast überall im Land endlose vorstädtische Gewerbegebiete.

Ich weinte um mein Leben in New York und um meine Eltern, die ich gerade erst in Maine zurückgelassen hatte, und um meinen gescheiterten Traum, einen Mann geheiratet zu haben, der einen Plan für das Abendessen mit seiner Familie hatte, die soeben alles aufgegeben hatte, um bei ihm zu sein. Ich weinte auch, weil mein New Yorker Führerschein abgelaufen war und ich als Nächstes einen des Staates Ohio bekommen würde. Ich weinte auch darüber, dass meine Kinder würden zugeben müssen, dass sie aus dem Mittleren Westen kamen. Und ich weinte, weil es auch ein Zeichen von Verwöhntheit war, in dieser Situation zu weinen. Ich weinte und weinte und weinte. Josiah hatte meinen ersten Tag ruiniert, und ich seinen, weil ich mich nicht dafür bedankt hatte, dass das mit der Waschmaschine erledigt war, und weil ich auf der halbstündigen Fahrt zu unserer neuen kleinen Stadt nur geheult hatte. Er versuchte es mit einer kleinen Rundfahrt zu den verschiedenen Gebäuden des Colleges und zeigte mir auch den Supermarkt, aber ich war vollauf mit meinem Selbstmitleid beschäftigt. So verpassten wir schlichtweg die Chance auf eine gute gemeinsame Erfahrung und hatten stattdessen jeder unsere eigene schlechte. Das taten wir einander dauernd an – wir schafften es einfach nicht, gut genug zu planen, um in wichtigen Situationen nicht in Streit zu geraten.

Wenn ich genau darüber nachdenke, hatten wir sogar bei jedem bedeutenden Anlass Streit. Die Taufe von Wallace war ruiniert, weil der Pate, Josiahs bester Freund, der in Iowa unterrichtete, sehr kurzfristig geflogen kam, um mit uns zu feiern. Er und Josiah gingen viel zu lange aus und tranken viel zu viel. Ich war außer mir vor Wut, als sie heimkamen, und lamentierte bis tief in die Nacht darüber, wie sehr Josiah mich enttäuscht hatte, anstatt selbst genug zu schlafen. Wenn wir ein bisschen vorausgedacht hätten, wäre das alles vermeidbar gewesen. Denn natürlich wollten die beiden ausgehen und ihren Spaß haben, aber gleichzeitig konnte man mir auch schlecht vorwerfen, dass ich am ersten Tag meines Sohnes als Christ keinen verkaterten Ehemann an meiner Seite wollte. Wir vermasselten den Tag. Überhaupt vermasselten wir eine ganze Reihe von Tagen. Wenn ich je meine Eifersucht auf seine Exfreundinnen in den Griff bekommen hätte oder wenn er es geschafft hätte, die Finger von seinen Exfreundinnen zu lassen, dann hätte uns das stundenlange Streitereien erspart und wir hätten die Zeit mit schöneren Dingen verbringen können. Aber wir schafften es nicht. Und so stritten wir eben auch an jenem Tag, am Vorabend unseres neuen gemeinsamen Lebens.

Es war das graue Dozentenhaus, das uns rettete. Von zahlreichen Professoren und deren Familien, die jeweils ein wenig Lebenszeit darin verbracht hatten, war es ganz verwohnt. Irgendwie erinnerte es an ein Vogelnest, das seit Jahren in einem Baum hängt und von verschiedenen Vogelpaaren benutzt wird, die darin ihre Jungen aufziehen. Es wirkte warm und großzügig, und es roch ein bisschen nach Most und Holz. Im Garten wuchs ein riesiger Fliederbusch, der mich im Frühling unendlich glücklich machen würde, denn ich würde das Haus wieder und wieder mit den duftenden hell- und dunkelvioletten Blüten schmücken, die drei Wochen im Jahr blühten. Es war ein fröhliches Haus und es rettete unseren ersten Abend, wenn nicht sogar unser erstes Jahr in Oberlin. Im dem Moment, als ich das geräumige Wohnzimmer mit den dunklen Deckenbalken und den Sprossenfenstern rundherum betrat, wusste ich, dass wir dort glücklich sein würden. Wir brachten die Kinder in ihren neuen Zimmern zu Bett. Dann nahm ich im ersten Stock ein Bad, während Josiah chinesisches Fastfood und eine Flasche Wein für mich besorgte. Später saßen Molly, der Babysitter, Josiah und ich auf Kartons, aßen Shrimps mit Brokkoli und stießen auf unsere gut überstandene Reise und unser neues Leben an.

4.

Molly brach am nächsten Tag auf, um einen Job in einem Kindergarten in Michigan anzutreten. Josiah fing an der Englisch-Fakultät an. Ich blieb zurück, um alles Mögliche zu organisieren, die Jungs einzugewöhnen und mich mit dem Haus und der Stadt vertraut zu machen. Es gab Rückschläge und Momente der schieren Panik, etwa als ich durch die Fahrprüfung für Ohio fiel, weil ich bei dem Versuch, unseren Minivan rückwärts einzuparken, drei Poller umfuhr. In New York macht man seine Prüfung in der Delancey Street in Lower Manhattan, wo rundherum ein Wahnsinnsverkehr herrscht und scharenweise Fußgänger unterwegs sind, deshalb dachte ich, in so eine Parklücke reinzukommen, sei ein Klacks, aber weit gefehlt. Außerdem glaubte ich drei volle Tage lang, in Ohio gebe es kein Kabelfernsehen. Relativ rasch, etwa nach einer Woche, ergriff mich jedoch das erhebende Gefühl, die Welt stünde mir offen, wenn ich mir nur einen Ruck gebe. Das Leben fühlte sich richtig gut an. Oberlin ist aber auch ein fruchtbares Fleckchen Erde. Wenn man einen Plan oder eine Idee entwickelt hat, dann ist hier der richtige Ort, so ein Vorhaben in die Tat umzusetzen. Ich fühlte mich wie eine Pionierin. Ich wusste, wenn eine Stadt für mich nicht funktionierte. In Cambridge hatte ich das beispielsweise gespürt, hier dagegen fühlte es sich ganz anders und aufregend an.

In unserem ersten Jahr dort gab es zwei Dinge, die mich wirklich ansprachen. Das eine war die kleine Biofarm unmittelbar vor der Stadt, das andere die Präsidentenwahl von 2004. Die Stadt Oberlin war gleichzeitig mit dem College im Jahre 1833 gegründet worden. Es war damals das erste College des Landes, an dem man von

Anfang an jeden aufnahm – Frauen wie Männer jeglicher Hautfarbe und Religion. Weil Stadt und College praktisch ein und dasselbe sind, kann man sich kaum einen liberaleren Ort zum Leben vorstellen. Das war perfekt für Josiah und mich, zwei, wie auch schon unsere Eltern, überdurchschnittlich gut ausgebildete Linke. Wir witzelten darüber, dass unser gemietetes Haus gleich neben dem hochmodernen Gebäude lag, in dem das Ökologische Forschungszentrum untergebracht war und in dem unter anderem sogar zu wissenschaftlichen Versuchszwecken Klärschlamm recycelt wurde (es gab da sogar eine Aktion, bei der man fünfundzwanzig Cent bekam, wenn man das dortige Klo benutzte, und die tatsächlich Poo-Poo Project hieß). Außerdem lag hinter dem Rasen gleich gegenüber das einzige Nudistenwohnheim in ganz Amerika. Gleich an unserem ersten Wochenende besuchten wir einen kleinen Bauernmarkt (ich kann gar nicht oft genug betonen, wie absolut winzig dort alles ist). Am größten Stand begegnete uns eine junge Farmerin mit umgedrehter Baseballkappe. Ihre Jeans war voller Erde und ihr Hershey's-T-Shirt sah klasse aus, weil sie eine Oberweite wie Susan Sarandon hatte. Sie griff sich händeweise Bohnen und Rote Bete, wie ein Juwelenverkäufer in Birma. Ich trug James im BabyBjörn und Wallace rannte herum und tanzte zur Trommelmusik von drei Studenten mit ihren Djembes. Wann immer ich an Oberlin denke, gehört im Hintergrund ein leicht gammeliger, etwa achtzehnjähriger Student ins Bild, der Didgeridoo spielt. Das Ambiente war perfekt für Wallace. Er kam nämlich schon mit einem ungewöhnlichen, um nicht zu sagen erstaunlichen Gespür für Musik zur Welt. Als er gerade mal drei Monate alt war und Josiah ihm das Schlaflied *All Night, All Day* vorsang, da wurde mein kleines Baby von einem regelrechten Gefühlssturm überwältigt. Tränen stiegen in seine Augen, und er verzog in tiefem Kummer das Gesicht. Es wurde so schlimm, dass wir ihm dieses Lied schließlich nicht mehr vorsingen konnten. Denn seine Reaktion war jedes Mal einfach herzzerreißend.

Gemäß meinem Hausfrauenvorsatz, alle Mahlzeiten selbst zu kochen, kaufte ich dem Farmermädchen haufenweise Zucchini und Tomaten ab. Nachdem ich gerade mal sieben Dollar für gut zehn Kilo Gemüse rausgekramt hatte, setzte mein opportunistischer New Yorker Verstand ein und ich überlegte, wie ich diese Gegebenheiten für uns nutzen konnte. Ich hörte die Leute um mich herum rufen: »Lydia, werden die Kürbisse diese Woche reif?« und »Lydia, wirst du dieses Jahr Truthähne haben?« und »Lydia, wo sind die Enteneier?«

»Äh, Lydia ...?«, fragte ich dazwischen, als würde ich längst dazugehören. »Kann ich mit meinen Kindern auf deine Farm kommen und dir bei der Tomatenernte helfen?« Ich sprach »tomato« aus wie meine Mutter, also mit einem langen A, nicht mit dem typisch amerikanischen Äi. Das klang so schön anglophil und ärgerte Josiah.

Ohne mit der Wimper zu zucken, warf Lydia einen Blick auf den selbstvergessen unter einem Apfelbaum tanzenden Wallace und sagte dann, mit einem leichten Lispeln wegen des Zungenpiercings: »Aber klar doch!«

Die nächsten drei Monate verbrachten wir im üppig wuchernden hohen Gras zwischen den Tomatenstauden. Wir pflückten Grüne Zebras, Goldene Erbstücke, rote Italienische und die hellorangefarbenen Babytomaten, die besser schmecken als Bonbons. Manchmal blickte ich auf Wallace hinunter, der in die Hocke gegangen war, um einen Grashüpfer zu fangen oder einen Stein kullern zu lassen. Er sah aus wie ein Backenhörnchen. Die Bäckchen voll mit saftigem Fruchtfleisch, während sein Hemdchen von oben bis unten voller Tomatenkerne und -saft war. Mein kleiner in New York geborener Junge wuchs auf einer Biofarm auf! Ich glaubte fest daran, dass er mittels Osmose zu einem Menschen würde, der sich um die Erde sorgte, etwas von harter Arbeit und anständigen Leuten verstand, der wissen würde, wann die Sonne auf- und unterging. Ich musste an meine Freundinnen denken, die ihre Kinderwagen durch die dreckige Großstadt von einem Fünfhundert-Dollar-Musikkurs zum nächsten schoben. Und ich war meinem Schicksal wahnsinnig dankbar dafür, dass es mir eine andere Option gewährt hatte.

Die Farmerin Lydia war dreiundzwanzig und für ihren Berufsstand ziemlich flatterhaft. Anbau und Ernte ihres Gemüses bewältigte sie mithilfe der gertenschlanken Lillian, die noch aufs College ging. Den Großteil ihrer Ernte verkaufte sie an ihren Freund Dan, dem das einzige fantastische Lokal mit Mittagstisch in der ganzen Stadt gehörte. Alle Collegestudenten und Dozenten aßen praktisch täglich dort. So ein Restaurant gibt es in jeder Collegestadt (eigentlich sollte die Zeitschrift *Gourmet* mal einen Artikel darüber bringen) – gute Suppen, Muffins, Omeletts und richtig starken Kaffee, den jeder aus seinem selbst mitgebrachten Becher trinkt. Dan war dreißig und trug sein grau meliertes Haar zum Pferdeschwanz gebunden. Er war groß, hatte braune Augen und eine große römische Nase. Die beiden sahen aus wie ein Paar, das Herb Ritts gern fotografiert hätte, und gemeinsam brachten sie das beste Speck-Salat-Tomaten-Sandwich zustande, das ich je gegessen habe. Beide waren irgendwie in Oberlin gelandet, allerdings nicht gleichzeitig, und sie waren so lässige Aktivisten wie viele Studenten dort. Um den Kreislauf zu schließen, gab Dan Lydia die Reste von den Tellern der College-Kids als Schweinefutter wieder mit. Die beiden hatten eine romantische Beziehung, die wohl vor allem deshalb sexy wirkte, weil sie so stolz aufeinander waren. Sie brauchten sich als Paar, aber auch für ihren Lebensunterhalt. Romantische nachhaltige Landwirtschaft. Ich war begeistert. Noch dazu waren beide wirklich lieb mit meinen Kindern.

Außerdem war die Farm noch filmreif schön, denn sie lag in einem Blumenmeer. Blumen säumten die unbefestigten Wege und auch die Felder waren von ihnen durchsetzt. Es gab Ausgesätes wie Sonnenblumen und Lilien, aber auch massenhaft Wildblumen: Goldrute und Wilde Möhre, das Zeug, das alle zum Niesen bringt, aber in Sträußen so hübsch aussieht. Ich kenne mich dank meiner Mutter und ihrer Gärten mit Blumen ganz gut aus. Meine Mutter besaß immer einen Garten. Wie schon ihre Großmütter Josephine und Hope. Und ich bin mir ziemlich sicher, dass eines der größten Komplimente, die meine Mutter einer echten Dame macht, lautet, sie liebe ihren Garten. Auf dem Küchentisch in Maine steht immer eine kleine Vase (die mit einem harten Äi statt eines langen Ahs gesprochen wird) mit gelber, orangefarbener und roter Kapuzinerkresse. Wenn wir in einem Jahr mal Glück mit dem Wetter haben, können es auch aromatische Duftwicken sein. Sie liebt auch Studentenblumen, weil sie so robust sind, aber sie mag ihren Geruch nicht. Voller Stolz benutzt Mom die lateinischen Namen der Pflanzen und ärgert sich über sich selbst, wenn ihr mal einer nicht einfällt. Jedenfalls ist das Faible für Blumen etwas, das ich von meiner Mutter geerbt und auch angenommen habe. Und auf der Farm, auf der ich so viel Zeit verbrachte, waren Blumen im Überfluss vorhanden.

»Ich komm mit dem verdammten Blühzeug einfach nicht zurecht«, beklagte Lydia sich eines Tages in breitem

Bostoner Akzent. »Mein Vorgänger auf der Farm war ganz verrückt danach, und ich weiß einen Dreck darüber und auch nicht, wohin damit.«

Dann hatte Josiah die Idee mit den Einmachgläsern von Ball Jar. Ich würde die Blumen pflücken, in den Gläsern arrangieren und sie für zehn Dollar pro Stück verkaufen. Eine Palette Gläser aus dem Haushaltswarenladen (eines der insgesamt sieben Geschäfte in Oberlin) bestand aus zwölf Stück, wenn ich also alle verkaufte, hatte Lydia hundertzwanzig Dollar eingenommen. Eine ganze Menge Kohle für eine kleine Biofarm. Ich hätte das Vergnügen und die Befriedigung, auf der Farm mitzuarbeiten und dazuzugehören. Und genau so machten wir es. An jedem Freitag fuhr ich zur Farm hinaus, sobald Josiah aus dem Büro zu Hause war. Er kam jeden Abend um sechs, obwohl er nur dreimal am Tag für jeweils fünfundvierzig Minuten unterrichtete. Aber offenbar gab es viel zu benoten (der Fluch aller Lehrkräfte), außerdem mussten Bücher und Aufsätze geschrieben und Sprechstunden für die Studenten abgehalten werden. Für einen Beruf, bei dem man die Hälfte seiner Arbeitszeit auch zu Hause absolvieren kann, hielt Josiah seine Sechs-Uhr-Schicht sehr gewissenhaft ein. Aber selbst um sechs blieben mir bis Herbstanfang zwei Stunden, bis die Sonne unterging, um die Blumen zu schneiden und zu binden. Ich lief also die Schotterstraße auf und ab und sprang in meinen extra dafür erstandenen Farmerstiefeln zwischen den Reihen der Gemüsepflanzen hin und her. In der Hand hatte ich meine große Küchenschere und am Arm einen Korb. Ich schnitt alles, was mir unterkam. In der Scheune hatte ich eine alte Tür gefunden und auf ein paar Holzkisten gelegt. Auf dieser provisorischen Arbeitsplatte arrangierte ich meine Sträuße in den Gläsern. Ich füllte jedes Glas mit extra kaltem Wasser aus dem Schlauch neben der Scheune. Auf der Farm gab es keinen Strom, also schaltete ich, wenn die Sonne untergegangen (oder ich zu langsam gewesen) war, die Scheinwerfer des Honda Odyssey ein und arbeitete in ihrem Licht wie die berühmte amerikanische Stilikone Babe Paley. Es machte mir Spaß. Bald hatte ich die Blumen in meinen Minivan geladen, wo sie auch bleiben würden, bis ich sie früh am nächsten Morgen zum Verkaufen auf den Markt brachte. Inzwischen hatte Josiah die Jungs schlafen gelegt und erwartete mich in unserem gemieteten Zuhause mit einer Schüssel Spaghetti mit Nuss-Pesto und einem Glas Wein. Ich hatte das Gefühl, besser könne man es gar nicht antreffen.

5.

Die Blumen waren ein beachtlicher Erfolg. Leute, die in Collegestädtchen leben, sind meist sehr kultiviert, gebildet und ausgehungert nach ein bisschen Lebensart. Sie haben oft auch ein wenig mehr Geld zur Verfügung, eben weil sie in Ohio wohnen und nicht in New York oder Boston, woher viele von ihnen stammen. Zehn Dollar für ein Einmachglas voll mit frisch geschnittenen Blumen gehen für diese Menschen völlig in Ordnung. Ich wurde dadurch am Ort ein wenig bekannter. Schließlich ist es ja auch süß und herzergreifend, wenn die Frau des neuesten Professors am College jeden Samstagmorgen zusammen mit ihren zwei kleinen flachsblonden Jungs Blumen auf dem Bauernmarkt von Oberlin feilbietet. Vielleicht halten Sie mich ja für verrückt, was das Interesse der Leute an mir und meiner Familie betrifft. Aber ganz ehrlich, nachdem alljährlich nur ganz wenige neue Familie sich auf dieses Raumschiff irgendwo da draußen zwischen den Feldern begeben, sind die Leute dort, und ich schließe mich da auch gleich selbst ein, so neugierig wie die Frauen von Stepford in dem gleichnamigen Film. Wenn man es mit New York vergleicht, wo man neben Pavarotti wohnen könnte, ohne es zu bemerken oder sich besonders darum zu scheren, dann ist das Leben in Ohio vergleichbar mit dem Dasein in einem Goldfischglas. So etwas wie Privatsphäre kann man sofort vergessen.

Irgendwann waren die letzten Blumen abgefroren und der erste Schnee fiel. Vom Spätherbst und den ganzen Winter hindurch bis in den Frühling schneit es in Oberlin praktisch durchgehend. Das hat mit den Luftdruckverhältnissen über den Großen Seen zu tun und sorgt für einen ganz leichten Schnee, der so ziemlich den ganzen Tag über fällt. Wenn ich früher an den Mittleren Westen gedacht und mir Ohio vorgestellt hatte, war ich von einer langweiligen Ebene ausgegangen. Aber wegen der Seen und des von ihnen beeinflussten Wetters gibt es dort extrem dramatische Wolkenformationen. Mehrmals täglich kann man ein Phänomen beobachten, das die Leute »Gotteslicht« nennen. Es entsteht, wenn die Sonne durch eine dicke Wolkenschicht bricht und es aussieht, als würde Gott eine Botschaft herabschicken oder gerade an jemand im Nachbarort ein Wunder vollbringen. Ich glaube, weil ich das Gefühl hatte, mich für unser Fortziehen aus New York rechtfertigen zu müssen, suchte ich ständig nach Gründen, warum unser Leben ebenso gut war wie das der Freunde, die ich dort zurückgelassen hatte. Die außergewöhnliche Schönheit des Wetters war ein Aspekt, mit dem ich mich tröstete. Schließlich versperren in New York die vielen hohen Gebäude die Sicht auf den Himmel, während ich dagegen den ganzen Tag lang auf riesige natürliche Kinoleinwände mit majestätischem Wetterspektakel blickte. Das dramatische Wetter bildete auch eine großartige Kulisse für das Drama, das in unserem Leben dräute, allerdings noch nicht sofort. Merken Sie sich also für später schon mal die Wolken und den Schnee.

Auf einer Gemüsefarm lässt der Winter mit dem ersten Frost das Basilikum schwarz werden. Das ist hässlich und man kann kaum glauben, dass innerhalb eines einzigen Tages viele Reihen von prächtigen, grünen, duftenden Basilikumstauden auf einen Schlag schwarz werden und absterben. Diese Veränderung symbolisierte zugleich das Ende der Farm für mich. Und zwar nicht, weil ich das Ganze beenden wollte, sondern weil Lydia sich von Dan trennte und beschloss, Tiermedizin zu studieren. Sie gab die Farm also auf, und ich war maßlos enttäuscht von ihr. Ich hatte tatsächlich geglaubt, Farmer würden zu ihrem Wort und ihrem Land stehen, selbst wenn es gerade gefroren war! Ich hatte davon geträumt, die neue Ina Garten des Mittleren Westens zu werden. Ich würde die Bioblumen landesweit vertreiben und unsere kleine Farm berühmt machen – wie Diane Keaton ihr Apfelmus in dem Film *Baby Boom – Eine schöne Bescherung*. Aber daraus wurde nichts, eben weil meine avisierte Geschäftspartnerin Lydia vorzeitig absprang. Und, wie ich früher als mir lieb war, erfahren sollte, kann man einen Menschen, der wirklich fort will, durch nichts zurückhalten, sondern ihm nur zusehen.

In diesen Anfangsmonaten erschien mir unser Leben zweigeteilt: Da war auf der einen Seite Josiah mit seinem Job am College, und auf der anderen Seite gab es die Kinder und mich, die ihm zeigten, wie gut es uns ging und dass wir im wahrsten Sinne des Wortes gediehen. Ich wollte, dass er stolz auf mich war. Ich wünschte mir, dass er seiner Mutter vorschwärmte, was für eine tolle Kameradin ich sei und dass ich innerhalb einer einzigen Woche eine Geschäftsidee auf einer Farm aufgezogen hatte. Ich sehne mich immer nach Anerkennung. Seit ich denken kann, strebe ich nach dem Lob einer Mutterfigur. Viele Menschen zweifelten daran, dass es mir in dieser Abgeschiedenheit gut ginge, aber es ging mir gut und dafür wollte ich großes Lob hören. Ob Josiah sich unter Druck fühlte, mich glücklich zu machen? Vielleicht, aber warum hätte er sich auch nicht dafür verantwortlich fühlen sollen, mich und die Kinder an diesen Ort gebracht zu haben? Auch wenn mich natürlich niemand mit vorgehaltener Waffe zu irgendwas gezwungen hatte. Ich hatte ihn ja ermutigt zu unterrichten – weil er das auch wirklich gut kann. Das erste gemeinsame Jahr hatten wir damit verbracht, unser beider Leben mühsam in Einklang zu bringen, und nun würde ich der ganzen Welt, mir selbst eingeschlossen, beweisen, dass es funktionierte. Immerhin hatten wir zwei kleine Kinder und waren innerhalb von drei Jahren fünfmal umgezogen. Konnte man uns da vorwerfen, dass es manchmal schwer war? Dass es Probleme gab? Ein paar Streitereien? Ich war reizbar gewesen, aber schließlich hatte ich auch zwei Kinder ausgetragen und gestillt. Wenn ich schwanger bin, vermindert das meine Freundlichkeit um geschätzte vierzig Prozent. Also war ich vielleicht nicht gerade in Bestform. Andererseits muss ich sagen, wenn ich in diesen zwei Jahren vierzig Prozent weniger nett war, dann war er zugleich auch um vierzig Prozent weniger zugänglich. Aber zugegebenermaßen versuchte er in dieser Zeit auch, einen Job zu bekommen und ein Buch zu publizieren. Es ging ziemlich hoch her, und ehrlich gesagt war ich stolz darauf, dass wir es schafften, auch wenn wir manch heftige Auseinandersetzung hatten. Wie Ernest Shackleton auf seinem Schiff Endurance stießen wir in neues Territorium vor. Ich war stolz auf uns, betrachtete uns als Team, und mir war sehr wohl bewusst, wozu ich mich verpflichtet hatte. Wenn ich in die Sahara hätte umziehen müssen, so hätte ich auch das getan, denn schließlich war ich verheiratet und liebte meinen Mann.

Vieles in unserem Leben war die pure Glückseligkeit, zumindest für mich. Beispielsweise Maine. Dass man vom Steg aus ins Wasser springen konnte. Weil Josiah am College unterrichtete, konnten wir lange Sommer an meinem absoluten Lieblingsplatz verbringen. Das Schöne am akademischen Berufsleben ist die Rückkehr zu den Semesterferien. Das Collegejahr dauert von September bis Mai, dann beginnt der Sommer. Ein wichtiger Grund dafür, warum wir seiner akademischen Karriere den Vorzug vor meiner Schauspielerlaufbahn gaben, war, dass unsere Familien Häuser auf der Insel in Maine besaßen, wo wir die Sommer unserer Kindheit verbracht hatten. Das Haus der Familie meiner Mutter gehört dieser schon seit Generationen. Ich könnte mich von hier an ganz Maine widmen und im Rest des Buches ausschließlich die felsige Küste und die sommerlichen Inselkommunen und das WASP-typische Leben dort beschreiben. Aber das tue ich natürlich nicht, weil das schon viele andere Leute gemacht haben und es in dieser Geschichte schließlich um andere Dinge gehen soll. Aber jedenfalls ist es ein Ort, der mich stark geprägt hat und das bis heute tut.

Meine Kinder sind die sechste Generation, die in unserem Haus ihre Sommer verbringt. Alles begann gegen Ende des neunzehnten Jahrhunderts mit einer Frau namens Anna. Sie heiratete einen reichen Bankier aus Philadelphia, der den Ferienort mitbegründete. Anna war eine Schönheit. Das weiß ich vom Foto eines Gemäldes, auf dem John Singer Sargent sie porträtiert hat. (Natürlich hat niemand mehr einen Schimmer davon, wo dieses wer-weiß-wie-wertvolle Bild heute sein könnte.) Von ihr wurde das Haus nacheinander an eine Reihe von Frauen vererbt. Manche liebten es, andere nicht. In einigen Jahrzehnten vernachlässigte man es, dann wurde es wiederum bis an seine Grenzen ausgenutzt. Meine Mutter ging darin auf. Meine Brüder und ich verbrachten hier jeden einzelnen Sommer unseres Lebens.

Die dort vorherrschende Gesellschaftsform ist das Matriarchat, und Männer spielen, ehrlich gesagt, keine Rolle. Sie sind zwar anwesend – an den Wochenenden sieht man sie in ihren irischen Fischerpullovern segeln oder in klapprigen Kisten auf den einzigen Markt der Insel fahren. (WASPs fahren im Sommer keine protzigen, teuren Autos. Eigentlich weiß man nicht einmal, ob sie Geld haben, bis man nicht zum Abendessen in ihr Sechzehn-Schlafzimmer-Cottage am Meer eingeladen wurde, das sie aber nur während der Sommermonate nutzen.) Traditionell brachten die Mütter ihre Kinder für den Sommer her, um ihnen die heiße Schwüle der Städte im Nordosten des Landes zu ersparen. Die Väter dagegen blieben zu Hause, um ins Büro zu gehen. Das bedeutete, dass die Frauen in den Häusern und Clubs, beim Personal, den Kindern und in der gesellschaftlichen Hierarchie das Sagen hatten. Daran hat sich seit 1900 nichts geändert. Alle Frauen in meiner Familie, meine Mutter eingeschlossen, waren Grandes Dames. Unglaublich starke Frauen in ihren eigenen kleinen Welten. Da gab es eine Menge Ansprüche daran, wie Dinge geregelt werden sollten, und fast noch mehr daran, wie sie nicht geregelt werden sollten. So hat man sich etwa bei einer Einladung zum Abendessen immer mit einem kleinen Strauß Blumen aus dem eigenen Garten oder – falls man keinen

Garten besitzt – von unterwegs einzufinden. Auf der Terrasse des Jachtclubs niemals über Geschäfte reden. Keine Klagen über das Wetter, es sei denn, es hat so wenig geregnet, dass der Garten verdorrt ist. Man gibt eine gewisse Summe für jede Wohltätigkeitsveranstaltung auf der Insel. Ich bringe mich dort auch in anderer Hinsicht immer voll ein: Ich leite das Komitee für das Kinderprogramm, gebe jede Menge Dinnerpartys, spiele mit den Kindern Tennis und, falls ein Teenager, der nichts Besseres vorhat, sie mit zum Strand nimmt, um dort Krebse zu suchen, dann spiele ich mit den Erwachsenen. Das funktioniert perfekt, wenn man sich ohne schlechtes Gewissen den ganzen Sommer freinehmen kann, weil der Ehemann am College unterrichtet. Josiah hatte mir auf unserem Steg in Maine seinen Heiratsantrag gemacht. James wurde in Maine gezeugt. Seine Taufe fand dort statt. Unsere Flitterwochen verbrachten wir ebenso dort wie alle Sommer unserer Ehe. Einmal blieben wir sogar für sechs Monate, das heißt bis in den Winter hinein, während Josiah seine Dissertation fertigschrieb. Deshalb lernte unser Sohn Wallace dort laufen. Und weil wir einander als Kinder in Maine kennengelernt hatten, würden wir für immer mit den felsigen Stränden und Sommerhäusern dort verbunden bleiben.

Josiah pflegte die Geschichte zu erzählen, dass er sich als Junge ausgemalt hatte, ich würde vom Steg vor dem Jachtclub fallen und er ins Wasser springen, um mich zu retten. Als junges Mädchen machte ich mir jedoch nie über Josiah Gedanken, nicht zuletzt, weil meine Freundin Polly wahnsinnig in ihn verschossen war. Ich erinnere mich, ihn bei Tanzveranstaltungen oder am Kai gesehen zu haben, aber ich fühlte mich von ihm immer nur eingeschüchtert (schließlich war er ein Jahr älter als ich). Als ich später erfuhr, wie falsch ich damit gelegen hatte und dass er gerne mein Held gewesen wäre, fand ich das ungeheuer romantisch. In jener nebligen Nacht auf der Hochzeit seiner Schwester hatte ich dann tatsächlich das Gefühl, meinem Helden zu begegnen.

Josiah war der einzige Vater, der unter der Woche da war, bevor all die anderen Papas (die meisten davon Banker) am Freitag eintrudelten. Ich glaube, das nervte ihn ziemlich und beeinträchtigte seinen männlichen Stolz. Tagsüber schrieb er, also musste er nicht mit den Massen von Kindern, Au-Pairs und Müttern, die meist noch ihre Tennisklamotten und darüber einen Strickpulli mit Zopfmuster von Ralph Lauren trugen, vor dem Jachtclub zu Mittag essen. Josiah fügte sich optisch perfekt ein. Aber das war nur der äußere Anschein. Denn er konnte ziemlich düsterer Stimmung sein. Wenn ich jetzt darüber nachdenke, wird mir erst richtig klar, wie rätselhaft er war. Er ist ein Kind der Südstaaten und wohlerzogen. Seine Mutter Julia, eine Südstaaten-Belle, die sogar einmal Baumwollkönigin war, hatte dafür gesorgt, dass ihre vier Kinder in jeglicher Gesellschaft bestens zurechtkamen. Alle vier sind überaus sympathisch. Josiah war in Groton, Yale, an der Johns Hopkins und in Harvard. Er ist bestimmt kein Schlappschwanz. Er ist eloquent, spricht aber mit sehr leiser Stimme. Er ist immer extrem daran interessiert, was sein Gegenüber tut und denkt, aber er gibt fast nichts von sich preis. So kann es sein, dass er eine Freundschaft, ja sogar eine Ehe eingeht, ohne dass der andere wirklich wüsste, was er denkt und tut.

Wir hatten eine Million Kosenamen füreinander, viele davon aus dem Tierreich. Letztlich kamen wir zu dem irgendwie blöden, aber doch noch normalen Spitznamen »Bully«. Wir spielten richtige Rollen und verstellten unsere Stimmen. Das Ganze fühlte sich sehr vertraut und liebevoll an. Geheime Codes und Charaktere. Als Josiah bei unserer Hochzeit einen Toast auf mich ausbrachte, pries er meine Phantasie. Ich musste weinen, als er vor all unseren Freunden und Verwandten offenbarte, wie es sei, sich mit meinem Innenleben auseinanderzusetzen. Ich fand es so ungewöhnlich, dass er mein Inneres ansprach und nicht meine äußere Erscheinung. Etwa, wie ich aussah, wenn ich auf eine Cocktailparty ging oder auch im Alltag. Rückblickend bin ich mir gar nicht sicher, ob ihm die Frau gefiel, die ich im Alltag war. Vielleicht langweilte sie ihn oder er konnte nichts mit ihr anfangen oder – schlimmstenfalls – verachtete er sie vielleicht sogar. Schließlich brachte ich ihn dazu, sich Céline Dion statt Mozart anzuhören. Wir sahen uns Reality-TV-Sendungen wie *Survivor* an und spielten mit unseren Freunden nach dem Essen Promi-Raten. Einige seiner Freunde von früher wunderten sich ohnehin, wie sehr er sich vom komplizierten, intellektuellen Exzentriker zu einem so umgänglichen Ehemann einer blonden New Yorker Schauspielerin gewandelt hatte, der seine Sommer in Maine verbrachte. Ich dachte mir einfach, ich hätte eine bis dato verborgene Seite an ihm entdeckt, die ihm gefiel und die er ausleben wollte. Ich hatte mir vorgenommen, ihm ein Leben als glücklicher, fröhlicher Familienvater zu ermöglichen, dem die Party ebenso zusagte wie allen anderen.

Manchmal machte er verrückte Sachen, die absolut zu mir passten. So hatten wir etwa einmal ganz zu Anfang unserer Beziehung mit seinen Kumpels aus der Grad School einen Abend mit richtig viel Alkohol verbracht. Am nächsten Morgen war ich so verkatert und hungrig, dass ich es nicht einmal schaffte, aus dem Bett aufzustehen. Also machte Josiah sich auf den Weg und kam mit der *New York Times* und einer Riesentüte von

McDonald's zurück. »Ich dachte mir, Mickey D wäre heute Morgen genau das Richtige für uns« – es war schon gegen Mittag –, »aber weil ich nicht wusste, was du magst, habe ich einfach einmal alles genommen, sogar den Fischburger.« Ich konnte eine halbe Stunde lang nicht aufhören zu lachen. Und ich dachte, wie ähnlich wir uns wären, oder zumindest redete ich mir das damals ein.

Schade, dass ich das Gedicht nicht zur Hand habe, das er mir ganz zu Anfang unserer Beziehung vorlas. Wir lagen damals, wahrscheinlich nackt, in seinem Zimmer in Cambridge im Bett.

»Lies mir eines deiner Gedichte vor«, sagte ich.

»Das könnte ich. Aber viele davon sind unvollendet«, sagte er.

»Das macht mir nichts aus. Aber ich will keines über Samantha oder Edith hören.«

Die Frauen aus seiner Vergangenheit schüchterten mich ein. Sie waren wie Josiah sehr klug, komplex und individualistisch gewesen. Allesamt dunkelhaarig und zierlich gebaut. Ich fühlte mich im Vergleich zu ihnen wie ein riesiger blonder Storch. Ein bisschen wie Carol Burnett neben Isabelle Adjani.

»Nein, nein«, sagte er verständnisvoll, sodass mir meine Verunsicherung nicht mehr peinlich war.

Dann zog er ein Blatt aus einer der etwa sechstausend Mappen in seinem Schreibtisch und begann zu lesen. Seine Vortragsstimme ist zwar leise, aber tief. Und ich meine wirklich sehr tief. Eigentlich sollte er als Sprecher arbeiten. Gedichte liest er so wie alle Lyriker. Mit einem singenden Rhythmus. Den haben sie irgendwie alle – so wie auch alle Nachrichtensprecher ähnlich klingen. Das liegt offenbar am Stoff. Wir sind also in seinem Zimmer, und er beginnt zu lesen, und aus seinem Mund kommt das wohl düsterste, furchterregendste und raueste Gedicht, das ich je gehört habe. Es war, als hätten Joe Strummer, Edgar Allan Poe und Sylvia Plath gemeinsam ein Kind gezeugt, das ein Gedicht schrieb.

»Mein Gott«, mehr brachte ich nicht heraus.

»Yeah«, sagte er und räumte das Blatt wieder weg. »Das habe ich in der schwierigen Zeit mit Samantha geschrieben.«

Himmel noch mal, war das finster. Und offen gestanden hatte ich keinen Schimmer, was es bedeuten sollte. Ich dachte mir, vielleicht bin ich zu dumm, um es zu kapieren, während er so brillant und sich seiner tiefsten Empfindungen derart bewusst ist, dass ich wohl besser nichts dazu sage. Also tat ich es auch nicht – niemals. Ich glaube, das hat ihn gekränkt, und vielleicht war es ihm auch peinlich, dass eine Reaktion von mir ausblieb. Möglicherweise hielt er mich einfach nur für beschränkt. Sechs Jahre lang las er mir danach kein Gedicht mehr vor, und ich wusste, dass er viele schrieb. Auch hier ignorierten wir die Warnsignale. Machten wir das einfach aus Liebe? Liebe muss für so viele Menschen eine außergewöhnliche Macht sein, denn sie bringt sie dazu, gefährliche, rote, laut schmetternde Warnsignale auszublenden. Oder die Leute schaffen es nicht, sie überhaupt zu bemerken, bis schon alles zu spät ist. Wie gehen Sie eigentlich damit um? Wenn Sie in der Lage sind, sich der Liebe wirklich zu öffnen und sich hinzugeben, vielleicht riskieren Sie dann einigen Kummer, falls Sie sich nicht glücklicherweise den richtigen Partner ausgesucht haben. Passiert so etwas zufällig? Ich denke, man muss solche riesengroßen Fehler machen, um daraus zu lernen. Und dann denke ich außerdem, dass es entscheidend ist, sich genau zu überlegen, was man eigentlich will, und auch, was man nicht will, bevor man sich erneut verliebt. Hat man sich allerdings schon verliebt, bleibt einem meiner Ansicht nach kaum mehr eine Wahl. Dann muss man die Sache durchziehen. So einfach ist das. Denn die Liebe lässt einem keine Wahl.

Dabei standen wir uns so nahe. In jenem ersten Jahr in Oberlin unternahmen wir diese langen Spaziergänge auf dem Campus mit den Jungs in einem Doppelkinderwagen. Josiah machte uns immer Tee in Einmachgläsern, die wir dann mitnahmen. Falls uns dabei überhaupt jemand begegnete, spürte ich, wie die Leute uns wohlwollend und bewundernd nachsahen. Ich selbst registrierte diese perfekte Idylle auch und war froh, sie zu erleben. Wenn wir nach Hause zurückkamen, legten wir die Kinder für ihren Mittagsschlaf hin und zogen uns ebenfalls in unser Schlafzimmer zurück. Es gab diese nebligen, dunstigen Tage, an denen es zwar nicht regnete, aber trotzdem diesig und nass war. Wenn es kalt genug war, gefror die feuchte Luft auf den kahlen Bäumen und die ganze Welt sah wie Narnia aus. Dann verkrochen Josiah und ich uns im Bett, liebten uns und unterhielten uns über die Häuser, die in der Stadt zum Verkauf standen.

»Das in der Maple Road können wir nicht kaufen. Es hat neun Schlafzimmer. Ich glaube, es war mal ein Bed-and-Breakfast«, sagte ich beispielsweise.

»Aber warum wohnen wir denn in Ohio, wenn nicht um neun Schlafzimmer zu haben? Wir könnten uns doch neun Kinder zulegen! Außerdem ist es rosa«, sagte er darauf.

»Also gut, dann lass uns neun Kinder haben, und dazu manage ich noch ein pinkfarbenes Bed-and-Breakfast.«

»Alles klar, Liebste.«

»Ich hasse Bed-and-Breakfast.«

»Ich auch.«

Dann lasen wir Zeitung und schliefen darüber ein. All das an einem gewöhnlichen Mittwoch.

6.

In unserem ersten Jahr ging es einfach immer so weiter. Alles lief gut. Wir fanden immer mehr neue Freunde und entdeckten zauberhafte Ausflugsorte im Umland, wo unsere Jungs prima spielen konnten. Und dann war da ja noch die Präsidentschaftswahl von 2004. Die ging ich an wie die Sache mit den Blumen. Der Nordosten von Ohio war politisch betrachtet ein heiß umkämpftes Pflaster. Auf den Karten bei CNN war der Staat immer lila gefärbt, weil die Bewohner noch unentschlossen waren, wen sie wählen sollten. Leute, die für ihren Kandidaten arbeiteten, zogen aus dem Osten hierher, nur um zu versuchen, diese wichtigen Wähler auf ihre Seite zu bringen. Das war wirklich aufregend. Ich war freiwillige Helferin in dem winzigen demokratischen Wahlbüro in der Stadt. Es befand sich in einem einzigen Zimmer des einzigen Hotels von Oberlin. Allerdings gab es darin sechs Telefonleitungen, sodass sich den ganzen Oktober hindurch dort allabendlich sechs Leute zusammenquetschten und die Telefondatenbank abarbeiteten. Ich war jeden zweiten Abend von achtzehn bis einundzwanzig Uhr dort. Und die Wahl bestimmte unser aller Leben. Ich fühlte mich, als würde ich in Kerrys Hauptquartier arbeiten. Das Baby und Wallace trugen Kerry-Buttons. Ich dachte an nichts anderes und unterhielt mich auch mit Josiah über nichts anderes mehr. Meine New Yorker Freunde beneideten mich, denn in Ohio konnte man mit seinem Engagement wirklich noch etwas bewegen. Bush war böse und musste aus dem Amt, und unsere ganze Umgebung war hoch motiviert, ebendafür zu sorgen. Das Ganze endete am regnerischsten Wahltag aller Zeiten. Am Vorabend warnte der Wetterbericht vor schweren, ununterbrochenen Regenfällen im gesamten Mittleren Westen. Josiah und ich standen jeweils sechs Stunden lang an, um zu wählen, insgesamt also zwölf Stunden. Am Wahlabend war der letzte Staat, der sich rot färbte, Ohio, und Kerry verlor. Während die Rede, bei der er seine Niederlage eingestand, im Fernsehen übertragen wurde, saß ich auf unserem Sofa und weinte, als sei meine Mutter gestorben.

Josiah war an seinem Lehrstuhl sehr erfolgreich und liebte es zu unterrichten. Das hatte er im Jahr davor schon in Harvard getan, aber auch wenn die Studenten dort überdurchschnittlich intelligent waren, besaßen sie nicht den Elan und Stil, die Neugier und Kreativität sowie den Tatendrang der Kids in Oberlin. Dort heißen die Studenten Zack oder Violet. Sie kennen Transsexuelle und wissen, ohne je etwas falsch zu machen, wie man mit ihnen umgeht. Ich komme da bis heute oft genug durcheinander. Manchmal fällt es einem ja auch wirklich schwer, das Geschlecht dieser Jugendlichen zu erraten, und genau darin besteht meines Erachtens auch das Problem. Da war beispielsweise diese Person, die in der Buchhandlung arbeitete. Sie hieß Terry, und ich war mir, wie schon erwähnt, einfach nicht sicher. Ich vermute, dass es ursprünglich ein Junge war, der sich aber selbst als lesbisches Mädchen empfand und gerade dabei war, sich auch körperlich in ein Mädchen umwandeln zu lassen. Dahinter kam ich, weil er/sie einen Button mit der Aufschrift »Lesbian Bitch« trug. Terry war äußerst liebenswürdig und hilfsbereit, aber an seinem/ihrem Körper gab es keinerlei visuelle Hinweise auf welches Geschlecht auch immer. Ich gab mir große Mühe, war in seiner/ihrer Gegenwart aber trotzdem immer nervös und befangen. Soweit ich das erkennen konnte, war ich jedoch die Einzige, die damit Schwierigkeiten hatte. Die Studenten von Oberlin spielen übrigens üblicherweise auch ein Instrument. Und zwar gut, auch wenn sie nicht am weltberühmten Konservatorium sind, das zum College gehört. Das wichtigste Charakteristikum ist jedoch, dass sie immer glauben, im Recht zu sein. Das kann ich beurteilen, weil ich im Frühlingssemester unseres ersten Jahres eine Dozentenstelle für den kommenden Herbst bekam. Ich sollte Studenten im letzten Studienjahr Schauspielerei vor der Kamera beibringen. Es ist überall schwer, einen Dozentenjob am College zu ergattern, aber ich hatte dank Georges Hilfe Glück. (Dass ich bei *Law & Order* mitgespielt hatte, war natürlich auch nicht gerade von Nachteil.)

George war langjähriges Mitglied der Fakultät für Theaterwissenschaft und wohnte mit seinem Lebensgefährten Paul, der in einem Labor am College beschäftigt war, gleich neben uns. Also mussten sie nicht gerade mühsam nach mir suchen. George und Paul waren die idealen Nachbarn: das perfekte schwule Paar mit einer Vorliebe für Martha Stewart. Die beiden sahen gut aus, kochten fantastisch, gaben viele Einladungen, hegten und pflegten ihren Garten und besaßen zwei prächtige Hähne, mit denen die Jungs liebend gern spielten. Wenn man für irgendein Gericht frischen Thymian brauchte, dann hatten sie ihn mit Sicherheit in ihrem Garten, gleich neben Salbei und Schnittlauch (»Der wächst wie die Feuerwehr!«, pflegten sie zu sagen), und nötigten einem gleich noch einen Bund davon für den Salat auf. Die zwei fühlten sich im ländlichen Ohio irgendwie gestrandet, denn der schnellste Weg, um dort jemand dazu zu bringen, republikanisch zu wählen, ist das Ansinnen, gleichgeschlechtliche Ehen zu legalisieren. Andererseits gab ihnen die liberale Atmosphäre der Stadt aber auch die nötige Sicherheit. Außerdem wussten sie natürlich, dass sie von hier gestrandeten Gourmets, etwa Josiah und mir, Bewunderungsrufe ernteten, wenn sie zum Rinderbraten selbst gemachte Meerrettichsauce servierten. Als wir wieder einmal bei ihnen eingeladen waren, fragten sie mich, ob ich nicht eine Bewerbung für einen Lehrauftrag als außerordentliche Dozentin abgeben wolle. Mir war zumute, als hätte ich im Lotto gewonnen.

Damit waren wir wirklich etabliert. Ab Herbst hätte ich etwas Anspruchsvolles zu tun und wäre damit endlich in Josiahs Welt angekommen. Die Leute würden sagen: Ah, das sind Josiah Robinson, der Lyrikprofessor, und seine Frau Isabel, die an der theaterwissenschaftlichen Fakultät unterrichtet. Josiah war stolz und aufgeregt … denke ich zumindest. Falls er so etwas wie Territorialneid hegte, so merkte ich jedenfalls nichts davon, oder ich hatte beschlossen, es zu ignorieren. Ich war immer noch in Sicherheit in meiner Filmschublade, und er konnte der große intellektuelle Daddy sein, fest etabliert an der hoch angesehenen Englisch-Fakultät.

Als der Frühling sich dem Ende zuneigte, entdeckten wir ein rotes Ziegelhaus, das ein wenig von der Straße zurückgesetzt war. Davor wuchsen zwei riesige Ahornbäume. Es war herrlich, wenn auch verglichen mit den sonstigen Angeboten ein bisschen teuer. Aber meine New Yorker Freunde blätterten schließlich für irgendwelche Wohnsilos mit Blick auf Brandmauern das Sechsfache hin, also hatte ich trotzdem ein gutes Gefühl. Als die Studenten schon begannen, die Stadt für den Sommer zu verlassen, sammelte ich unzählige Seiten aus *House &*

Garden und bat unzählige Stoffgeschäfte in New York, mir Muster nach Ohio zu schicken. Wir rissen die Küche heraus und entwarfen eine neue. Nachdem wir die Wände mit Tapeten von William Morris tapeziert hatten, brachen wir stolz wie aus der Schlacht heimkehrende Soldaten nach Maine auf.

Eine Sache passierte in jenem Frühling allerdings auch noch. Als Mitglied der Fakultät musste Josiah sich mit allen Kandidaten treffen, die hofften, im nächsten Jahr einen Job in Oberlin zu bekommen. Es gab eine Stelle für englische Literatur des achtzehnten Jahrhunderts, die es zu besetzen galt. Nicht dass ich begriffen hätte, warum, aber jedenfalls war diese Position sehr schwer zu vermitteln. Man engagierte dauernd Leute, die sie auf Zeit übernahmen und konnte irgendwie nicht die richtige Person für einen Zeitvertrag mit Aussicht auf Festanstellung finden. Schließlich einigte man sich auf einen gewissen Robert, der aus Princeton kam. Doch als er das College besuchte, schreckten ihn dessen Winzigkeit und andere Umstände ab. Noch dazu hatte er seinen Lebensgefährten an der Ostküste. Letztlich erbat er sich ein Jahr Aufschub. Also warf die Fakultät erneut ihre Netze aus und holte sich noch einen Fisch aus Princeton. Ihr Name war Sylvia Legard und sie hatte gerade über die englische Literatur im achtzehnten Jahrhundert promoviert. Da in so einem Nest jeder selbst über Leute, die auch nur vielleicht in die Stadt kommen, alles erfährt, hatte sogar ich schon von dieser jungen Frau gehört. Meine Freundin Rebecca, die ebenfalls in Princeton gewesen war, kannte sie persönlich. Sie berichtete mir, dass sie hübsch sei und im bevorstehenden Sommer heiraten würde. Sie meinte auch, dass ich sie bestimmt mögen würde.

An einem Tag im späten Frühling kam Josiah später als sonst von der Arbeit. Er hatte vielleicht zwanzig Minuten Verspätung. Wallace, James und ich tollten auf dem Rasen vor dem gemieteten Haus herum, spielten mit dem Gartenschlauch und hatten alles zum Grillen für das Abendessen vorbereitet. Wir wohnten damals in der Nachbarschaft von lauter Leuten vom College in einer kleinen Sackgasse. Wir in einem Haus, daneben George und Paul, dahinter der Chef der Sport-Fakultät, Mick (ich war gelinde gesagt erstaunt, als ich erfuhr, dass Oberlin tatsächlich einen Fachbereich Sport hatte), mit seiner Familie, von der wir jedoch nie etwas sahen. Außerdem waren da noch die Religionsprofessorin Jane mit Ehemann und zwei Töchtern im Alter unserer Jungs und schließlich ein Physikprofessor, der mit einer außerordentlichen Professorin für Komposition am Konservatorium verheiratet war. Im Frühling stellten wir in unserem Garten einen Grill auf, und gegen halb sieben kam jeder, der Lust dazu hatte, mit dem Fleisch und Gemüse, das er grillen wollte, vorbei. Wir ließen uns allesamt zum Picknicken im Gras nieder und blieben bis zum Einbruch der Dunkelheit. Das war einer jener Abende.

»Bully!«, rief Josiah mir zu, während er schon Wallace durch die Luft wirbelte, der auf ihn zugerannt war.

»Bully!«, echote ich. Ich liebte es, wenn er nach Hause kam. »Du bist ganz schön zu spät, mein Lieber – wir wollten schon fast ohne dich anfangen«, sagte ich und küsste ihn. Inzwischen hatten sich auch Janes Töchter eingefunden und spielten ebenfalls mit dem Gartenschlauch.

»Ich weiß, aber ich hatte ein Vorstellungsgespräch. Mit der Frau für das achtzehnte Jahrhundert, Sylvia. Ich musste das Gespräch mit ihr führen«, sagte er.

»Oh! Wie ist sie denn so? Bekommt sie den Job? Werde ich sie mögen?« All die Fragen stellte ich, während ich

James half, vom Bordstein herunterzusteigen. Er lernte gerade das Laufen.

»Also, ich weiß nicht, ob sie die Stelle bekommt. Ihr Auftritt war in Ordnung. Sie hat mich nicht gerade umgehauen. Aber du würdest sie mögen. Sie ist sozusagen Französin«, sagte er, dann schnappte er sich den nackten James, drückte den Mund auf seinen Bauch und pustete. Das so erzeugte laute Trötgeräusch ließ James in wildes Gelächter ausbrechen.

Mehr sagten wir in jenem Frühling nicht über Sylvia. Am Ende bekam sie die Stelle.

7.

Den darauffolgenden Sommer in Maine nannte ich den »summer of love«. Bekanntermaßen weiß man nie im Voraus, wann einen der Bus überfahren wird, aber ich hatte immer geglaubt, wenn etwas so Dramatisches passiert wie das Zerbrechen der eigenen Ehe, dann wird man das vorher irgendwie spüren. Der Ton wird sich ändern oder man wird eine subtile Unterströmung registrieren – zumindest war ich davon überzeugt, dass es mir so ergehen würde. Aber ich habe jegliche Warnsignale übersehen. Ein einziges Mal war Josiah richtig böse auf mich, weil ich den Krebs zerkocht hatte. Das stimmte mich einen Moment lang nachdenklich, aber da er in allen Küchendingen so überempfindlich war, interpretierte ich weiter nichts hinein.

Ich erinnere mich, dass wir viel im Meer schwammen. Es war ein wirklich heißer Sommer (wahrscheinlich wegen der Erderwärmung), sodass sich alle andauernd im Wasser aufhielten. An einem Tag gingen Josiah und ich zum Steg hinunter, um zu schwimmen, während die Kinder ihren Mittagsschlaf hielten. (Meine Mutter kochte. Denn sie kocht andauernd irgendwas. Ihr bestes Gericht ist Käsesoufflé. Manchmal schart sie ein paar Freundinnen zu einem Minikochkurs um sich und zeigt ihnen, wie es geht. Sie lernen die Soufflézubereitung, und dann setzen sich alle zu einem üppigen Mittagessen mit Rotwein und allem drum und dran. Aber an jenem Tag buk sie Cookies mit Schokostückchen. »Geht ihr beide mal schwimmen«, ordnete sie an.)

Josiah schwamm regelrecht Bahnen zwischen unserem Steg und dem Segelboot der Davises. Meine Runden waren etwas halbherzig, ich schwamm eher hierhin und dorthin und ließ mich auf dem Rücken treiben, um in den Himmel zu schauen. Schließlich trafen wir uns am Steg wieder und hängten uns jeder von einer Seite an die Leiter.

»Ob wir wohl jemals einen Labrador haben werden?«, fragte ich.

»Klar«, sagte er.

»In welcher Farbe? Ich habe mir immer vorgestellt, einen schwarzen zu haben, aber vielleicht magst du keine schwarzen.«

»Na ja, da könntest du recht haben. Ich finde, wir sollten zwei gelbe Labs haben. Einen für Wallace und einen für James.«

»Oh, ja. Du hast recht. Zwei gelbe. Und wie sollen sie heißen?« Wir liebten es, uns Namen auszudenken.

»Wallace und James«, sagte er und tauchte blubbernd unter.

Verstehen Sie jetzt, was ich mit »summer of love« meinte? Keine großen Auseinandersetzungen, nur kleine Irritationen wegen Garzeiten und viele Gespräche über gelbe Labradore.

Ende August fuhren wir alle zusammen zurück nach Oberlin, durch die Berkshires und über die Berge des Staates New York. Neben der Vorfreude auf mein neues Haus hatte ich natürlich auch meinen neuen Job im Kopf.

Wie sich herausstellte, liebte ich es zu unterrichten. Anfangs imitierte ich meine eigene Dozentin in New York. Ich besorgte mir ihre Lehrbücher, benutzte ihr Unterrichtsprogramm als Vorlage für meines, und – so peinlich das klingen mag – ich ahmte sogar ihre Stimme nach. Rose war eine kleine, heißblütige schottische Rakete. Alle fürchteten und verehrten sie. Sie sagte Sachen wie zum Beispiel: »Ach, das ist doch Mist. Wenn du so einen Scheiß ins Telefon säuseln willst, dann mach das in deiner Freizeit, aber verschwende nicht meine Unterrichtszeit. Wenn du das Gefühl hast, spielen zu müssen, dann mach's richtig. Aber wenn du auch irgendwas anderes werden könntest, dann nimm anderen nicht den Platz weg.« Sie war ein harter Knochen. Zur braunen Lederhose trug sie hochhackige Stiefel und dekolletierte Kaschmirpullover. Trotz ihrer gerade mal ein Meter fünfzig besaß sie die Bühnenpräsenz einer Vanessa Redgrave und wirkte einschüchternd und attraktiv zugleich. Von Oberlin aus telefonierte ich viel mit ihr, holte mir einen Menge Rat und nahm ihre Einstellung an, die ich dann in meiner eigenen kleinen Klasse im Untergeschoss der Fakultät für Theaterwissenschaft reproduzierte. Es überraschte mich selbst, dass ich mich ebenfalls als harter Knochen erwies. Und ich war begeistert davon.

Mir war schon früher aufgefallen, dass Josiah eine besondere Miene machte, bevor er zum Unterricht aufbrach. Ein bisschen wie ein Sportler vor dem Betreten des Stadions. Bestimmte Sachen waren Unterrichtskleidung, und er hatte auch gewisse Rituale. Etwa zwanzig Minuten bevor es losging, brauchte er eine Tasse Tee an seinem

Pult. So versetzte er sich in die richtige Stimmung. Bis ich auch zu unterrichten begann und Lehrbeauftragte wurde, hatte ich geglaubt, er sei der Einzige, der so etwas machte. Aber es scheint, dass alle Dozenten ihre eigenen Rituale pflegen. Ich fühlte mich ein wenig wie in einer professionellen Football-Mannschaft. Wenn eine Freundin sagte: »Ich muss gleich zum Unterricht«, war das der Code für »Wir müssen jetzt aufhören zu plaudern, damit ich mich in die richtige Stimmung versetzen kann.« Die Leute sahen an den Tagen, an denen sie unterrichteten, besser aus. Man ist immer ein bisschen aufgeregt, bevor man vor seine Klasse tritt. Es bedarf auch einer gewissen Energie und Konzentration, um sich vor ein Rudel Spätpubertierender hinzustellen, hoffentlich ihre Aufmerksamkeit für sich zu gewinnen und ihnen etwas beizubringen. Auch ich hatte dafür meine besonderen Rituale.

Ich unterrichtete Montag, Mittwoch und Freitag jeweils von vierzehn bis sechzehn Uhr. Der dreijährige Wallace war damals zu diesen Zeiten im Kindergarten, also brauchte ich mir um ihn schon mal keine Sorgen zu machen. (Machte ich aber doch, weil er die Einrichtung hasste. Ich denke, er fühlte sich mit seinen gerade mal drei schon missverstanden. Andere mochten *Thomas die kleine Lokomotive,* er dagegen liebte *Cirque du Soleil.* Er fragte in Geschäften, welche Sprache andere Menschen sprachen, und sagte mit zwei schon Sätze wie »Das ist ein Geheimnis.«) Mittags kam Grace, Josiahs Vorzeigestudentin, hinten durch den Garten. In der Hand trug sie die überdimensionale Kaffeetasse, die sie selbst getöpfert hatte.

»Hey man«, rief sie, noch während sie in der Küche ihre Stiefel auszog. »Wo ist der kleine Racker?«

Spätestens dann kam der fünfzehn Monate alte James in die Küche gestapft und sah wie ein cooler Cowboy aus. »Hallo, Kumpel!«, sagte sie – ganz Hippie Girl – zu ihm. Dann trollten die beiden sich, um vor seinem Mittagessen und dem anschließenden Mittagsschlaf noch irgendein kleines Abenteuer zu bestehen. (Manchmal brachte Grace ihm einen gesunden Quinoa-Gemüse-Salat oder einen riesigen Karottenmuffin aus ihrer WG-Küche mit.) Ich sorgte mich niemals um James, wenn er bei Grace war. Einmal sah ich die beiden mit ein paar von ihren Freunden auf dem Collegevorplatz. Mein kleiner James inmitten von Batikklamotten und Jonglierbällen und er schien sich absolut wohlzufühlen. Sozusagen ein Vorgeschmack auf seine unvermeidliche Zukunft.

Sobald Grace sich um James kümmerte, lief ich nach oben und zog mich um. Man möchte ja immer, dass die Studenten finden, man sehe toll aus, und beeindruckt sind. Das Verhältnis Lehrende/Studierende ist gar nicht so einfach. Man muss sich nahestehen, damit die Kids sich einem öffnen und auch etwas annehmen, andererseits aber auch nicht so nah, dass sie einen für eine Freundin halten und gleich fragen, wo man seine Klamotten kauft. Man ist schließlich älter, cooler und um einiges erfahrener als sie. Manchmal mag man sich zwar nicht so fühlen, aber das darf man sich keinesfalls anmerken lassen. Studenten sollten einen nie verwirrt, im Streit mit dem Ehemann oder beim Einkauf von Tampons sehen. Es gilt, schwer fassbar zu bleiben, gleichzeitig will man, dass sie sich wünschen, einen besser kennenzulernen, also gibt man ihnen hier und da einen kleinen Hinweis. Eine hochkomplizierte Angelegenheit also. Wenn ich umgezogen war und mich bereit fühlte, nahm ich meine Unterrichtsmappe und ging zum Lunch ins Black River. Dort setzte ich mich an die Bar, aß die Tagessuppe und ging die bevorstehende Stunde noch mal durch. Vielleicht begrüßte ich jemand, auch Josiah, falls er ebenfalls dort zu Mittag aß, aber ich war schon im Dienst und versuchte, mich zu konzentrieren. Dann ging ich noch zum Kiosk und holte mir eine Dose Cola Light – es musste eine Dose sein, die ich später im Unterricht trinken würde. Außerdem kaufte ich ein Mini Peppermint Pattie. Das aß ich auf dem Weg zum Gebäude, in dem der Schauspielunterricht stattfand. Die Englisch-Fakultät lag gleich gegenüber. Auf meinen iPod hatte ich jede Menge motivierender Rocksongs geladen, die hörte ich mir an, während ich den Vorplatz überquerte. Das Letzte, was ich tat, bevor die Studenten um kurz vor zwei hereinschlenderten, war, mich in meinem Blackbox-Kellertheater auf den Boden zu legen und zu atmen. Mein Ziel war, alles, was gerade in mir arbeitete, rumorte und brodelte, rauszulassen. Ich musste bei mir selbst anwenden, was ich andere in puncto Offenheit, Zugänglichkeit und Aufnahmebereitschaft lehren wollte. Ich musste offen für das sein, was die Studenten in den Unterricht einbrachten, und natürlich auch flexibel, damit ich überhaupt mit ihnen arbeiten konnte. Diese Arbeit funktioniert vor allem über den Instinkt, es geht ums Zuhören und Reagieren. Wenn sie reinkamen, wollte ich wach und bereit sein und ihnen ein kreatives Forum bieten.

Bevor es mit dem Unterrichten aber überhaupt losgehen konnte, hatte ich als neues Mitglied des Lehrkörpers noch eine Art Einschulung zu absolvieren. In Oberlin nimmt man sich, bevor die Studierenden eintreffen, zwei ganze Orientierungstage Zeit dafür, und die Teilnahme daran ist für alle neuen Dozenten verpflichtend. Das war ziemlich lustig, weil Josiah ja nicht mehr neu am College war und deshalb bei den Jungs zu Hause bleiben musste. Der Altersunterschied zwischen drei Jahren und fünfzehn Monaten ist ziemlich gewaltig. Und eine nette Herausforderung. Andauernd tut sich jemand weh, schreit oder muss gewickelt werden. Zwei kleine Jungs zu betreuen, die im Alter so nah beieinanderliegen, das fordert jeden. Trotzdem musste ich mir den Professorenhut aufsetzen und das Haus zeitig verlassen, um pünktlich zur ersten Besprechung um neun Uhr zu erscheinen.

Manchmal spiele ich die Karte der lustigen, naiven, blonden Schauspielerin voll aus, auch wenn mir eigentlich gar nicht danach zumute ist. Das erste Treffen im Rahmen der Orientierungstage, bei dem ich mich ohnehin wie eine Hochstaplerin fühlte, war perfekt für diese Masche, also benutzte ich sie auch. Ich scherzte darüber, erst mit neunundzwanzig mein erstes E-Mail-Account besessen zu haben, und spekulierte darüber, wie ich mich zu verhalten hätte, falls ein Student mich zu Hause aufsuchte. Sollte man ihn gleich zum Abendessen dabehalten? Das brach zumindest das Eis und danach stellten die echten Professoren die ernsthaften Fragen. Nach der ersten Gesprächsrunde strömten wir alle nach draußen und steuerten das Ökologische Forschungszentrum an, in dem wir gemeinsam zu Mittag essen würden und das genau gegenüber von unserem neuen Haus lag. Ich überlegte gerade, auf einen Sprung nach Hause zu laufen, um zu sehen, wie Josiah und die Jungs zurechtkamen, als eine hübsche, schlanke, dunkelhaarige Frau mich ansprach.

»Du musst die Frau von Josiah Robinson sein. Ich bin Sylvia.«

8.

Sylvia hätte auch behaupten können, sie sei Audrey Hepburn, denn so sah sie aus und so klang sie, allerdings mit einem leichten französischen Akzent. Das ist ein großes Kompliment, und wenn ich damals schon gewusst hätte, dass sie vier Monate später mit meinem Ehemann zusammenwohnen würde, hätte ich den Gedanken vermutlich nicht zugelassen, aber so tat ich es. Ich bemerkte sofort ihren Verlobungsring, weil er mit drei Diamanten von beträchtlicher Größe besetzt war. Ich selbst hatte von Josiah einen imposanten Verlobungsring mit einem gelben Saphir bekommen. Der Stein war riesig. Josiah fand, dass er »clownfarben« sei. Er sah aus wie ein großes gelbes Bonbon. Der Ring war wahnsinnig schön, aber Josiah bat mich eindringlich, ihn in Collegekreisen nicht zu tragen. Er wollte nicht, dass die Leute glaubten, wir wären reich, was ja auch nicht stimmte, aber wenn man meinen Ring sah, hätte man das vermuten können.

Vor vielen Generationen war meine Familie mütterlicherseits tatsächlich ziemlich reich gewesen. Ein Urgroßvater hatte als Bankier viel Geld verdient, aber in den nächsten paar Generationen stieß niemand mehr auf eine Goldader. So erschöpften sich die Bestände irgendwann. Was heißt, dass nicht mehr besonders viel davon übrig ist. Auch Josiahs Familie war in der Vergangenheit zeitweise sehr wohlhabend gewesen, aber aufgrund widriger Umstände war es danach finanziell auch eher abwärts gegangen. Was ich damit sagen will, ist, dass wir beide mit den schönen Dingen des Lebens, Reisen, Schmuck, gutem Essen und hochwertigen Möbeln, durchaus vertraut waren. Man hätte uns schon für finanziell gut ausgestattet halten können, wenn man unser feines Porzellan sah oder erfuhr, welche Schulen wir besucht hatten. Aber ehrlich gesagt war Geld nicht im Überfluss vorhanden. Wir kamen gut zurecht, aber wir schwammen sicher nicht darin.

Und hier war Sylvia mit ihrem ansehnlichen Diamantring. Ich fand es gut, dass sie ihn trug. Es wirkte selbstbewusst. Sie sah ohnehin nicht wie eine Professorin aus und trug jede Menge Designerklamotten, was mir ebenfalls gefiel. In New York sind alle gestylt und gut angezogen. Aber wenn man in Ohio jemanden trifft, der Marc Jacobs trägt, ist das vergleichbar mit einer Eule im Central Park – ziemlich selten.

»Ich fand dich da drinnen sehr witzig – alle anderen waren so todernst«, meinte sie. Das schmeichelte mir natürlich, und gleichzeitig war ich froh, dass sie mich nicht für bescheuert hielt. Wobei sie das insgeheim natürlich durchaus gedacht haben mochte.

»Nun ja, ich frage mich wirklich, wie ich das mit dem Unterrichten wohl hinkriegen werde, aber verdammt, was soll's, oder? So bin ich nun mal«, sagte ich. Sie lachte.

Das Verrückte an der ganzen Geschichte ist, dass Sylvia mich wirklich zu mögen schien. Es wirkte so, als ob sie mich sogar bewunderte. (Immerhin war ich fünf Jahre älter und gute zehn Zentimeter größer als sie.) Sie war so eine Mischung aus bedürftig und hilflos, distanziert und eigenständig. Ich muss sagen, sie wirkte ansprechend und witzig, wenn nicht sogar wahnsinnig komisch. Sie sagte verrückte Sachen, war eine kluge Beobachterin und ihr Stil sehr europäisch. Sie rauchte, roch aber nie nach Zigaretten. Sylvia drängte sich nicht in den Mittelpunkt und war eher ruhig, aber wenn man darauf achtete, konnte man hören, wie sie ihre Anwesenheit in Ohio oder die durchschnittliche Lebenserwartung einer Schildkröte ironisch kommentierte. Nicht zynisch oder gemein, sondern intelligent, witzig und sanft. Die Aussicht auf eine neue Freundin in der Stadt begeisterte mich und ich wollte unsere Freundschaft auf der Stelle beginnen.

»Sag mal, gehst du auch zu diesem Lunch?«, fragte ich.

»Ja«, sagte sie.

»Okay, ich wohne gleich da die Straße hinunter. Möchtest du nicht auf einen Sprung mitkommen? Ich will nur rasch nach den Jungs sehen – und du kannst dir anschauen, wie wir wohnen. Wir sind gerade eingezogen.«

»Ach, das wäre großartig«, sagte sie begeistert.

Es kam mir vor, als wäre sie ein Erstsemester und ich würde sie in mein Studentenheim einladen, um in meinem Zimmer Klamotten anzuprobieren. Ich meinte zu spüren, wie mein Flügel sich hob und ich dieses süße junge Ding unter meine Fittiche nahm, um ihr zu versichern, dass in diesem verschrobenen, aber liebenswerten Städtchen schon alles gut werden würde. Ich würde dafür sorgen, dass es ihr an nichts fehlte. Auf einen Schlag war sie mein neues kleines Projekt geworden.

Ich fand unser Haus selbst wunderschön und beeindruckend. Es war tadellos, von den cremefarben lackierten Einfassungen der Fenster in der Bibliothek bis hin zum gestreiften Stoff von Lulu DK auf dem Fenstersitz in der Küche. Die Hintertreppe und die Flure waren tapeziert und sahen aus wie ein Orangenhain. Zweige mit hell- und dunkelgrünen Blättern und darin verteilt Orangen, so groß wie Tischtennisbälle. Die Böden und die Treppe waren cremefarben lackiert. Das Geländer aus Walnussholz hatten wir jedoch so belassen. Ich liebte diesen Flur. Manchmal ging ich hinauf und setzte mich einfach dort hin und war stolz auf mich. Unsere Küche war groß und gelb. Der Maler namens Billy, Josiah und ich hatten einen ganzen Nachmittag damit verbracht dieses Gelb zu mischen, indem wir Orange in reines Gelb tropfen ließen. Das Ergebnis war dieses himmlisch kräftige, dotterfarbene, Provence-Gelb, in dem wir dann auch gleich James' Zimmer im ersten Stock gestrichen hatten. Wir nannten es »James-Gelb«. In der Küche gab es eine Kochinsel mit Gasherd und Backofen. Jenseits davon konnten vier Leute sitzen. Wir hatten es uns so vorgestellt, dass man, wenn Freunde kamen, zusammensitzen, essen und trinken konnte, ohne dass einer allein in der Küche stehen musste. Ich hatte mir auch schon ausgemalt, wie die Kinder dort ihre Hausaufgaben machen würden, während ich das Mittagessen kochte. Alles war für unser großartiges Familienleben der nächsten zwanzig Jahre geplant. Jeder, der zur Tür hereinkam, spürte das. Ich bin mir sicher, dass es Sylvia nicht anders erging.

»Ach, Isabel, das ist ja ein Traum. Ihr müsst wahnsinnig viel Arbeit da hineingesteckt haben«, sagte sie, während wir nach oben gingen. Josiah und die Jungs waren nicht da.

»Ja, bei Gott, das haben wir. Du hättest Josiah sehen sollen – kennst du ihn eigentlich schon? Ach was, ihr habt euch ja schon im Frühling getroffen, nicht wahr? Tut mir leid, dass wir ihn jetzt wohl gerade verpasst haben«, sagte ich.

»Ich habe ihn schon getroffen. Gestern ganz kurz an der Fakultät. Unsere Büros liegen direkt nebeneinander«, sagte sie.

»Na, das ist doch toll. In dem Gebäude ist es oben am schönsten.« (Außerdem kann er sie dann auf Schritt und Tritt beobachten …) »Aber wie auch immer, es war jedenfalls so lustig, als er den Boden für die Küche ausgesucht hat. Ich schwöre dir, er wird zum Experten bei allem, was er anpackt. Er kann dir jetzt den Unterschied zwischen Mandel und Kirsche auf fünfzig Meter Entfernung genau erklären. Er ist einfach durch und durch Wissenschaftler. «

Ich merkte, wie ich mit ihm prahlte, aber das tat ich oft. Es fiel mir nicht schwer, denn erstens vergötterte ich ihn und hatte ihn weit über mich auf einen Sockel gestellt, und zweitens beherrschte er in der Tat eine Menge bewundernswerter Dinge, mit denen es sich hervorragend prahlen ließ. Er konnte Lampen anschließen, was meine Mutter über die Maßen bewunderte. Er konnte aber auch einen Gobelin sticken. Das tat er manchmal abends am Kamin mit einer Lesebrille auf der Nase. Dabei besitzt er die Statur eines Quarterbacks und ein kantiges Kinn, sodass es umso absurder aussieht, wenn er die Augen zusammenkneift, um Stiche zu zählen. Dazu summt er oder murmelt in seinem Bariton etwas von hellerem Flaschengrün, als wäre er schwul oder eine Großmutter. Das war witzig und anrührend zugleich.

Ich zeigte Sylvia das ganze Haus, erklärte jeden Stoff und jeden Türgriff. Ich zog mich sogar in unserem Schlafzimmer vor ihr um. Ein schrecklich seltsames Verhalten, wenn man jemand seit gerade mal fünfundvierzig Minuten kennt. Aber ich fühlte mich ihr sofort nahe. Als wir den Rundgang beendet hatten, sagte ich ihr – und ich ermahnte sie, mich wirklich beim Wort zu nehmen –, sie hätte eine Dauereinladung, allwöchentlich mit uns zu Abend zu essen. Wir entschieden uns für den Donnerstag. Mir missfiel die Vorstellung, wie sie einsam in ihrem Apartment saß und ihr frischgebackener Ehemann in New York. Josiah und ich konnten ihr ein Zuhause zum Üben bieten. Eines mit reichlich Essen und Kindern, die einem zwischen den Beinen herumliefen. Ich wollte das alles nur zu gern teilen.

9.

Josiah und ich hatten uns im ersten Jahr mit einigen Paaren unseres Alters angefreundet. Eines davon waren Ward und Secca. Er Chinese, sie Japanerin. Beide unterrichteten an der Englisch-Fakultät. Beide waren Menschen des zwanzigsten Jahrhunderts und verstanden eine Menge von zeitgenössischer Kultur. Sie hielten Vorlesungen wie »Los Angeles – vom Film zur Poesie« oder »Medien im Valley«. Ihr Haus war voll mit schlanken, grauen Möbeln und kitschigen Lampen von der Westküste. Sie besaßen eine Katze, die einen japanischen Namen hatte. Einmal erzählte Secca mir, dass ihre Mutter ihr und ihrer Schwester beigebracht hatte, einen Tanz zu vollführen, wenn sie Saft haben wollten. Das war eine der lustigsten Erziehungsideen, die ich je gehört hatte, und immer mal wieder habe ich versucht, meine Jungs dazu zu bringen, mir etwas vorzutanzen, wenn sie mich um Saft baten. Ward und Josiah wurden ziemlich gute Freunde. Sie boten sogar gemeinsame Lehrveranstaltungen an. Und ich freute mich immer, Secca zu sehen. Sie war eine echte Dame. Andauernd waren die beiden auf der Jagd nach asiatischen Kochzutaten. Als sie frisch aus Kalifornien nach Oberlin gekommen waren, hatten sie sogleich einen Ausflug nach Cleveland unternommen, um sich die dortige Chinatown anzusehen. Sie waren ziemlich enttäuscht, als sie feststellen mussten, dass es im Grunde genommen aus nur einem einzigen Gebäude bestand. Manchmal redeten sie davon, einen Wochenendausflug zum »China Building« zu machen. Mit ihnen hatten wir eine Menge Spaß. Dann waren da Rebecca und ihr Mann Sam. Ihr Fachgebiet waren Romane des neunzehnten Jahrhunderts wie *Emma* und *Stolz und Vor-*

urteil, und sie sah so aus, als käme sie geradewegs aus jener Epoche. Sie war ein wenig prüde, und ihr Pony wirkte immer eine Spur zu kurz geschnitten. Mich erinnerte sie an die Schriftstellerin Laura Ingalls Wilder. Offenbar hatte ihre Mutter ihr bis ins Erwachsenenalter alle Kleider genäht, und sogar im letzten Jahr auf der Highschool hatte sie noch keinen Jungen geküsst. Ihr Mann war ein sogenannter Floater. Das sind Ehepartner, die mit an ein College kommen, obwohl sie dort selbst keinen Job haben. Ich war selbst Floater, bis ich meinen kleinen Lehrauftrag bekam. Die Rolle ist nicht ganz leicht. Man muss sich eine Beschäftigung suchen, oft an so entlegenen Orten wie Oberlin. Meistens schreiben solche Leute an »etwas Eigenem« oder töpfern. Sam widmete sich hingebungsvoll dem Garten, der ihr Haus umgab, während Rebecca sich halb tot arbeitete, um eine Festanstellung zu bekommen. Die beiden hatten keine Kinder. Die Häuser von uns dreien lagen jeweils nur zwei Minuten auseinander.

Wir hatten noch andere, weniger enge Freunde, aber die eben genannten bildeten den harten Kern. Jetzt war Sylvia zu uns gestoßen.

Es gab zwei Frauen in Josiahs Vergangenheit, die mich wirklich beschäftigten. Und da wir oft über sie stritten, vermute ich, dass sie auch Josiah beschäftigten. Die eine war seine Exfrau – die mich einfach einschüchterte. Die andere war Edith, mit der Josiah eine Affäre gehabt und die das Ende seiner ersten Ehe besiegelt hatte. Die Ironie an der ganzen Geschichte besteht darin, dass Josiah eigentlich nicht flirtet oder wie jemand wirkt, der des Betrugs überhaupt fähig ist. Aber letztlich ist er dann wohl doch der Typ, dessen Herz sich jemand Neuen sucht, obwohl es eigentlich schon vergeben ist. Trotzdem würde ich wetten, dass neun von zehn Leuten, die ihn kennenlernen, ihm das niemals zutrauen würden. Ich gehörte definitiv zu den neun. Und ich gab den Frauen die Schuld. Obwohl ich natürlich weiß, dass es für so etwas immer zwei Leute braucht. Dass es nur mit Aktion und Reaktion funktioniert. Es ist wohl kurzsichtig, den Fehler nur bei einer Person zu suchen, weil es schließlich eine Ursache *und* eine Wirkung geben muss. Dennoch fiel es mir einfach leichter, den Frauen die ganze Verantwortung in die Schuhe zu schieben.

Seine erste Frau Samantha hatte den Ruf, sehr klug, aber auch ein wenig *difficile* zu sein. (Meine Mutter sagt manche Dinge auf Französisch, zum Beispiel *difficile*, und das habe ich mir offenbar auch angewöhnt, weil es manchmal einfach treffender klingt.) Sie fühlte sich ständig in die Defensive gedrängt. Tatsache war allerdings, dass sie sich Josiah in Yale gekrallt hatte, als er erst im zweiten und sie bereits im letzten Studienjahr gewesen war. Sie verwickelte ihn in eine komplizierte Beziehung, bis sie ihn mit gerade mal vierundzwanzig dazu brachte, sie zu heiraten. So wurde es mir zumindest kolportiert. Ich hörte von drei Wochen andauernden Streitereien oder dass sie zu Weihnachten nach Atlanta kam, wo Josiahs Vater mit seiner Stiefmutter Susan lebte, und dann dort schmollte. Susan sagte, es sei »kein Spaß« mit ihr gewesen. Das freute mich natürlich zu hören, denn ich war zwar kein Genie, wie man es Samantha nachsagte, aber auf alle Fälle konnte man mit mir jede Menge Spaß haben. Doch obwohl es nicht so lustig mit ihr war, respektierten und mochten Josiahs Vater und seine Stiefmutter sie und blieben auch immer in Kontakt mit ihr. Das machte mich eifersüchtig. Ich quälte mich mit der Vorstellung, dass Josiah eines Morgens aufwachen und feststellen würde, dass er die perfekte, blitzgescheite Frau verlassen hatte, die noch dazu seinen Sohn aufzog. Die Männer in meiner Familie hielten sich alle an den Grundsatz »Verlass niemals die Mutter deiner Kinder«. Deshalb erschien es mir auch so logisch, dass diese Erkenntnis ihn eines Tages überfallen würde. Und egal, wie sehr er mich liebte, dann würde er gehen und in Ordnung bringen müssen, was einst schiefgelaufen war. Manchmal war ich mir dessen so sicher, dass ich eine E-Mail, die sie ihm wegen der Besuchstermine bei seinem Sohn geschrieben hatte, zum Anlass für einen Streit nahm. Am Ende gestand ich Josiah dann meine Angst, er würde mich wegen ihr verlassen. Und jedes Mal überzeugte er mich davon, dass dieser Fall nicht eintreten würde. Selbst als unsere Söhne schon geboren waren, hatte ich noch die paranoide Vorstellung, wir würden irgendwann nach Texas ziehen müssen. Wenn ich jetzt darüber nachdenke, brachte mich allein die Vorstellung eines solchen Umzugs in Rage. Auch darüber kam es regelmäßig zum Krach. Samantha war übrigens klein, zierlich und hatte braunes Haar.

Dann gab es da noch die bereits erwähnte Edith. In meinen Augen war sie ein echter Freak, der keinerlei Hemmungen kannte. Meine Mutter würde sie eine Giftspritze nennen. Sie und Josiah hatten es, nachdem der Sturm seiner ersten Scheidung sich gelegt hatte, geschafft, zu einer Art Freundschaft zu finden. Ich weiß nicht, was diese jedem von ihnen bedeutete, aber es lief darauf hinaus, dass ich zu der Überzeugung kam, sie sollten ihre Beziehung beenden, weil einfach zu viele Komplikationen aus der Vergangenheit darauf lasteten. Doch er weigerte sich. Edith schickte ihm weiterhin Bücher und sie tauschten sich via E-Mail über ihre selbstzerstörerischen Männergeschichten aus. Sie schickte ihm riesige Briefe. Und ich spreche von tatsächlich groß dimensionierten Umschlägen mit Zeichnungen und Kritzeleien darauf. Ich kannte den Trick, denn das war an der Highschool meine praktikabelste Methode gewesen, um einen Jungen zu ködern. Interessantes Gekritzel auf den Rückseiten der Kuverts. Dass sie es genauso machte, brachte mich fast um den Verstand. Sie unterschrieb sogar mit Floskeln wie »Love you«. Und sie war nicht einmal so raffiniert, mir ein »Grüße auch an Isabel« zu gönnen. Ich war darüber außer mir vor Zorn.

»Mein Vater und meine Brüder würden niemals eine so enge Freundschaft mit jemand eingehen, der eine derart pikante Rolle in ihrer Vergangenheit gespielt hat! Das ist nicht fair! Sie flirtet auf Teufel komm raus mit dir – und ich soll ganz cool bleiben, weil ihr ja schließlich Freunde seid.« Dabei hob ich die Hände und setzte das Wort Freunde mit der entsprechenden Geste in Anführungszeichen. »Aber ich bin nicht cool! Ich will, dass du aufhörst, dich mit ihr zu treffen!« So was sagte ich in meinem besten, absolut genervten Ehefrauenton. Einmal in New York, ich war gerade mit unserem ersten Kind im sechsten Monat schwanger, war ich so wütend darüber, dass ich mit bloßen Händen in einen Teller mit Rührei und gegrillten Tomaten griff, bis ich heulend und das Gesicht voller Ei am Boden lag. Ich empfand es als Demütigung, dass mein Mann sich weigerte, eine »Freundschaft« mit einer Person aufzugeben, die mir so bedrohlich erschien wie eine Giftschlange in unserem Wohnzimmer. Ich hatte das Gefühl, er würde mich mit ihr quälen. Aber warum? Das war so gar nicht kavaliersmäßig. Ich dagegen hatte unzählige Freundschaften zu Männern aufgegeben, mit denen mich romantische Erinnerungen verbanden, einfach nur, damit Josiah davon unbehelligt bliebe. (Nicht, dass er mich je darum gebeten oder mir den Eindruck vermittelt hätte, sich davon bedroht zu fühlen.) Dabei hatte ich mit keinem von denen eine Affäre, die schon eine Ehe zerstört hatte. Dass ich in L.A. sogar zwei Dates mit Mick Jagger gehabt hatte, verschwieg ich ihm, um ihm die Rolling Stones nicht zu vermiesen. Ich dachte, so etwas täten Freunde füreinander, und es verletzte mich ungemein, dass er mir seinerseits diesen Gefallen nicht erweisen wollte. Edith war übrigens klein und dunkelhaarig.

Ich wünschte, ich wäre eine selbstbewusste, coole Person, die mit Frauen aus der Vergangenheit ruhig, erwachsen und stilvoll umzugehen versteht, aber traurigerweise bin ich nicht so. Zu meiner Verteidigung möchte ich jedoch anmerken, dass mir scheint, mit der richtigen Frau könnte mir das vielleicht gelingen. In meinem Kopf habe ich die Vorstellung von einer Frau, mit der ich zurechtkäme. Sie müsste groß und kräftig gebaut sein und lange, rote Locken haben. Charakteristisch wäre ihre laute Lache und die Gewohnheit, mit ihrem Schmuck zu spielen, während man mit ihr redet. Sie sollte intelligent sein, aber nicht so, dass es auffällt. Und einfach nett vielleicht? Aber es scheint, als wolle Gott mich mit diesen komplizierten, dunkelhaarigen, zart gebauten Gören auf die Probe stellen. Denn ich kann mit ihnen einfach nicht umgehen. Ich fühle mich sofort plump und so verunsichert, als würde ich im nächsten Moment über meine eigenen Füße fallen oder meinen Drink verschütten.

Und jetzt stand wieder eine von ihnen auf meiner Türschwelle, aber diese hier würde meine Freundin werden. Es gab einfach keinen Grund, warum ich mich von dieser Frau eingeschüchtert fühlen und ich vor ihr auf der Hut sein sollte, auch wenn sie wie Winona Ryder aussah und ihr Büro nur durch eine einzige Wand von dem meines Mannes getrennt war. Aus heutiger Sicht klingt es erbärmlich, aber ich war tatsächlich so froh über diese neue Freundschaft, dass ich einen festen Mädelsabend für mich, Sylvia, Rebecca und Secca ins Leben rief. Er würde immer dienstags stattfinden. Den ersten planten wir in der zweiten Schulwoche ein, da wir alle noch ein wenig Zeit brauchten, bis sich das mit dem Unterricht eingespielt hatte.

Die Orientierungsveranstaltung, auf der ich Sylvia kennenlernte, fand in der letzten Augustwoche statt, und das Semester begann in der ersten Septemberwoche. An dem Wochenende dazwischen »tapezierte« Josiah die Wände unseres Badezimmers mit den Familienfotos. Am Ende des Semesters waren wir offiziell getrennt.

10.

Der folgende Monat war der beste, den ich je in Ohio hatte. Wir suchten keinen Job und kein Haus. Ich war nicht schwanger, und obwohl nicht wahnsinnig viel dabei heraussprang, hatten wir immerhin zwei Einkommen zur Verfügung. Am Abend legte ich die Jungs in ihren eigenen, hübsch eingerichteten Zimmern schlafen, kochte das Abendessen, das wir – und ich schwöre bei Gott, dass es so war – bei Kerzenschein in unserer neuen Küche zu uns nahmen. (Das war sozusagen eine Reminiszenz an meine Eltern, die bis zum heutigen Tag jeden Abend bei Kerzenlicht essen.) Oder wir gingen mit Freunden aus unserer Clique aus, während eine Studentin aus Oberlin auf die Kinder aufpasste. Tagsüber unterrichteten wir oder kümmerten uns um das Programm der Jungs. Wir kauften auf dem Bauernmarkt ein, holten uns Doughnuts aus der Bäckerei und gingen zu Konzerten am Konservatorium oder Sit-ins gegen den Krieg (es war das dritte

Jahr des Irakkriegs). Mein Leben fühlte sich einfach perfekt an.

In Oberlin gibt es ein Museum. Das ist zwar klein, aber wirklich gut – wie fast alles dort. Zu Beginn unseres zweiten Jahres gab es eine Jim-Dine-Retrospektive. (Jim Dine ist ein Maler, den ich mag, seit ich in der New Yorker Wohnung der Eltern meiner besten Freundin eines seiner Bademantel-Bilder gesehen habe.) Dine ist einer der wichtigsten Vertreter moderner Kunst, und weil er viele Selbstporträts und Bilder von Alltagsgegenständen wie Bademänteln malt, halte ich sein Werk für ziemlich leicht zugänglich. Gemeinsam mit dem Kurator hatte er jeden Zentimeter des Museums mit seinen Arbeiten gefüllt. Zur Vernissage war praktisch das ganze College angetreten. In New York würde man zu so einer Veranstaltung in einem Museum eher keine Kinder mitnehmen, in Oberlin dagegen wäre es befremdlich, wenn man sie zu Hause ließe. Also warfen wir uns in Schale und machten uns auf, um die Bademäntel und unsere Freunde zu sehen.

Es ging unglaublich lebhaft zu. Dines Gemälde, teilweise hingen fünf davon übereinander, bedeckten alle Wände. Es wirkte also nicht so feierlich und steif wie sonst in manchen Museen. Außerdem war es unglaublich voll wegen all der Leute vom College. Die Jungs schossen zwischen den Beinen der Erwachsenen herum. Hin und wieder nahmen wir sie auf den Arm, um ein Porträt mit ihnen näher zu betrachten, aber dann sausten sie wieder um irgendeine Ecke davon. Josiah und ich verständigten uns bei solchen Gelegenheiten problemlos auf eine Art Schichtdienst. Dabei konnte sich einer wie ein normaler Erwachsener benehmen, während der andere den Kids nachjagte. Nach einer gewissen Zeit wurde getauscht. Es waren Leute da, die wir den ganzen Sommer über nicht gesehen hatten, also gab es jede Menge Umarmungen und was meine Mutter »Patati-patata« nannte, also unwichtiges Geplauder.

»Hallo Isabel! Seid ihr auch wieder da? Und schon eingezogen? Wie war's in Maine? Sieh sich einer eure Jungs an! Sie sind so süß. Ich habe gehört, du wirst auch unterrichten? Klasse! Und nächste Woche veranstaltet Josiah doch eine Lesung – da muss ich unbedingt hin.«

Und so weiter und so fort. Alles sehr nett und normal. Ich antwortete und stellte die üblichen Gegenfragen.

»Ach, es war herrlich, schön, dass du fragst. Ich bin schon sehr aufgeregt wegen des Unterrichts. Hätte nicht gedacht, dass es so schwer ist, einen Lehrplan aufzustellen ... Und wie geht's euch? Wie war's in Irland? Du hast dort den Sommer über unterrichtet, nicht wahr? Himmel ... musstest du viel herumfahren? Und dieses Semester nimmst du dir ein Sabbatical, ja? Weißt du schon, woran du arbeiten wirst?«

In dem Meer von Leuten gelang es mir trotzdem zu registrieren, wenn James nicht mehr zu sehen war oder Wallace eine Leinwand anfasste, dann entschuldigte ich mich kurz und war sogleich zur Stelle.

Bei einer kurzen Suche nach James (er lief nie wirklich weit weg) bog ich in einen kleineren Ausstellungsraum ein und fand dort Josiah im Gespräch mit Sylvia. Mir fiel sofort auf, dass sie ein bisschen zu eng zusammenstanden. Das war nur so ein kurzes Gefühl, das ich irgendwo in meinem Innern registrierte. Ich bin mir nicht einmal sicher, ob dieser Eindruck es bis hinauf in mein Gehirn schaffte, aber selbst wenn, dann ignorierte ich ihn.

»Hey, Bully, da bist du ja! Ich fürchte, unsere Kinder werden noch das gesamte Lebenswerk von Jim Dine zerstören, wenn wir nicht langsam aufbrechen«, sagte ich.

Und dann, dessen bin ich mir ziemlich sicher, hängte ich mich bei Sylvia ein und machte ihr ein Kompliment über ihr Kleid, das mit Vögeln und Blumen bestickt war.

»Meine Güte, ist das hübsch! Wo bekommt man so was eigentlich? Findest du es nicht auch toll, Josiah?« Ich gestehe, dass ich sie ihm andauernd anpries. Ich hielt sie zwar wirklich für geistreich, aber trotzdem wies ich Josiah permanent auf ihren Sinn für Humor hin.

»Das ist vielleicht witzig, Sylvia. Fandest du das nicht auch komisch, Josiah? Klobig! Was für ein Begriff, aber absolut zutreffend!«

Sie tat mir leid, weil ihr Mann in New York war und sie weder Kinder noch ein traumhaftes Haus, noch einen so prächtigen Gatten wie ich hatte. Ich wollte dafür sorgen, dass sie sich gut fühlte.

»Übrigens, der Mädelsabend ist am Dienstag, aber vielleicht möchtest du morgen mit mir um den Tappan Square laufen? Wir können zwei Runden machen, und danach zeige ich dir den einzigen Laden der Stadt, wo man eine Pediküre machen lassen kann«, sagte ich.

»Ja, das wäre toll. Ich hab mir meine Zehen seit letzten Mai nicht machen lassen«, antwortete sie mit ihrem leichten französischen Akzent.

»Moment mal – hast du nicht im Juli geheiratet?«, sagte ich.

Da senkte sie den Kopf und sagte: »Ich schäme mich, es zuzugeben, aber meine Füße sahen schrecklich aus, als ich geheiratet habe.«

Nun, das fand ich ziemlich bizarr. Würden nicht alle Frauen, die Prada trugen (und das mit den Vögeln bestickte Kleid war defintiv von Prada), so viel Stil haben, sich vor der Hochzeit die Füße machen zu lassen? Gehört es nicht zu den üblichen lustigen Ritualen, sich mit seinen

Freundinnen eine Pediküre zu gönnen? Hatte sie vielleicht keine Freundinnen für solche Unternehmungen? Aber hatte sie nicht Schwestern erwähnt? Da begann ich, erst recht Mitleid für sie zu empfinden. Denn es war ja nicht so, dass sie gesagt hatte: »Pediküre ist mir komplett egal, deshalb habe ich mir nicht mal vor meiner Hochzeit die Füße machen lassen.« Sie sagte: »Ich schäme mich, es zuzugeben, dass ich meine Füße vor meiner Hochzeit nicht habe machen lassen.« Ich hielt das für ein sehr außergewöhnliches Statement.

»Nun ja, freu dich nicht zu sehr. Es ist nicht gerade Estée Lauder, aber sie machen es recht ordentlich, und wir gönnen uns einen netten Mädelsnachmittag. Du übernimmst dann doch die Jungs, oder, Josiah? Sag mir bitte nicht, dass du am Sonntag in die Bibliothek musst.«

»Geht klar«, sagte er. »Vielleicht gehen die Jungs und ich zur Jagd oder zum Football.« Josiah interessierte sich nicht im Geringsten für Sport. Wir mussten alle lachen, aber ich meinte zu spüren, dass er sich ausgeschlossen fühlte. Sylvia und ich gingen am nächsten Tag tatsächlich laufen und zur Pediküre. Dabei erzählte sie mir von ihrer Familie. Sie ist je zur Hälfte Französin und Amerikanerin und mit zwei Schwestern bei ihrer Mutter in Vermont aufgewachsen. Die Eltern waren zwar noch verheiratet, doch ihr Vater hatte in ihrer Kindheit wegen seiner Arbeit in einer anderen Stadt gelebt. Ich fragte, ob das schwer für sie gewesen sei, aber sie antwortete gelassen nein, das sei in Ordnung gewesen, sie seien gut damit zurechtgekommen. Ich fand es seltsam, dass sie ihren Vater offenbar nicht vermisst hatte, denn ich bin ein so ausgeprägter Familienmensch. Fast jeden Abend meiner Kindheit hatte ich mit meinen Eltern und meinem Bruder am Esstisch gesessen. Ich erinnere mich an gemeinsame Fußballspiele auf dem Land oder daran, wie wir auf Autofahrten zusammen Musik von den Doobie Brothers hörten. Ich frage mich, ob das wirklich eine Familie ist, wenn man nicht ganz viel Zeit miteinander verbringt und natürlich auch zusammenlebt. Aber für sie schien das kein so großes Problem zu sein, und ich wollte nicht weiter darauf herumreiten. Wenn ich heute zurückschaue, muss ich sagen, dass ich schon sehr klar umrissene Vorstellungen von Ehe und Familie hatte. Wenn Leute das anders machen, dann begreife ich zwar vom Verstand her, dass viele Wege nach Rom führen, aber ich denke einfach, dass meine Familie den besten gewählt hat. Meine Eltern vergöttern einander. Meine Mutter hat einmal zu mir gesagt, am glücklichsten wären sie beide, wenn sie den ganzen Tag gemeinsam verbringen könnten. Sie schienen einander sehr nahezustehen, so wie wir alle. Wenn ein Familienmitglied das Haus verlässt, ruft ihm jedes Mal jemand nach: »Ich denk an dich!« Das Grundgefühl ist einfach, dass es zusammen schöner ist als allein. Und ich denke, so sollte es in einer Familie sein. So haben wir es gehalten. Mir ist schon klar, dass ich wie meine Mutter zu der Überzeugung neige, es gebe nur einen richtigen Weg. Aber es ist auch eine Tatsache, dass man sich in einer Sache selten derart grundlegend täuscht. Damals bezweifelte ich nämlich Sylvias lässige Haltung gegenüber ihrer offenbar zerrissenen Familie. Ich konnte nicht glauben, dass man es so locker hinnahm, wenn die eigenen Eltern getrennt lebten.

Auf dem Nachhauseweg stellte ich Sylvia jeden einzelnen kleinen Laden auf den beiden Geschäftsstraßen vor und erzählte ihr, was es dort zu kaufen gab.

»Das Geschäft da sieht nach einem schrecklichen Nippesladen mit übelriechenden Potpourris und Trockenblumen aus, und das ist es auch, allerdings haben sie diese fantastischen Weingläser. Der ganze Laden ist ein Katastrophengebiet, aber dann stößt man dort auf diese schönen, dünnwandigen Gläser.« Sie nickte.

»Warst du schon mal im Agave? Es gehört Dan, sozusagen sein Zweitlokal neben dem Black River. Dort gibt's den besten Burrito, den ich je gegessen habe. Sie tun dir rein, was du willst, und haben diese göttliche Chipotle-Sauce. Ein Muss. Wir essen dreimal die Woche dort.« Sie nickte. (Wie es sich ergab, sollte ich noch viele gemeinsame Mahlzeiten mit Sylvia einnehmen, und sie ist keine Salatesserin, sondern kann richtig zulangen. Noch etwas an ihr, das mich beeindruckte.)

»In diesem Perlen-Laden gibt es hin und wieder coole Ohrringe, aber die Klamotten sind schrecklich und sehen alle aus wie für Frauen mit Übergröße. Man kann sich Sachen zum Schmuckbasteln dort besorgen – vielleicht sollten wir das irgendwann mal machen?« Sie nickte.

»In dem Bioladen gibt es gutes Brot und jede Menge Biokekse und so. Es ist wahnsinnig teuer, aber ich kaufe dort ein, um die Leute zu unterstützen.« Sie nickte.

»Isabel.« Wir waren vor dem Konservatorium stehen geblieben, wo ein zehn Jahre alter Junge mit schulterlangen Haaren Geige spielte. »Ich finde dich einfach großartig.«

»Wow – vielen Dank.« Ich liebte es, wenn sie mir solche Komplimente machte. Aber wenn ich heute so zurückschaue, dann überlege ich mir, ob sie für diese Frau, die so dick auftrug und solche Komplimente nötig zu haben schien, nicht einfach bloß Mitleid empfand.

»Dich hat es aus New York in dieses winzige Kaff verschlagen, das, egal wie sehr du es magst und auch wenn es alles Nötige bietet, trotzdem ein Kaff mitten im Nirgendwo ist. Das hast du gemacht, um deinem Mann zu folgen, und du hast dir eine so positive Einstellung bewahrt. Bestimmt erzeugst du damit ein tolles Karma für deine Zukunft.«

»Wow, ja, das stimmt schon. Aber ich muss sagen, dass ich das Gefühl habe, schon jetzt ein gutes Karma zu besitzen, weil ich ein so schönes Leben führe. Wer würde Josiah denn nicht in ein tolles Städtchen folgen wollen, um dort unsere Kinder großzuziehen und in unserem Haus zu wohnen? Mir ist schon klar, was für ein Glück ich habe.« Und das meinte ich ehrlich.

Mein Ansinnen war eigentlich der Versuch, ihr ein gutes Vorbild zu sein. Ich wünschte mir, dass sie bei mir in dieser Stadt blieb und ihren Mann dazu brachte, ebenfalls herzukommen und hier zu leben. Er war ein Schauspieler in New York, dessen Namen ich noch nie gehört hatte. Also konnte ich mir nicht vorstellen, dass er eine Wahnsinnskarriere hinter sich lassen würde. Ich wollte ihr zeigen, dass man in dieser hinterwäldlerischen Gegend leben – sogar gut leben – konnte. Wir konnten uns unsere eigene coole Stadt schaffen, in der wir unterrichteten, was wir wollten, politisch fortschrittlich sein konnten, Biogerichte in den Lokalen unserer Freunde aßen, in günstigen, aber wunderschönen Häusern wohnten, in die wir viele Leute einluden, wir konnten unsere Kinder gemeinsam aufziehen, sie allesamt mit sechs zum Geigenunterricht nach der Suzuki-Methode ans Konservatorium schicken. Insgesamt empfand ich die Kinder der Dozenten in Oberlin nämlich als die wohlerzogensten, bezauberndsten und süßesten, die mir je begegnet waren. Das waren absolut keine verzogenen Gören.

Ich dachte, wenn sie mich so bewunderte, würde Sylvia vielleicht versuchen, mir nachzueifern, was meine Mutterrolle und meine Häuslichkeit betraf. Dann hätte ich eine gute Freundin meines Alters mitten in dem kleinen Paradies, das ich gerade für uns erschuf. So sah zumindest mein Plan aus.

11.

Ich kann mich nicht erinnern, in jenem September mit Josiah gestritten zu haben. Ich erinnere mich aber sehr wohl an Auseinandersetzungen in den Jahren davor, meist ging es dabei um Edith oder um Alkohol und manchmal auch um Geld. Josiah hat manchmal ein Problem mit Alkohol. Dabei kann man nicht sagen, dass er mehr trinken würde als die meisten Leute, die ich kenne, aber meiner Ansicht nach gehört er zu denjenigen, die ihre Finger am besten ganz vom Alkohol lassen sollten. Phasenweise schafft er es, jahrelang absolut nichts zu trinken. So machte er es beispielsweise in seinem ersten Jahr in Yale, um besser arbeiten zu können. Dem folgten sieben Jahre ohne Alkohol. Als er danach wieder damit anfing, ging es für eine Weile gut, dann nahm es jedoch überhand und konnte sehr schlimm werden. Wir stritten ziemlich viel darüber, aber nicht in jener Phase unseres Lebens. Seit James sechs Wochen alt war, hatte Josiah keinen Tropfen mehr getrunken.

James kam in Cambrigde zur Welt. Und zwar im Mai. Obwohl ich Cambridge eigentlich nicht mag, ist es im Mai doch sehr schön dort. Ich gebar James auf ganz natürliche Weise, also ohne Medikamente. Das mag daran gelegen haben, dass mir all die würdevollen Frauen dort, die jede Form von Drogen ablehnen und ihre Babys unter der Anleitung von Doulas im Garten hinterm Haus zur

Welt bringen, den Verstand vernebelt hatten. Vielleicht war aber auch der Blick der Hebamme im Wehenzimmer dafür verantwortlich. Sie forderte mich dazu auf. Vielleicht wollte ich aber auch einfach bloß angeben. Josiah und mein Arzt waren von der Idee nicht sehr angetan. Zu viele Schmerzen, und wozu? Aber ich meinte, ich wolle es so, und ausgerechnet in Cambridge würde kein Mann es wagen, einer Frau in den Wehen vorzuschreiben, wie sie mit ihrem Körper umzugehen hatte. Also setzte ich mich durch. Doch mein Triumph währte nicht lange. Es war unbeschreiblich schmerzhaft, aber vor allem dermaßen abstoßend und unglaublich laut. Irgendwann klammerte ich mich auf Knien ans Kopfende des Bettes, während mein Hinterteil durch die Luft ruckte und ich brüllte wie am Spieß. Ich glaube, das war einfach zu viel. James steckte gewissermaßen fest, weil sich die Nabelschnur um seine Schulter gelegt hatte. Deshalb dauerte alles auch viel länger, als die beinharte Hebamme anfangs vermutet hatte. Ich war mehr oder weniger außer mir. Zudem hatte ich immer geglaubt, an Josiah wäre ein Arzt verloren gegangen, weil er so klug ist und sich mit Körperfunktionen und allem, was damit zusammenhängt, so gut auskennt. Er versteht beispielsweise ein Sonogramm. Oder erstaunte die Radiologen, indem er beim Ultraschall auf die Leber oder Bauchspeicheldrüse des Fötusses deutete. Daher traute ich ihm von allen Menschen am ehesten zu, mich bei einer natürlichen Geburt zu unterstützen. Doch die Realität sah so aus, dass ich glaube, ihn abgestoßen zu haben. Eigentlich widerstrebt es mir, das zu sagen, und es ist ja auch nur eine Vermutung, aber ich glaube, sie trifft zu. Eine Freundin von mir meint, wir sollten in dieser Hinsicht am besten zu den Gepflogenheiten der Fünfzigerjahre zurückkehren, als die Männer im Wartezimmer blieben, anstatt einen Platz in der ersten Reihe zu bekommen. Inzwischen kann ich das nachvollziehen. In so einem Wartezimmer machen sich die Männer Sorgen und denken an einen. Sie stellen sich ihre Frau als Heldin vor, die ihr kostbares Baby tapfer ins Leben entlässt. In ihrer Phantasie bleibt dabei der Mund der Mutter fest verschlossen, maximal hat sie eine gewisse Entschlossenheit im Blick. Auf alle Fälle malt er sich nicht aus, dass Sie wie ein schielendes, brüllendes Gnu aussieht. In ihrer Phantasie sehen die Frauen nicht nur besser aus, die Männer bewahren sich dieses geschönte Bild auch bis in alle Ewigkeit. Wenn sie dagegen selbst dabei sind, spielt es plötzlich eine Rolle, wie sie selbst sich dabei fühlen. Es geht darum, was sie fühlen, darum, ob sie hungrig sind oder ihren Stuhl unbequem finden. Und sie ekeln sich davor, dass sich noch eben ihr Darm entleert, bevor dann gleich ihr Kind rausflutscht.

Wie auch immer, Josiah hat mir gegenüber nie ein Wort darüber verloren, aber trotzdem hatte ich immer das Gefühl, James' Geburt habe ihn abgeturnt. Nicht was James angeht, den er abgöttisch liebt, aber was mich betrifft.

Irgendwann kam James dann doch heraus, und er war vom ersten Augenblick an lustig, verträumt und einfach wunderbar. Er kam mit exakt acht Pfund am Cinco de Mayo, einem mexikanischen Nationalfeiertag, zur Welt.

Sobald James sechs Wochen alt war und meine Blutungen aufgehört hatten, verließen wir Cambridge, um den Sommer in Maine zu verbringen. Danach ging es zum ersten Mal Richtung Oberlin. Mein Vater kam, um Wallace, James, Plover (einen süßen Norfolk-Terrier, der aussieht wie ein lebender Teddybär) und mich hinauf nach Maine zu bringen. Josiah würde noch in Cambridge bleiben, die Umzugsleute auf den Weg nach Ohio schicken und dann am nächsten Tag mit dem Auto meines Vaters nachkommen. Wir tauschten Dads Jeep gegen den Minivan, weil sich in unserer Familienkutsche die Autositze besser installieren ließen.

Irgendwann zwischen dem Moment, als er die Tür unseres schäbigen braunen Hauses zuschlug, und dem, als er am nächsten Morgen in Richtung Mass Turnpike fuhr, betrank Josiah sich fürchterlich. Und zwar in einer Bar neben dem MIT namens Miracle of Science. In dieser Kneipe war er während seiner Zeit auf der Grad School oft gewesen. Ich rief ihn von Maine aus an, bevor ich mit unseren beiden kleinen Kindern zu Bett ging, und er war sturzbesoffen, hing immer noch in der Bar herum und heulte, weil er aus Cambridge wegmusste. Ich hatte geglaubt, er würde indisch essen gehen und danach gegen sechs Uhr abends zu meinem Bruder fahren. Er hatte mich also angelogen, würde betrunken mit dem Auto meines Vaters fahren, und überhaupt war alles ganz schrecklich. Ich brachte ihn dazu, die Bar zu verlassen, während ich noch am Handy blieb, und zu Davids Haus zu fahren. Ich war total überfordert. Schließlich befand ich mich im Haus meiner Eltern in Maine, stillte und war die ganze Nacht wach wegen eines sechs Wochen alten Säuglings und seines eifersüchtigen, genervten zweijährigen Bruders. Inzwischen kurvte Josiah sternhagelvoll über die Mass Ave-Brücke, um im Haus meines älteren Bruders umzukippen.

Heute erscheint mir das alles so klar: Josiah liebte uns und wollte so gern eine schöne Familie haben, aber da war etwas in ihm, das ihm genau das einfach nicht gestattete. Wie bei Dr. Jekyll und Mr. Hyde. Darum war es auch so schwer, dahinterzukommen. Wenn er nur wollte, war hundertprozentig Verlass auf ihn, und alles war so klar und herzergreifend. Wenn er nicht wollte, war er finster und destruktiv. Da fiel es fast schwer zu begreifen, dass es sich um ein und dieselbe Person handelte. Und es war auch schwer zu sagen, wann er er selbst sein und wann der finstere Typ alles an sich reißen würde. An diesem Punkt unserer Ehe begann ich zu erkennen, was für eine komplexe Persönlichkeit er war. Vielleicht zu komplex für das, was wir uns vorgenommen hatten, aber es war schwer, das einzusehen. Schließlich glaubte ich doch, dass er mich und die Jungs liebte und sich mehr als alles andere wünschte, unsere Familie zusammenzuhalten. Ich bat ihn am Telefon, nie wieder zu trinken, sich für unsere Familie zu entscheiden, die doch gerade erst gewachsen war. Dann wartete ich die ganze Nacht.

Als er am nächsten Tag in unserer Einfahrt in Maine aus dem Auto stieg, schwor er mir beim Leben unserer Söhne, dass er uns zuliebe nie wieder einen Tropfen Alkohol trinken würde. Für diese Entscheidung liebte ich ihn nur noch mehr. Ich konnte nicht einmal den Gedanken daran ertragen, was gewesen wäre, hätte er sich nicht für uns entschieden.

12.

Zurück nach Oberlin.

Es ist wichtig, dass man versteht, wie oft wir einander sahen. Das ist das Tolle und vielleicht zugleich auch das Schlimmste an einer kleinen Akademikerstadt. Ich liebe es, wenn alles nah beieinanderliegt. Die Tatsache, dass ich aus meinem Schlafzimmerfenster hinausrufen und Josiah mich in seinem Büro hören konnte, war ihren Preis wert. Ich mochte es, dass ich Sylvia zuerst in der Buchhandlung traf, dann zwanzig Minuten später im Café und noch einmal zwei Stunden danach auf dem Nachhauseweg, wo wir uns entweder für den späteren Abend oder den nächsten Tag verabredeten. Wenn ich nicht unterrichtete, war ich mit den Jungs zusammen. Die beiden waren ebenfalls dauernd mit Josiah und unseren Freunden in Kontakt. In einem Ort wie Oberlin kennt jeder die Kinder der anderen. Die Studenten kennen sie, die Lehrkräfte und auch alle Ladenbesitzer. Das gibt einem viel Sicherheit. Es ist richtig gemütlich. Natürlich bedeutet es aber auch, dass jeder praktisch alles von einem weiß. Man verkehrt nicht nur tagein, tagaus mit den immer gleichen zwanzig Leuten, sondern lebt auch noch Tür an Tür. Man sieht die anderen durchs Fenster. In unserem neuen Haus hatten wir zum Beispiel zwei Tanzlehrer als Nachbarn. Abends konnte ich genau sehen, wie lange sie brauchten, um die Flasche Wein zum Abendessen auszutrinken. Es war gar nicht meine Absicht, sie zu beobachten, aber mein Küchenfenster lag direkt gegenüber von ihrem Essplatz. Wenn ich unser Essen zubereitete, konnte ich sehen, wie sie die Flasche öffneten, und wenn ich unseren Abwasch machte, war gut erkennbar, wie viel in der Flasche auf ihrem Tisch noch übrig war. Man möchte zwar nicht neugierig sein, kann aber fast nichts dagegen machen. Niemand kann das. Wenn deine Mutter übers Wochenende zu Besuch kommt, wissen die Leute das. Wenn man eine Schaukel in seinem Garten aufhängt, wissen die Leute das. Wenn man eine Woche lang vergisst, den Recyclingmüll rauszustellen, wissen die Leute das. Es gibt keine Möglichkeit, etwas zu verbergen. Aber das ist eigentlich auch das Letzte, wonach mir der Sinn steht. Ich habe nämlich keine Geheimnisse. Ich habe schon nachts wach gelegen und mir den Kopf über irgendwelche kleinen Geheimnisse zerbrochen, die ich haben könnte, aber nichts gefunden. Ich würde auch dem Busfahrer erzählen, dass ich schon mal Hämorrhoiden hatte, falls er mich danach fragen würde. So war ich schon immer. Und ich bin mir auch nicht sicher, ob die Geheimnisse meiner Mitmenschen bei mir so gut aufgehoben wären.

Geheimnisse waren auch das Thema schlechthin bei unserem zweiten Mädelsabend. In jener Woche hatten Secca, Rebecca, Sylvia und ich beschlossen, uns im Too Chinoise, dem einzigen chinesischen Lokal der Stadt, zu treffen. Es ist nicht übertrieben, wenn ich behaupte, selbst in New York noch nie so gut chinesisch gegessen zu haben wie in dieser Kaschemme in Oberlin. Es gab dort köstliches Orangenhuhn, und alle Shrimpsgerichte waren ebenfalls ausgezeichnet.

Wir hatten also gute Voraussetzungen für einen spannenden Mädelsabend. Obwohl man natürlich sagen muss, dass wir hinsichtlich der personellen Zusammensetzung sowieso keine Wahl hatten. Es gibt da ja diese Redensart »Deine Freunde kannst du dir aussuchen, deine Familie nicht«. Nur dass man sich in einem Ort wie Oberlin die Freunde nicht aussuchen kann, sondern nehmen muss, was man bekommt. Andererseits meinten wir aber, es ziemlich gut getroffen zu haben. Denn wir waren altersmäßig alle keine zehn Jahre auseinander. Ich war die Einzige am Tisch, die Kinder hatte, aber das tröstete mich ein wenig darüber hinweg, auch die Einzige zu sein, die nicht promoviert hatte.

Unsere Truppe sah aus wie gecastet. Secca hatte dieses klassisch japanische Aussehen und trug dazu sehr modische Sachen. Pechschwarzes Haar, hübsche Mandelaugen und wie so oft mattroten Lippenstift. Sie sah aus wie die perfekte Verkörperung eines japanischen Klischees. Rebecca besaß diese frische Ausstrahlung der Frauen aus dem Mittleren Westen. Am besten stellt man sich ein akademisch gebildetes Milchmädchen vor. Sylvia erinnerte mich, wie ich ja bereits erwähnt habe, an die Schüchternheit mancher französischer Schauspielerinnen – so eine Mischung aus Irène Jacob und Natalie Portman. Und wie immer toll angezogen. Weil ich schon mit vierzehn auf dem Titel der Zeitschrift *Seventeen* war und Schauspielerin bin, gehe ich einfach davon aus, objektiv einigermaßen gut auszusehen. Groß, blond, mit etwas eigenwilligen Zügen, aber zweifellos attraktiv. Allerdings verlasse ich mich manchmal zu sehr darauf und gebe mir keine besondere Mühe, hübsch auszusehen. Wenn ich ordentlich Wimperntusche auftrage und mir was Nettes anziehe, kann das ganz gut aussehen, aber wenn nicht, wirke ich mit zunehmendem Alter etwas bieder. Ich meinte auch, weil ich schon verheiratet war und meine Kinder hatte, mir mit meinem Aussehen keine solche Mühe mehr machen zu müssen – ein naiver Irrglaube.

Ich war diejenige, die das Gespräch auf Geheimnisse brachte. Übrigens denke ich, dass es zwei Arten von Menschen gibt: solche mit Geheimnissen und solche ohne. Ich fragte die anderen, ob sie welche hätten.

Nachdem es sich um Frauen, wohlgemerkt um kluge Frauen handelte, ging ich davon aus, eine spannende Unterhaltung anstoßen zu können. Schließlich war das ein Mädelsabend. Ich mag ein bisschen gelenkte Konversation beim Abendessen, die fast schon etwas von einem Gesellschaftsspiel hat. Wenn zum Beispiel Fragen die Runde machen wie »Wo, wenn nicht hier, würdest du gern leben wollen?« Oder: »Wenn du eine Sache an dir ändern könntest, was wäre das?« Manche Leute mögen es nicht, so in Zugzwang gebracht zu werden. Meine Familie gehört zu den Menschen, die solche Fragen an alle in einer Runde Anwesenden lieben. Als ich schon etwas älter war, machten wir sogar jeden Abend ein richtiges Spiel daraus. Jeder aus der Familie, aber auch womöglich anwesende Gäste kamen an die Reihe, um zu berichten, was er oder sie den Tag über erlebt hatte. Wer als Erster zu Hause gewesen war, fing an und erzählte von seinen Fahrten, Telefonaten und Mahlzeiten. Ich habe solche Erzählungen meiner Mutter bis heute im Ohr.

»Also ich bin bestens vorangekommen, weil der B Train sofort einfuhr und ich einen Sitzplatz bekam. An der Seventh Avenue wechselte ich in den dort wartenden E, der mich dann hinüber zur 50sten und Lexington brachte. Perfekt.«

In meiner Jugend erfüllte dieses Ritual zwei wichtige Zwecke: unsere Eltern erfuhren, was wir den Tag über gemacht hatten, und wir hörten etwas von ihrem Programm.

Aber unsere Konversation beschränkte sich nicht darauf, es ging auch um Fragen wie »Wen würdest du wählen, wenn heute Wahltag wäre?« oder »Was war für dich das Beste und was das Schlimmste im vergangenen Sommer?« Ein Abendessen ohne ein paar rechtzeitig überlegte Themen verunsichert mich geradezu.

Rückblickend ist das schwer zu beschreiben, weil ich nicht mehr weiß, ob ich damals schon so dachte wie heute. Ob Sylvia mich wohl auf die Frage brachte: »Habt ihr irgendwelche Geheimnisse?« Ich wusste ja ganz gut, dass sie jemand war, der welche hatte, aber ich wollte sie auf die Probe stellen. Warum? Hatte ich irgendeine Vorahnung, dass sie schließlich eines der größten vorstellbaren Geheimnisse haben würde, nämlich dass sie meinen Mann liebte? Meine Großmutter soll hellseherische Fähigkeiten besessen haben. Ich vielleicht auch? Ich glaube zumindest, dass Frauen viel über andere Frauen wissen, insbesondere wenn eine andere in irgendeiner Weise mit dem eigenen Mann zu tun hat. Sechster Sinn? Instinkt? Damals besaß ich den Instinkt eines Tieres.

Denn wie ein Hund ließ ich mich von meinem Gefühl leiten.

Als ich beim Abendessen die Frauenrunde nach ihren Geheimnissen fragte, errötete Rebecca. Ich denke, sie fürchtete, ich würde mich als Nächstes ganz konkret nach Vibratoren und Pornos erkundigen. Secca sagte, sie könne Geheimnisse gut bewahren und hätte Millionen davon. Das überraschte mich nicht. Sylvia warf mir aus dem Augenwinkel einen Blick zu und drückte sich um eine Antwort, indem sie mit großer Aufmerksamkeit auf die Antworten aller anderen einging. Außerdem stellte sie mit leiser Stimme den anderen weitere Fragen.

Dann platzte ich heraus: »Ich habe keine Geheimnisse, nur manchmal denke ich mir, ich könnte netter zu Josiah sein. Hin und wieder bin ich ihm gegenüber ziemlich zickig, und ich wünschte, ich wäre es nicht. Es liegt an den Kindern und daran, dass ich erschöpft bin vom Kochen und der dauernden Hausarbeit, aber trotzdem hat er es nicht verdient, dass ich mich manchmal so aufführe.« Ich hatte mal wieder ein Geheimnis enthüllt, bevor es mir auch nur als solches bewusst geworden war. Dabei wollte ich doch nur offen sein und gestehen, dass meine Ehe auch nicht immer so perfekt war, wie es den Anschein hatte. Sozusagen eine Probe, um herauszufinden, ob die anderen echte Freundinnen waren, denen man sogar von Genitalwarzen erzählen könnte. Ich wollte einfach wissen, ob wir eine echte Mädchenclique waren, in der man seinen Gefühlen freien Lauf lassen, sich über Wohl und Wehe der Ehe austauschen und einander so näherkommen konnte. Josiah machte mir wegen unserer Auseinandersetzungen ein schlechtes Gewissen. Dabei fühlte ich mich ohnehin schon mies, weil wir uns überhaupt stritten. Andererseits fand ich es aber auch erklärlich. Wer stritt sich denn nicht, wenn er zwei kleine Kinder, nicht besonders viel Geld, zwei Jobs, Autositze und wenig Gelegenheiten für Sex oder Reisen oder Zeit für sich allein hatte? Stritten nicht alle Eltern um die dreißig? Zweifellos sahen alle Paare, denen man im Supermarkt oder im Zoo begegnete, müde und zerstritten aus. Ich fand uns normal, aber Josiah gab mir das Gefühl, ich litte unter Kontrollverlust und Jähzorn, wenn ich wütend auf ihn war, weil er vergessen hatte, die Kreditkartenrechnung zu bezahlen. Dabei wird doch jeder gereizt, wenn er Ärger mit Gläubigern hat, oder? Ich suchte das Gespräch mit den Mädchen darüber, weil ich glaubte, dabei könne mir nichts passieren. Weil ich uns alle auf derselben Seite vermutete und weil ich mir irgendeinen hilfreichen Rat erhoffte. Und genau in dem entscheidenden Moment, als sie mich auch hätten ansehen können, als sei ich verrückt und einfach nur eine schlechte Ehefrau, da sagte Sylvia: »Ich glaube, manchmal bin ich zu Jeff auch nicht besonders nett.«

Aah, dachte ich bei mir, Solidarität.

13.

Jeff. Jeff war Sylvias frisch gebackener Ehemann, der in New York lebte. Sylvia sprach kaum von ihm. Sie erwähnte ihn sogar so selten, dass ich manchmal vergaß, dass sie überhaupt verheiratet war. Ich bin dagegen jemand, der etwa alle vier Sekunden einen Satz sagt wie: »Mein Mann wartet im Auto« oder »Das will ich noch mit *meinem Mann* Josiah besprechen«. Ich liebe es *mein Mann* zu sagen. Bei Sylvia war das offensichtlich anders.

Ich sprach manchmal mit Josiah darüber. »Sag mal, findest du das nicht seltsam, dass Sylvia nie von Jeff spricht?«

»Tut sie doch.«

»Wirklich? Selbst wenn ich sie explizit nach ihm frage, beispielsweise an unserem Mädelsabend, bekomme ich kaum eine klare Antwort.«

»Wahrscheinlich ist es ein wenig kompliziert. Sie haben gerade erst geheiratet, dann ist sie hierhergekommen … wer weiß schon, was da zwischen zwei Menschen los ist.«

»Schon, aber ist es nicht seltsam, dass er noch keinmal hier war? Ich wäre verrückt geworden, wenn wir uns so kurz nach der Hochzeit hätten trennen müssen.«

An diesem Punkt meiner Erzählung und bei dieser Art von Gespräch stelle ich mir vor, dass ich mich, ohne irgendwas zu lesen, auf dem Sofa an Josiah kuschelte, der wahrscheinlich aufrecht dasaß und las. Josiah las immer gerade irgendwas. Das war schon von dem Moment an, als ich ihn kennenlernte, so – ich meine mich sogar zu erinnern, dass er als Junge auf dem Steg andauernd las. Zu diesem Zeitpunkt unserer Ehe hatte das mit dem Lesen jedoch schon überhandgenommen. Er las bereits, während er sich anschickte, etwas anderes zu lesen. Zwei Jahre zuvor hätte er in der gleichen Situation wahrscheinlich nicht gelesen, und die Unterhaltung wäre in etwa so verlaufen:

»Bully«, hätte ich gesagt.

»Ja, Bully«, hätte er geantwortet und mir in die Augen geschaut.

»Ist dir schon aufgefallen, dass Sylvia nie von Jeff spricht?«

»Ich glaube, das tut sie schon.« An dieser Stelle hätte er mich eventuell geküsst.

»Tut sie nicht. Und ich finde das seltsam, weil sie doch gerade erst geheiratet haben.« Hier hätte ich ihn definitiv geküsst.

»Vielleicht hat sie ihn sich nur ausgedacht, die unheimliche, mysteriöse, kleine Spezialistin für das achtzehnte Jahrhundert!«, hätte er vielleicht gemeint.

Hier hätte ich gelacht.

»Aber, Bully, wenn ich so kurz nach unserer Hochzeit von dir getrennt gewesen wäre, hätte ich mich elend gefühlt und ununterbrochen von dir gesprochen.«

»Aber, mein Bully, wir würden uns doch nie trennen, denn schließlich sind wir die Bullys.«

»Ich weiß. Außerdem hasse ich Trennungen.«

»Keine Trennungen«, hätte er bestätigt.

»Nein.« Und dann hätten wir uns heftiger geküsst. Wir sagten einander oft, dass wir uns niemals verlassen könnten und für immer zusammenbleiben würden. Aber in jenem Herbst war die Stimmung eine Spur kühler. Auf den ersten Blick nur eine fast unmerkliche Veränderung.

Jeff kam schließlich Mitte September nach Oberlin. Josiah und ich gaben für ihn und Sylvia ein Abendessen. Jeff war dünn und blond. Wie sich herausstellte, war er Sylvias Cousin zweiten Grades, und wie Josiah und ich kannten die beiden sich auch schon von Kindesbeinen an. Ihre Familien standen einander sehr nahe. An diesem Abend wurde offensichtlich, dass er verrückt nach ihr, sie aber nur eher halbherzig bei der Sache war. Auch äußerlich gaben die beiden ein seltsames Paar ab. Sie war aufgestylt, als ginge sie zum Dinner bei Anna Wintour. Er sah dagegen aus, als würde er auf derselben Party als Kellner jobben und habe seine Uniform nur noch nicht angezogen. Ich trug komplett Schwarz und dazu einen massiv goldenen Armreif, den meine Schwiegermutter mir einmal geschenkt hatte. Er hatte zuvor ihr gehört, und man sah ihm an, dass er aus den Achtzigern stammte. Es war ein breiter Reif, aus dem in der Mitte ein Blitz ausgestanzt war. Hätte ich zwei davon besessen, wäre ich wahrscheinlich wie Wonder Woman rübergekommen.

Bei ihrem Eintreffen stellte Sylvia mir Jeff vor, den ich überschwänglich begrüßte.

»Isabel, ich liebe deinen Armreif. Du verstehst es wirklich, Armreifen zu tragen«, sagte sie.

Das gab mir ein unglaublich gutes Gefühl. Sie hatte in mir eine Frau erkannt, die es verstand, Armreifen zu tragen. Stimmte das? Wer weiß, vielleicht hatte ich das Ding auch nur übergestreift, damit ich nicht ganz in Schwarz ging. Aber sie vermittelte mir den Eindruck, einen Trick zu beherrschen oder auch nur einen wahnsinnig guten Geschmack zu haben. Sie sagte es außerdem so, als hätte sie nicht den Hauch einer Ahnung, wie man einen Armreif trägt, was angesichts ihrer Garderobe und der sorgfältigen Zusammenstellung ihrer Accessoires natürlich nicht stimmte. Aber so funktionierte das bei ihr, sie machte mir ein Kompliment und schien sich selbst damit herabzusetzen.

Ich kann mich nicht einmal mehr daran erinnern, wie Jeff genau aussah, so unauffällig war er. Ich saß neben ihm und versuchte, seine Schauspielkarriere schönzureden, die offenbar im Sande verlief. Außerdem versicherte ich ihm, wie glücklich ich darüber sei, Sylvia hier bei uns in der Stadt zu haben. Josiah und Sylvia plauderten am anderen Ende des Tisches angeregt und so innig miteinander, dass sich ihre Köpfe fast berührten. Ward, Secca, Rebecca und Sam saßen zwischen uns. Ich hatte Essighuhn mit Mangold gekocht. Das klingt vielleicht gar nicht so lecker, ist aber absolut perfekt für einen kühlen Herbstabend. Ich servierte auf unserem Paradegeschirr, das wir von Josiahs Mutter zur Hochzeit bekommen hatten: Kostbare lilagrüne Keramikteller, wahrscheinlich mein liebster materieller Besitz. Wir hatten genau acht Stück davon.

Als Josiah und ich nach der Party noch aufräumten, diskutierten wir ausführlich darüber, wie schlecht Sylvia und Jeff zusammenpassten.

»Das ist doch geradezu bizarr!«, sagte ich. Nach vier Gläsern Wein war ich wohl ein bisschen pathetisch und neigte zur Übertreibung. »Ist er überhaupt intelligent? Sie ist so klug und hübsch. Was will sie bloß mit ihm? Es scheint, als stammten sie nicht einmal vom selben Planeten! Und dabei sind sie Cousin und Cousine!«, nuschelte ich.

»Cousin und Cousine zweiten Grades, und sie haben sich als Kinder nicht so gut gekannt«, sagte Josiah nüchtern, denn er hatte wie üblich nichts getrunken.

»Ich weiß, aber trotzdem! Es gibt so viele Leute, die man heiraten kann und die nicht dein Cousin oder deine Cousine sind.«

»Ich schätze mal, dass ihre Familien Druck gemacht haben.«

»Was? Wie bei einer Zwangsehe? Sie kommt aber aus Vermont.«

»Nein, ich meine nur, dass sie sich vielleicht verpflichtet fühlte, ihn zu heiraten, nachdem sie einige Zeit zusammen gewesen waren«, sagte er ausweichend.

»Woher willst du das denn wissen? Habt ihr euch beim Essen darüber unterhalten?«, sagte ich und versuchte, nicht eifersüchtig zu klingen, was ich ja auch nicht war.

»Nein, nein. Das hat sie mir nur mal irgendwann erzählt. Wir sind schließlich befreundet.«

»Ich bin auch mit ihr befreundet.«

»Ich denke, ihre Ehe ist kompliziert.«

»Das ist nur ganz schöner Obermist, denn die beiden haben immerhin gerade erst geheiratet!«

»Stimmt.«

14.

Ich bin nicht gerade erste Wahl für einen Dozentenjob. Als Kind hatte ich eine ausgeprägte Dyskalkulie. Ich gab mir wahnsinnige Mühe und liebte die Schule, aber ich hatte schlechte Noten. Richtig schlechte. So erinnere ich mich beispielsweise an eine Mathearbeit, in der ich eine Fünf minus hatte. Mein Mathelehrer Mr. Olvidas, der ungemein gut aussah und wohl eine unbotmäßige kleine Schwäche für mich hatte, sah mich, als er mir das Blatt mit der eingekreisten roten Fünf minus aushändigte, an, als würde es seine Gefühle verletzen, mir diese Note geben zu müssen.

Aber wie auch immer, ich staunte jedenfalls selbst darüber, wie viel Spaß mir das Unterrichten machte. Glücklicherweise war mein Fach nicht Mathematik, sondern die Schauspielerei. Das Beste daran ist die Sache mit der Vorstellungsgabe. In seiner Phantasie kann ein Mensch alles tun, alles fühlen und alles durchleben. Nach Ansicht vieler Experten ist die Vorstellungsgabe maßgeblich für eine gute schauspielerische Darbietung. In jenem Semester beschäftigte ich mich also vornehmlich damit, zehn Studenten beizubringen, sich etwas vorzustellen. Die Phantasie ist wie ein Muskel. Wenn man beginnt, sie zu benutzen, wird sie stärker und beweglicher – und irgendwann ist sie jederzeit verfügbar. Die zweite Fähigkeit, die ich ihnen vermitteln wollte, war Instinkt. Oder besser: wie man sich von seinem Instinkt leiten lässt.

»Reagiert! Reagiert! Reagiert!«, lautete mein Mantra während des Unterrichts.

»Nehmt wahr, was euer Gegenüber tut, und reagiert. Nicht nachdenken. Nur hinhören und reagieren!« Das ist die Sanford-Meisner-Methode und sie funktioniert bei Leuten, die dafür offen sind, ausgesprochen gut. Diese Technik ist eine Weiterentwicklung der Lehren von Stanislawski, dem russischen Schauspieler und Theaterdirektor, der sozusagen der Großvater der meisten naturalistischen europäischen und amerikanischen Schauspieltechniken ist. Meisner war sein Schüler und hat später seine eigene Methode entwickelt, die den Schauspieler ermutigt, von Augenblick zu Augenblick zu arbeiten und innerhalb einer Szene zu improvisieren, sodass man sich eher auf die spontane persönliche Reaktion als auf die Vorgaben des Skripts oder Textbuchs verlässt. Ich versuchte, die Quintessenz dessen, was ich selbst in meiner fast dreijährigen Ausbildung am William Esper Studio gelernt hatte, in einem Lehrplan von zwölf Wochen unterzubringen. Die Prinzipien waren die gleichen. Jeder rät einem, in der zweijährigen Ausbildung besser keine Beziehung zu haben und auch keine Rollen anzunehmen, weil die Arbeit so kräftezehrend ist. Wenn man beginnt, mit seiner Phantasie zu spielen, hebt man erst einmal ab, ist durcheinander, sehr emotional oder auch aus dem Gleichgewicht. Die Empfehlung gilt natürlich für die Schauspielschüler. Ist man die Lehrkraft, sollte man seine Sinne insofern beisammen haben, als man in der eigenen Phantasie nur ein Werkzeug erkennt und seinen Instinkt benutzt, um ein bestimmtes Verhalten zu erzeugen. Ja, man mag zwar in der Lage sein, sich etwas so Schreckliches auszumalen wie die Verletzung des eigenen Kindes bei einem fürchterlichen Unfall, aber man besitzt eben auch die Fähigkeit und die Mittel, sich ebenso schnell wieder aus dieser Phantasie zu befreien. Ich war zuversichtlich, den Stoff vermitteln zu können, ohne dabei zu emotional zu werden oder aus dem Gleichgewicht zu geraten. Trotzdem redete ich dreimal pro Woche je zwei Stunden lang über Tagträume, schlimmst- und bestmögliche Szenarien und instinktgeleitetes Handeln.

Vielleicht war mein Verhalten in jener Zeit eine Folge davon, dass meine eigenen Instinkte geschärft waren. Ich glaube, ich war hypersensibilisiert für alles Menschliche. So klang das in meinem Unterricht: »Wenn ihr ein Verhalten auf der Bühne oder vor der Kamera spielen sollt, muss es echt sein. Es muss aus einem glaubwürdigen Teil von euch selbst kommen. Spezifisch und wahrhaftig. Dabei ist mir egal, wie ihr das Gefühl erzeugt. Wenn ihr etwa am Ende eines Stückes dem Tod nahe und in Tränen aufgelöst zu sein habt, dann müsst ihr das durch echtes Verhalten hervorbringen. Und wie kommt man zu diesem Verhalten? Durch die Vorstellungskraft. Stellt euch vor, euer Hund wird von einem Auto überfahren und stirbt in euren Armen im Straßengraben. Stellt euch vor, ihr müsstet auf der Beerdigung eurer Mutter sprechen. Stellt euch vor, euer Ehemann sei in eure Schwester verliebt. Wie würdet ihr euch bei alledem fühlen?«

Dreimal pro Woche predigte ich das meinen Studenten. Und diese Kids, die verschlossen und egozentrisch begonnen hatten, erwachten regelrecht zu neuem Leben. Anfangs sträubten sie sich noch ein wenig, aber sobald sie anfingen, unsere Arbeit auf sich wirken zu lassen, waren sie ganz aufgeregt und stolz. Es ist ein geradezu atemberaubendes Erlebnis, dabei zuzusehen, wie Leute ein Gefühl ausleben, das sie selbst erzeugt haben. Die meisten können zunächst gar nicht glauben, dass sie das geschafft haben. Zunächst sind sie ängstlich, aber bald reizt es sie, sich selbst zu erschrecken oder sich dazu zu bringen, Freudentränen zu vergießen. Es ist ein Privileg, dabei zusehen zu dürfen, und eine Ehre, es lehren zu können.

Endlich hatte ich das Gefühl, das Leben verliefe ungefähr nach meinen Vorstellungen – mit dem Unterricht, meiner Familie, meinem Haus, meinen neuen Freunden und in unserer neuen Heimat. Ich erinnere mich lebhaft daran, wie ich einmal vom Unterricht nach Hause ging. Es gibt ordentliche Straßen und Gehsteige in Oberlin, aber auch eine Menge kleinerer, verschlungener Wege, die von einem Gebäude zum anderen, von einem Studentenheim zum nächsten führen. Ich konnte ausschließlich über diese Pfade nach Hause kommen, ohne einen richtigen Bürgersteig zu betreten. An jenem Tag dachte ich darüber nach, wie perfekt mein Leben war. Es fühlte sich derart perfekt an, dass ich dachte, irgendwas müsse schiefgehen. Denn das Leben bleibt nie lange so schön. Ich überlegte, dass wahrscheinlich Josiahs Vater einen Herzinfarkt bekäme. Oder vielleicht meine Eltern einen Autounfall hätten. All meine Sorgen kreisten um die Generation vor uns. Ich erwartete also das Unvermeidliche. Ich weiß sogar noch ganz genau, wo ich mich befand, als mir diese Gedanken durch den Kopf gingen. Ich ging am Ökologischen Forschungszentrum vorbei. Denn gleich daneben liegt ein Teich, an dem meine Jungs und ich schon mal nach Fröschen Ausschau gehalten hatten. Ich dachte mir, dass das Wasser bald gefrieren würde, und fragte mich, was dann wohl aus den Fröschen wurde. Ich meinte, mich zu erinnern, dass sie in eine Art Winterschlaf fallen. Ob das wohl stimmte? Würden die Jungs mich danach fragen? Konnten wir ein kleines Projekt daraus machen und die Dozenten im Ökologischen Forschungszentrum dazu befragen? Was für ein toller Ort, um eine Familie zu haben und Kinder großzuziehen, dachte ich mir im Vorübergehen. Aber dann wusste ich plötzlich, dass etwas passieren würde. Und genau so war es auch.

15.

Josiah und ich hatten ein Opernabonnement. Als Lehrkraft am College bekommt man eine ordentliche Ermäßigung für die Vorstellungen am Konservatorium. Professoren verdienen zwar deutlich unter 100 000 pro Jahr, aber wenn man all die kleinen Vergünstigungen hier und da mitnimmt, fühlt es sich gar nicht so wenig an. Man kommt auf eine Reihe von Vernissagen und hat natürlich auch den ganzen Sommer vorlesungsfrei. Die für den bevorstehenden Sonntag angekündigte Oper war *La Bohème*, aber ich hatte einfach keine große Lust darauf.

»Meinst du, Grace könnte kommen und babysitten, während wir am Sonntag in der Oper sind?«, fragte Josiah.

»Ach ja, die Oper«, sagte ich. Einer meiner guten Vorsätze fürs neue Jahr, außer dass ich jedes Mal ein Wasser annehmen würde, wenn es mir jemand anbot, bestand darin, die Vorteile eines Lebens auf dem Campus zu nutzen. Der Opernbesuch fiel wohl ziemlich eindeutig in diese Kategorie.

»Wir müssen auch nicht hingehen«, sagte er.

»Nein, nein, wir gehen. Das sollten wir wirklich«, sagte ich.

Dann sagte ich noch etwas, und ich werde mich bis an mein Lebensende fragen, warum ich das tat.

»Warum nimmst du nicht Sylvia mit? Sonntage sind sowieso immer so einsam. Nimm Sylvia mit.«

»Bist du dir da sicher?«

»Ja. Ich hätte gern noch etwas Zeit für die Jungs, bevor es nächste Woche wieder mit dem Unterricht losgeht – nimm Sylvia mit.«

»Na gut, dann frage ich sie, ob sie Zeit hat«, sagte er.

Dieses Gespräch fand am Freitagnachmittag statt. Samstagabend fuhren Sylvia, Josiah und ich zusammen nach Cleveland, um uns dort ein Theaterstück anzusehen, in dem George vom Theaterlehrstuhl mitspielte. Es war eine Provinzproduktion von *Urinetown*. Ich kann dieses Stück nicht ausstehen, auch wenn es eine wirklich gute Inszenierung war. Und meiner Ansicht nach macht einem nichts miesere Laune als schlechtes Theater. Jeder ärgert sich über die Zeitverschwendung und hat zugleich ein schlechtes Gewissen, weil sich natürlich alle Beteiligten trotzdem große Mühe gegeben haben.

Sylvia kam zu uns herüber, weil wir zusammen fahren wollten. Wir mussten die Kindersitze aus dem Minivan nehmen, damit sie in der zweiten statt in der dritten Sitzreihe Platz hatte. Wenn man den Autositz eines Dreijährigen hochhebt, findet man die unglaublichsten Dinge. Tausende alter Cheerios, inzwischen eingetrocknete Milchspuren, vier Legosteine, eine Straßenkarte. Ich würde zu gern mal eine Familie kennenlernen, die es schafft, diese Unterwelt sauber zu halten, aber ich bin mir sicher, dass sie nicht existiert.

»Ach, verdammt noch mal, Isabel, das ist ja widerlich«, sagte Josiah, nachdem er den Sitz neben das Auto gestellt hatte.

»Tut mir leid«, sagte ich. Es kränkte mich, dass er mich beschuldigte, aber gleichzeitig fühlte ich mich auf pathetische Weise schuldig, weil ich nicht die Supermom war, die alles im Griff hatte.

»Das ist doch ... schau dir mal diese Schweinerei an.« Er war wirklich aufgebracht und begann, hektisch an dem Sitz herumzuputzen.

»Jetzt bleib mal locker, so schlimm ist es auch wieder nicht«, sagte ich beschwichtigend.

»Doch, es ist schlampig«, sagte er.

Schlampig. Tränen stiegen mir in die Augen. Das war eine echte Ohrfeige von Josiah, der viel ordentlicher war als ich. Es hätte von mir aus »chaotisch« sagen oder von einem Ferkelstall sprechen können, aber »schlampig« fand ich richtig gemein. Ich drehte mich um und ließ Josiah in der dämmrigen Einfahrt zurück, wo er eifrig damit fortfuhr, den Sitz mit Papiertüchern für Sylvia sauber zu wischen. Ich ging über den Rasen zur Hintertür. Sylvia saß in der Küche bei der Babysitterin und den Jungs, die gerade ihr Abendessen bekamen. Durch die offene Tür konnte ich meine beiden kleinen Blondschöpfe sehen, die brav Hühnersuppe in sich hineinlöffelten. Ich war nicht schlampig. Ein Leben mit Kindern ist nun mal chaotisch. Josiah hatte mich mit seiner Bemerkung wirklich getroffen.

Schließlich verspäteten wir uns für das Theater. Ich schätze, dass George in der ersten Szene einen großen Auftritt hatte. Aber ich wusste es nicht, weil wir ja zu spät kamen. Als wir nach der Vorstellung unaufrichtig davon schwärmten, wie gut uns das Stück gefallen habe, fragte er, was wir von der ersten Nummer hielten. Er war ein echter Musicalfan und benutzte dauernd Ausdrücke wie »Nummer«. Ohne lange zu überlegen, gab ich zu, dass wir sie verpasst hatten. Das fasste unser Freund als Beleidigung auf und ereiferte sich dahingehend, dass wir uns offenbar weder aus ihm als Freund noch aus dem

Theater als Kunstform etwas machten, denn sonst wären wir wohl kaum so unverschämt gewesen, uns zu verspäten.

Unverschämt? Jetzt war ich also schon schlampig *und* unverschämt. Ich hatte Mühe, nicht in Tränen auszubrechen, was ich dann auf der Heimfahrt im Auto nachholte. Ansonsten unterhielten wir drei uns die ganze Fahrt lang über die Schwächen des Stücks.

Schließlich ließen wir Sylvia an ihrer Wohnung aussteigen. Da sah ich zum ersten Mal, wo sie wohnte. Aber ich war so erschöpft und deprimiert, dass ich Sylvia eigentlich nur schnell loswerden und danach endlich mit meinem Mann nach Hause wollte. Vorher führten sie und Josiah aber noch eine kurze Unterhaltung über den nächsten Tag.

»Sollen wir uns dort treffen?«, sagte sie und beugte sich wie ein Kind zwischen den Vordersitzen nach vorne.

Josiah wollte offenbar den perfekten Gentleman geben.

»Ach, ich könnte dich aber auch abholen? Ich habe ja die Karten«, sagte er.

Sie abholen? Das klang seltsam.

»Ach, nein«, sagte sie und schien die Seltsamkeit seines Angebots auch bemerkt zu haben.

»Dann treffen wir uns dort«, sagte er. Dieses Gespräch fing an, mich zu nerven.

»Na gut, nachdem das jetzt geklärt ist, vielen Dank, dass du uns zu dieser beschissenen Vorstellung begleitet hast, Sylvia«, sagte ich. »Tut mir leid wegen der Heulerei.«

»Mach dir darüber keine Gedanken«, sagte sie und versuchte, die Kindersicherung an der Tür aufzubekommen. Ich denke, ich tat ihr ein bisschen leid.

»Gute Nacht«, sagten wir alle gleichzeitig und dann war sie auch schon die Treppe hinaufgelaufen.

Josiah und ich besprachen danach nichts Besonderes mehr. Wir fuhren zu unserem hübschen Haus, bezahlten den Babysitter und gingen schlafen.

16.

Ich hasse Sonntage. Wie schon meine Mutter bekomme ich den Sonntagsblues. Sie warnte mich immer davor. Wenn ich mich an einem Sonntag wegen irgendwas grämen oder etwas Unangenehmes an einem Sonntag passieren würde, dann sollte ich bis Montag warten, bevor ich etwas unternahm. Denn sehr wahrscheinlich wäre die Sache größtenteils nur deshalb so dumm gelaufen, weil gerade Sonntag war. Ihr Gegenmittel bei Sonntagsblues und ähnlichen Malaisen war ein heißes Bad.

Ich wusste, dass dieser Sonntag besonders lang werden würde, weil Josiah ja nachmittags in die dreistündige Oper ginge und ich die Kids allein zu unterhalten hätte. Das war in Oberlin an Sonntagen besonders mühsam, weil dann alles geschlossen hatte und die meisten Studenten schliefen. Ich beschloss, mit ihnen einen Ausflug zum nahe gelegenen Carlyle Nature Conservancy zu machen. Dort kann man im Frühling zusehen, wie Leute in Kostümen aus der Kolonialzeit Ahornsirup gewinnen (die Darsteller gehen dann, wie bei solchen Aktionen üblich, ganz in ihrer Rolle auf). Man kann auch eine Schlange in die Hand nehmen und eine Eule füttern. Außerdem gibt es eine Voliere, in der alle in Ohio heimischen Vogelarten vertreten sind. Man nimmt dort auch verletzte Exemplare auf und pflegt sie gesund. Man kann zudem Schildkröten und Murmeltiere sehen. Eben alles, was in der

Natur von Ohio vertreten ist. Außer Waldlehrpfaden gibt es auch noch ein Baumhaus zum Hinaufklettern. Die Kleinen lieben diesen Park. Es ist ein wunderschöner und beruhigender Ort. Tagsüber müssen die Kinder mich abgelenkt haben, denn ich dachte gar nicht an Josiah, Sylvia und die Oper. Meine Rückkehr hatte ich so getimt, dass die Oper schon aus sein musste. Ich ging davon aus, dass Josiah folglich bereits zu Hause wäre und mir helfen würde, die Jungs aus dem Auto zu laden. Vielleicht hätte er sogar schon mit den Vorbereitungen für ihr Abendessen begonnen. Ich malte mir aus, dass er das Kommando übernahm und ich mich mit der Sonntagszeitung in die Badewanne zurückziehen konnte. Doch als ich in die Einfahrt bog, lag das Haus im Dunkeln.

Ich lud die Jungs nacheinander aus. James konnte damals zwar schon gut laufen, aber im Dunkeln trug ich ihn doch lieber hinein. Dann hob ich Wallace heraus und sah ihm nach, wie er hineinlief und dabei aufpasste, dass er nicht über die Platten fiel, die wir noch nicht richtig fest verlegt hatten. Schließlich nahm ich die Wickeltasche und fischte noch zwei Trinkbecher unter dem Beifahrersitz hervor. Drinnen legte ich den beiden ein Video ein, setzte mich in die Küche und wartete auf Josiah, der ja jeden Augenblick kommen musste. Als das nicht passierte, konnte ich es fast nicht glauben und holte ein Bio-Nudelfertiggericht aus dem Schrank, um den Jungs ihr Abendessen zu machen. Als das Wasser gerade zu kochen begann, hörte ich die Haustür.

»Tut mir leid, tut mir leid, tut mir leid!«, rief er und kam mit erhobenen Händen in die Küche geeilt.

»Mea culpa! Mein Gott, was für ein Durcheinander! Bully, es tut mir wirklich leid. Die Oper dauerte eine Stunde länger, als ich gedacht hatte, und es wimmelte von

Studenten, die mich wegen ihrer Arbeiten belagerten. Entschuldige«, sagte er. Das war eine so umfassende Entschuldigung und er sah mich dabei so treuherzig und betroffen an, dass mein ganzer Groll verflog.

»Bully, du warst ja mindestens hundert Jahre weg«, sagte ich und warf mich in seine Arme.

»Ich weiß. Schrecklich. Geh und nimm ein Bad. Ich kümmere mich um die Jungs«, sagte er.

Erleichtert über seine Rückkehr und gerührt, weil er wusste, dass ich mich nach einem Bad sehnte, ging ich nach oben. Später brachten wir die Jungs zu Bett, aßen irgendwas Chinesisches vor dem Fernseher und gingen dann selbst schlafen. Sylvia wurde nicht einmal erwähnt. Dafür sprachen wir über unseren Freund Scott.

Scott hatte im Jahr zuvor eine auf ein Jahr befristete Dozentenstelle in Oberlin gehabt. Er war etwas jünger als wir und mit einer Frau verheiratet, die ich nie kennengelernt hatte. Sie hatte während seiner Zeit in Oberlin ihre Doktorarbeit an der Uni in Pittsburgh geschrieben. Er fuhr jedes Wochenende los, um bei ihr und dem riesigen birmanischen Gebirgshund namens Troy zu sein. Inzwischen hatte er einen Lehrauftrag in Pittsburgh, sodass sie wieder vereint waren.

»Bully, diese schreckliche Geschichte wirst du mir kaum glauben«, sagte Josiah.

»Was für eine denn?«, fragte ich beunruhigt. Josiah hatte selten irgendwelchen Klatsch zu verbreiten. Er war einfach nicht der Typ für so was.

»Scott und Marni haben sich getrennt«, sagte er.

»Was?«, rief ich.

»Scott fand sie irgendwie komisch und hat das Wort ›Liebe‹ auf ihrem Computer gegoogelt. Da stieß er auf tonnenweise gemailte Liebesbriefe von Marni und ihrem besten Freund Trent«, sagte er.

»Oh, mein Gott – aber kann man denn die E-Mails von jemand googeln?«

»Ja, irgendwie geht das.«

»Das ist ja furchtbar. Armer Scott ...«

»Ich weiß. Es ist einfach brutal.«

»Das ist so verdammt – ich meine, er ist doch gerade erst dorthin gezogen. Hatten die beiden schon letztes Jahr was miteinander?«

»Keine Ahnung. Wir hatten kaum Zeit zum Reden. Es geht ihm nicht besonders.«

»Kann ich mir vorstellen. Vielleicht sollte er für eine Weile zu uns kommen. Unterrichtet er im Moment?«

»Ich hab es ihm schon angeboten, aber er unterrichtet, und dann ist da ja auch noch Troy – dieser wahnsinnig große Hund.«

»Meine Güte«, sagte ich und dachte kurz nach.

»Bully, ich weiß, das klingt jetzt schrecklich, aber meinst du nicht, dass Sylvia und Scott gut zusammenpassen würden?«

»Was? Nein – außerdem ist Sylvia doch verheiratet.«

»Ach, ich weiß, aber sie spricht doch nie von ihrem Mann – ich glaube nicht, dass sie in ihrer Ehe besonders glücklich ist.«

»Also, das ist kompliziert, aber auf alle Fälle sollten wir uns da nicht einmischen«, sagte er. Sein Ton klang verändert.

»Du hast recht. Ich dachte nur so. Verrückt, der arme Scott, er hat diese Marni so vergöttert.«

17.

Damals benutzte ich gerade *The Spoon River Anthology* im Unterricht. Das ist zwar ein Gedichtband, aber nach der Meisner-Methode wird er für die Rollenarbeit benutzt. Die Gedichte dienen als Monologe, aber es sind eben nicht die üblichen Langweiler. Ich finde, es gibt nichts Interessanteres als mit dem eigenen Ehemann zu fachsimpeln. Wenn ich nicht weiterkam, fragte ich Josiah wegen der Bedeutung eines Gedichts um Rat, und wir überlegten, wie ich es in meinen Unterricht integrieren konnte. Das war fantastisch. Endlich bewegte ich mich einmal auf seinem Terrain und konnte mich beweisen. Für ihn war es eine Gelegenheit zu sehen, dass ich zurechtkam. Ich fühlte mich wie in einer fremden Welt, aber es war die von uns beiden. Ich war total begeistert.

In jener Woche wollte ich mit den Monologen aus *Spoon River* beginnen. Der Stoff war komplex, daher zog ich mich bei jeder sich bietenden Gelegenheit in mein kleines Schrankbüro zurück, setzte mich auf den Hosenboden und vertiefte mich in die Unterrichtsvorbereitung. Mein Büro befand sich tatsächlich im begehbaren Kleiderschrank, aber es war ein riesengroßer Schrank mit einem Fenster. Ich hatte dort einen Tisch, ein Telefon, eine Lampe und ein kleines Bücherbord. Alle meine Klamotten befanden sich allerdings auch dort. Josiah besaß ein richtiges Büro am Lehrstuhl und einen Schreibtisch in unserer Bibliothek. Den Schreibtisch hätte ich für mich beanspruchen können, aber ich mochte meine kleine Koje mit dem Fenster, von wo aus man auf den Ahorn vor unserm Haus schauen konnte.

An dem Mittwoch nach dem Sonntag mit der Oper plante ich die übernächste Stunde, während James seinen

Mittagsschlaf hielt und Wallace im Kindergarten war. Da tauchte Josiah im Mantel an der Tür auf. Seine Tasche hatte er sich wie ein Fahrradkurier umgehängt. Er sah frisch und strahlend aus.

»Bully? Hallo! Ich werde heute mit Sylvia zu Mittag essen, weil ich ihr bei ihren Bewerbungen helfen soll«, sagte er.

Ich saß auf Augenhöhe mit seinen Mantelärmeln.

»Ach, toll«, sagte ich und streckte ihm die Zunge heraus. »Geh du nur mit der wunderschönen, talentierten Sylvia Mittag essen. Mach dir um mich keine Gedanken, ich werde einfach James eine Banane schälen und ein Käsebrot essen.«

»Oh, Bully. Sie hat mich um Hilfe gebeten … bitte. Es wird nicht geteilt«, sagte er.

»Es wird nicht geteilt« war eine Floskel, die wir oft benutzten. Josiah hatte seine erste Frau betrogen, und obwohl ich das für mich eigentlich abschließend geklärt hatte, verunsicherte es mich immer noch. »Einmal Betrüger, immer Betrüger«, sagen ja viele Leute, und um diese Zweifel komplett zu beseitigen, hatten wir oft darüber gesprochen. Josiah beruhigte mich jedes Mal insofern, als er betonte, aus eigener Erfahrung zu wissen, wie destruktiv so ein Verhalten sei. Deshalb würde er es auch nie mehr tun, nicht zuletzt wegen Wallace und James. Er brachte auch den Ausdruck »Es wird nicht geteilt« auf. Dabei sah er mir jedes Mal direkt in die Augen. Ich wiederholte den Satz. Es wird nicht geteilt. Ich hatte sogar seiner Stiefmutter versichert, dass ich mir hundertprozentig sicher wäre, von Josiah niemals verlassen zu werden. »Warum?«, fragte sie in ihrem North-Carolina-Akzent zurück. »Weil wir uns einfach einig sind, dass es nicht passieren wird«, antwortete ich ihr im Brustton der Überzeugung.

»Schön, ich wünschte, ich könnte mitkommen«, sagte ich und zog ein Gesicht, als würde ich schmollen.

»Das wünschte ich auch. Ich komme wie immer nach Hause«, sagte er. »Ich liebe dich!« Und schon sprang er die Treppe hinunter.

Diese Entwicklung der Ereignisse genügte mir, um kurz danach ebenfalls nach unten zu eilen und in New York anzurufen. Ich hatte eine Handvoll liebster Freundinnen dort, und wie sehr ich mich auch anstrengte, ähnliche Freundschaften in Ohio zu schließen, diesen Kumpels würde niemand je das Wasser reichen können. Ich telefonierte praktisch täglich mit einer von ihnen.

Jetzt rief ich Lisa an.

»Hey«, sagte ich und trat mit dem Telefon auf die rückwärtige Terrasse.

»Ich habe da einen paranoiden Gedanken, und ich möchte, dass du ihn für mich vertreibst«, sagte ich und balancierte auf einem Stein.

»Okay«, sagte Lisa. Sie sollte wirklich als Therapeutin arbeiten. Sie ist eine überaus besonnene Jüdin und erteilt sehr überlegte Ratschläge. Wir lernten uns kennen, weil wir in New York in derselben Straße einander gegenüberwohnten und unsere beiden Erstgeborenen den gleichen errechneten Geburtstermin hatten. Außerdem sind wir uns wahnsinnig ähnlich. Sie ist Schauspielerin, ich bin Schauspielerin. Sie war verheiratet, ich war verheiratet. Sie hatte eine Schwester, die Modistin war, ich hatte eine Schwägerin, die diesen Beruf ausübte. Sie besaß zwei Katzen, von denen eine Nora hieß, ich auch. Der einzige Unterschied, der uns einfiel, war ihr jüdisches und mein episkopales Religionsbekenntnis.

»Josiah war am Sonntag zu lange mit Sylvia in der Oper, und jetzt geht er gerade mit ihr Mittag essen, um ihr bei ihren Bewerbungen zu helfen«, sagte ich.

»Warum ist er denn am Sonntag mit ihr in die Oper gegangen?«, fragte sie.

»Na, weil ich nicht wollte und vorgeschlagen habe, er soll sie mitnehmen«, sagte ich.

»Hmmm«, brummte sie.

»Aber das ist ja noch keine große Sache. Offenbar dauerte es zu lange, und überhaupt war das Ganze ein Zeitproblem. Mir gefällt nur nicht, dass die beiden zusammen Mittag essen. Ich mag bei ihm keine guten Freunde, die Frauen sind. Das heißt doch, ich spinne – oder?«, sagte ich.

»Also, ja, das tust du. Aber ich verstehe, was du meinst. Eric hat bewusst keine weiblichen Freunde. In seinem Büro arbeiten nicht einmal Frauen, einfach damit es keine Missverständnisse gibt«, sagte sie. Also, das fand ich schon ein wenig übertrieben, aber Erics extreme Haltung hatte natürlich offenkundige Vorteile.

»Verstehe. Mein Vater und mein Bruder haben auch keine guten Freundinnen. Ich bin mir auch nicht sicher, ob man als verheirateter Mann überhaupt Freundinnen haben sollte«, sagte ich.

»Du hast einen ganzen Haufen männlicher Freunde.« Das stimmte.

»Ich weiß. Du hast recht. Ich spinne wohl. Sie ist sicher nur froh, dass er ihr mit den Bewerbungsunterlagen hilft. Soweit ich das einschätzen kann, ist sie wirklich eine Niete bei so was«, sagte ich.

Auch das stimmte. Sylvia selbst hatte mich über den Fortgang ihrer Bewerbungen auf dem Laufenden gehalten. Die Stelle mit dem Schwerpunkt achtzehntes Jahrhundert war auf ein Jahr befristet. Sie musste also wieder auf Jobsuche gehen, doch irgendwie konnte sie sich nicht dazu aufraffen. Irgendwie ging sie diesen Albtraum nicht mit dem nötigen Elan an. Es schien fast, als ob sie nirgendwo anders hinwollte. Daraus konnte ich ihr auch keinen Vorwurf machen, aber andererseits hatte sie doch eigentlich gar keine andere Wahl, als wenigstens zu versuchen, eine neue Stelle zu bekommen.

»Mach dir keine Sorgen«, sagte Lisa.

»Du hast recht. Mach ich auch nicht. Ich mag nur dieses komische Gefühl nicht.«

»Eine Sache würde ich allerdings noch gern wissen«, sagte sie. »Was meinst du, warum du Josiah vorgeschlagen hast, Sylvia in die Oper mitzunehmen?«

»Verstehe«, sagte ich und nahm den Ball auf.

»Wolltest du ihn auf die Probe stellen?«

»Ich weiß, das war seltsam. Aber vielleicht wollte ich mich selbst testen. Oder mir selbst beweisen, wie cool und kein bisschen eifersüchtig ich auf sie bin.«

»Bist du's denn? Ich meine, eifersüchtig.«

»Äh, nein. Oder doch, ein bisschen, aber nur, weil sie von der kleinen, dunkelhaarigen Sorte ist, ein Typ wie Winona Ryder, von dem ich weiß, dass Josiah darauf abfährt und ich ihm nie entsprechen könnte«, sagte ich.

»Bäh, kleine Mädchen, kann ich nicht ausstehen«, sagte Lisa. Sie misst übrigens ein Meter fünfundsiebzig.

Dann beendeten wir das Gespräch, weil ich hörte, dass James aufgewacht war. Sein Kinderzimmerfenster ging nach hinten zum Garten hinaus. Bald würde Grace da sein, und ich musste zum Unterricht. Schließlich war Mittwoch.

18.

Unser morgendliches Programm lief fast immer gleich ab. Josiah stand mit den Jungs auf und ließ mich noch schlafen, während er ihnen ihr Frühstück machte. James wachte damals noch jede Nacht mindestens zwei- bis dreimal auf. Er schlief nicht annähernd so gut wie Wallace in dem Alter. (Die Unterschiede zwischen den Kindern verblüffen mich ohnehin. So ist James beispielsweise immer eigenwilliger geworden, was seine Kleidung betrifft. »Nein, ich möchte die Socken mit den roten Streifen. Bitte nicht die blauen. Ich hab doch schon ein blaues T-Shirt an, Mama.« Wallace dagegen nimmt das, was im Schrank obenauf liegt, zieht es auch gerne mal verkehrt herum an und ist schon zur Tür hinaus.) Danach schauten die beiden sich die *Sesamstraße* an, während ich runterkam und frühstückte. Inzwischen ging Josiah duschen. Ich brachte die Kleider der Jungs mit runter und zog sie an, während Elmo sich verabschiedete. Dann stiegen wir alle in die Familienkutsche (sogar unser Hund Plover, denn schließlich bleibt niemand gern allein zurück) und fuhren Wallace in den Kindergarten. Josiah saß am Steuer und sang den Kindern unterwegs lustige Lieder vor. Er hatte sich wirklich witzige Songs für jeden von ihnen ausgedacht. Am besten fand ich den für Wallace, in dem er ihn als Kaiser von China ansprach. Wallace sah, bis er etwa ein Jahr alt war, tatsächlich wie Puyi aus. Josiah sang zur Titelmelodie von Steven Spielbergs Film *Das Reich der Sonne*:

»Du bist unser kleiner chinesischer Kaiser. Du bist unser kleiner chinesischer König. Du hast Truppen oben in Hunan, du hast Paläste in Bejing. Du bist umgeben von deinen Regenten und siehst winzig aus auf deinem Thron.

Du bist unser kleiner chinesischer Kaiser. Du bist unser kleiner chinesischer König.«

Nachdem wir Wallace einigermaßen zufrieden bei Miss Marsha und Miss Sanya zurückgelassen hatten, übernahm ich das Steuer und fuhr Josiah zur Englisch-Fakultät. Wir winkten ihm nach, bis er durch die Tür verschwand, dann fuhren James, Plover und ich wieder nach Hause, um die Betten zu machen und die Reste des Frühstücks wegzuräumen. So verlief praktisch jeder Morgen.

Als wir am nächsten Morgen vom Kindergarten die College Street hinunterfuhren, sagte Josiah: »Soll ich Sylvia sagen, dass es bei unserem üblichen Abendessen am Donnerstag bleibt?«

»Ja, ja. Dann ist ja Verkauf auf der Farm, also denke ich, ich werde diese Mangold-Tomaten-Tarte machen. Sollen wir noch Steaks dazu essen?«, sagte ich.

»Warum nicht?«, fragte er zurück.

»Na gut, ich besorg sie und du machst sie. Wenn ich dich abgesetzt habe, fahre ich gleich beim Biosupermarkt vorbei«, sagte ich.

Ich konzentrierte mich auf meine Hausfrauenrolle und verdrängte, was ich nur als gewisse Unsicherheit empfand: dass Josiah Sylvia offenbar ziemlich gern mochte. Und selbst wenn er eine Schwäche für sie haben sollte – wir waren verheiratet, und sie war verheiratet, wenn auch nur mit einem blassen, netten, aber harmlosen Cousin, von dem sie niemals sprach. Wir waren jedenfalls glücklich verheiratet, hatten viel tollen Sex, trotz unserer zwei Kinder und obwohl wir keine Kinderfrau hatten. Wie zum Beweis dafür thronte hinten James in seinem Kindersitz.

Ich ließ Josiah aussteigen, wendete den Wagen und steuerte den Supermarkt an, um gute Steaks aus dem Mittleren Westen für uns drei zu erstehen.

Ich schaffte es zum Verkaufsstand der Farm, bevor es am Nachmittag anfing zu regnen. Heftiger Regen, wie er für Ohio typisch ist. Wenn ich Gäste zum Abendessen habe, dann mag ich schlechtes Wetter. Es versetzt einen in die richtige Stimmung und erzeugt so ein »Wie-gut-ist-es-drinnen-zu-sein-und-umsorgt-zu-werden«-Gefühl. Die Tarte, die ich geplant hatte, sorgte dafür, dass ich mir vorkam wie Julia Child höchstpersönlich. Ich hatte echten Gruyère für die Füllung, was für einen edlen französischen Geschmack sorgt. Das Ganze ist zwar einfach zuzubereiten, aber wenn man das Privileg genießt, selbst gepflücktes Gemüse von einer nahen Farm oder sogar aus dem eigenen Garten zu verwenden, dann kann so ein kleiner Pie die reinste Offenbarung sein. Ich bereitete ihn am Abend zu, während die Jungs ihr Abendessen bekamen und bevor Josiah nach Hause kam. Teigboden, Mangold, Tomaten, Käse, Mangold, Tomaten, Käse, Tomaten, Thymian, Parmesan und ab in den Ofen damit. Gerade als der Duft der knusprigen Kruste durch die Küche zu ziehen begann, kam Josiah, um noch ein wenig mit den Kindern zu spielen und sie zu baden. Ich nutzte die Zeit, um die Sofakissen aufzuschütteln und die Lichter in der Bibliothek einzuschalten. Auch wenn Sylvia im vergangenen Monat schon unzählige Male bei uns gewesen war, wünschte ich mir, dass alles so hübsch und friedlich aussah wie nur möglich. Ich wollte ihr unbedingt ganz deutlich demonstrieren, wie schön es sich in diesem großen Ziegelhaus lebte.

Sylvia kam um halb acht, als die Jungs schon im Bett waren. Ich öffnete eine Flasche Rotwein für sie und mich – Josiah trank nach wie vor nichts –, und wir setzten uns in die Küche, wo Josiah die Steaks zubereitete. Ich hatte Sets aufgedeckt, die Tarte und Kerzen hingestellt. Und rückblickend muss ich sagen, dass es mir vorkommt, als hätte ich den beiden ein romantisches Dinner für zwei bereitet. Aber das ist natürlich Blödsinn, denn damals erschien es mir, als würde ich sie zu unserem romantischen Dinner einladen. Schließlich aßen Josiah und ich immer bei Kerzenschein, und ich trank stets ein Glas Wein, während wir einander von unserem Tag berichteten. Sie bekam dabei einfach einen Platz in der ersten Reihe. Aus meiner Sicht sollte sie ein Beispiel dafür sehen, was man erreichen kann, wenn man viel Mühe in eine Ehe investiert und gemeinsame Ziele im Blick behält. Wir zeigten ihr, wie man es richtig macht. Zumindest hatte ich das bis dahin geglaubt. Doch im Verlauf dieses speziellen Abends bekam ich das Gefühl, das fünfte Rad am Wagen zu sein. Sobald wir mit dem Essen begannen, wurde es noch schlimmer. Sylvia blickte Josiah doch tatsächlich tief in die Augen, als er ihr Glas nachfüllte (meines vergaß er darüber völlig). Dann machte sie ihm Komplimente für seine göttlichen Steaks, und er errötete. Ich glaube, ich holte sogar demonstrativ das Album mit unseren Hochzeitsbildern hervor, um ihr jemand zu zeigen, von dem wir gerade sprachen.

»Ach, das muss Sylvia nicht unbedingt sehen«, sagte er.

Es war verwirrend, denn von diesem Punkt an ging alles ganz schnell. Wir kamen auf das Thema Freundschaft mit dem anderen Geschlecht, wenn man verheiratet ist. Ich kann mich nicht mehr erinnern, ob ich selbst die Sprache darauf brachte. Aber vielleicht war es so, weil ich begann, irgendwelche seltsamen Schwingungen aufzufangen, und es einfach wissen wollte.

»Aber natürlich kann man einen Freund des anderen Geschlechts haben – alles andere wäre ja wohl verrückt«, sagte Sylvia.

»Also, ich weiß schon, dass man so denken kann, aber

mal im Ernst, ist das immer angemessen? Josiah und ich diskutieren manchmal darüber, weil wir da unterschiedlicher Meinung sind«, sagte ich.

»Na, in meinen Augen wäre es ein Zeichen von Unsicherheit, wenn du behaupten würdest, dein Mann könnte mit jemand nicht befreundet sein, nur weil dieser Jemand eine Frau ist«, sagte sie.

»Dann lass uns doch mal Ward und Secca als Beispiel nehmen. Ich schätze sie beide und würde sagen, dass wir mit beiden gleichermaßen befreundet sind. Ich würde Secca an jedem beliebigen Tag der Woche anrufen, um mich mit ihr zum Mittagessen zu verabreden, aber du müsstest mir schon eine Knarre an den Kopf halten, damit ich Ward anrufen und ihm vorschlagen würde, sich mit mir zum Lunch zu treffen«, sagte ich voller Überzeugung.

»Das ist aber traurig«, sagte sie.

»Das finde ich nicht. Ich halte es einfach für ein ungeschriebenes Gesetz, an das man sich halten sollte, um nicht in irgendwelche verfänglichen Situationen zu kommen, in denen man sich dann unbehaglich fühlt. Meine Ehe bedeutet mir sehr viel und ich würde sie niemals aufs Spiel setzen wollen.«

»Aber deine Ehe würde doch wohl nicht auf dem Spiel stehen, nur weil du mit einem Freund Mittag essen gehst, oder?« Sie warf Josiah einen Blick zu.

»Ich schätze mal, ich bin in dieser Beziehung einfach altmodisch«, sagte ich und fühlte mich wie eine Streberin.

»Das ist doch reizend«, sagte sie.

Ich glaube, zu diesem Zeitpunkt hatten Sylvia und ich die Flasche ausgetrunken, und Josiah hatte begonnen, den Tisch abzuräumen.

»Es wird langsam spät, und ich muss morgen unterrichten«, sagte Sylvia.

»Du hast recht – und ich muss *Spoon River* durchnehmen, Josiah.«

»Ach, unterrichtest du freitags auch, Isabel?«, sagte sie.

(*Wie bitte*, dachte ich. Wir unterrichteten alle freitags. Das wusste sie.)

»Ja.«

Und dann tat ich wieder etwas Fragwürdiges – langsam wurde mir das zur Gewohnheit.

»Josiah, Liebling, fährst du Sylvia nach Hause? Es schüttet wie aus Eimern.«

»Natürlich. Und du lass das schmutzige Geschirr ruhig stehen. Deine Tarte war übrigens köstlich.«

Nach Umarmungen und Dankeschöns traten die beiden durch die Tür in den Regen hinaus. Ich begann selbstverständlich damit, die Küche aufzuräumen.

19.

Am Freitag goss es immer noch. Den ganzen Tag über war alles nass. Das Auto, sogar meine Haut erschien mir feucht, und der Hund trocknete sowieso nicht. Man entkam dem Wetter nicht. Es war der erste Tag, an dem meine Klasse sich mit *Spoon River* beschäftigte. Spoon River ist eine erfundene Stadt, deren Bewohner alle tot sind. Die Gedichte sind Selbstgespräche der Bürger aus den Gräbern heraus. Jeder der Charaktere hat dem Publikum etwas Besonderes mitzuteilen. Schauspieler, die der Meisner-Methode folgen, halten sie als Monologe. Die Kunst besteht darin herauszufinden, was die Rolle mitteilen soll, und sich mit der Bedeutung, die dahintersteckt, zu identifizieren. Eifersucht, Wut, Angst, Reue, Schuld, Zufriedenheit, Trauer und so weiter. Die Studenten sollen dabei lernen, eine Antwort auf die Frage »Was wäre, wenn?« zu geben. Was wäre, wenn du all dein Geld verlieren würdest? Wenn dein Ehemann dich vergiften wollte? Wenn du wegen Betrugs eine Wahl verlieren würdest? Wie würdest du dich fühlen? Es braucht eine Weile, bis Menschen wissen, wie sie emotional auf etwas reagieren würden. Das Wesen der Schauspielerei besteht im Prinzip darin, sehr genau zu wissen, wie man auf jedes erdenkliche Ereignis reagieren würde, und dann in der Lage zu sein, diese Gefühle auf der Bühne oder vor der Kamera auszuleben. Wenn man Meryl Streep in dem Film *Sophies Entscheidung* zwischen ihren beiden Kindern wählen sieht, spürt man sehr deutlich, was dabei in ihr vorgeht. Allerdings können wir im richtigen Leben nicht immer alles wahrhaftig ausleben, was wir empfinden. Daher errichten wir wichtige Mauern, um unsere Gefühle dahinter zu verbergen. Das ist nötig, damit wir uns innerhalb der Gesellschaft zivilisiert benehmen. Denn was wäre, wenn wir beispielsweise unsere Gefühle in Bezug auf die Luftverschmutzung ehrlich zum Ausdruck brächten? Dann würden wir etwa auf den Straßen von New York Amok laufen und jeden Autofahrer anbrüllen, weil er die Luft verpestet. Die Herausforderung für einen Schauspieler besteht darin, diese schützenden Mauern einzureißen und den Leuten sehr deutlich zu zeigen, was man angesichts der jeweiligen Umstände gerade empfindet. Denn nur wenn man selbst das spürt, wird es auch das Publikum spüren.

Dass ich *Spoon River* durchnahm, gab mir das Gefühl, sehr lebendig, aber zugleich auch verletzlich zu sein. Um die Studenten dazu zu bringen, sich zu öffnen, musste auch ich mich öffnen. Studenten sind wie das Publikum, sie lassen sich nicht so leicht täuschen. Vielmehr besitzen sie überaus feine Antennen für Blödsinn, und sie setzen sie in jeder Sekunde ein, die man vor ihnen steht.

An jenem Freitag war ich während des Unterrichts wie unter Strom, und das ließ auch nicht so schnell nach, als ich fertig war.

Ich entließ meine Studenten ausnahmsweise zwanzig Minuten früher als sonst. Ich hatte einen Babysitter, den die Kinder liebten, aber sobald ich das Haus betreten hätte, wäre meine selbst bestimmte Zeit zu Ende. Deshalb wollte ich noch nicht gleich nach Hause. Stattdessen wünschte ich mir eine Tasse Tee und Fachsimpeln über *Spoon River*. Was für ein Glück, dachte ich, dass Josiahs Büro sich im Gebäude gleich neben der Theaterwissenschafts-Fakultät befand. Ich wusste, dass sein Unterricht schon vorbei war und er jetzt frei hatte, bis er am Nachmittag zu einem Arzttermin musste. Voller Vorfreude auf eine ungeplante Teestunde mit meinem Mann rannte ich durch den Regen hinüber. Josiahs Büro befand sich im zweiten Stock. Alle Büros lagen an einem breiten Flur. Die Professoren hatten ihre Zimmertüren mit allem Möglichen dekoriert: Postkarten, Zitate, außerdem waren dort die Sprechzeiten angeschlagen, an manchen hingen auch Briefkästen. Es sah richtig nach College aus. Ich fand es nett und irgendwie heimelig, weil man jedes Mal Bekannte traf.

Josiahs Zimmer befand sich etwa auf der Mitte des Flurs. Er hatte ein Stück gebatikten Stoff vor das Fenster in seiner Tür gehängt. Hinter dem Glas waren Gedichte, Dichterporträts und andere Hinweise dafür, dass man es mit einem Dozenten für Lyrik zu tun hatte.

Ich war nass und in Eile und trug zwei Taschen, eine Handtasche und eine mit meinem Unterrichtsmaterial. Ich hoffte, ihn überhaupt anzutreffen, und auch, dass er seinen Nachmittagstee nicht schon getrunken hatte. Ich klopfte und machte gleichzeitig schon die Tür auf, sodass, wer nicht bereit für einen Besuch wäre, auch keine Zeit mehr hätte, sich darauf einzustellen. Ich öffnete also die Tür, und da waren sie. Josiah und Sylvia an seinem Schreibtisch, dazu zwei Tassen Tee. Sie steckten gerade die Köpfe zusammen und saßen eindeutig zu nah beieinander.

»Was geht denn hier vor sich?«, fragte ich.

»Tut mir leid«, sagte Sylvia, stand rasch auf und eilte in Richtung Tür.

»Nein. Bleib ruhig. Ganz im Ernst«, sagte ich fuchsteufelswild und irritiert davon, bei was ich offenbar gerade gestört hatte.

»Wir arbeiten an Sylvias Bewerbungen, Isabel.« Josiah klang genervt und kurz angebunden. Mir war irgendwie schwindelig, und ich wusste nicht, was ich als Nächstes tun sollte. Ich sah auf den Tisch hinunter und entdeckte eine unbezahlte Rechnung, die zu begleichen ich Josiah schon vor über einer Woche gebeten hatte.

»Dann erledige ich das hier mal besser endlich!«, giftete ich die beiden an, während ich nach der Rechnung griff, und knallte auch schon die Tür hinter mir zu.

Verdammt noch mal, dachte ich. Was zum Teufel passierte da gerade? Hatte ich richtig gesehen? Bildete ich mir etwas ein? War ich dabei, den Verstand zu verlieren? Ich war nach draußen gelaufen und stand jetzt unter dem Dachvorsprung, aber der Regen spritzte trotzdem bis zu mir. Ich glaube, ich weinte. Wie sollte ich jetzt nach Hause gehen? Die Kinder waren ja da. Ich konnte aber auch nicht noch mal zurücklaufen. Wo sollte ich bloß hin? Niemand war zu sehen. Ich fühlte mich wie in der Geisterversion einer Collegestadt. Deren einzige Bewohner waren mein Mann und meine Freundin Sylvia, die sich in seinem Büro aneinanderdrängten, und meine Jungs und ihr Babysitter, die in meinem Haus gerade Popcorn machten. Ich rannte zum Too Chinoise und blieb atemlos und durchnässt vor der Kasse und Ben, dem Kellner, stehen. Ben war der einzige Mensch im Lokal, denn es war ja gerade mal vier Uhr nachmittags. Er kannte mich gut. Er kannte auch meine Kinder, also dachte ich mir, es wäre wohl nichts dabei, ihn um ein Glas Wasser zu bitten und mich für einen Moment auf den Stuhl neben der Tür zu setzen. Er sagte nichts, als ich in meinem nassen Mantel dort hockte, das Wasser trank und mich fragte, welche Wendung mein Leben gerade genommen hatte.

20.

Als ich nach Hause kam, saßen die Jungs in einem Meer aus Bastelpapier, Glitzer und Klebstoff an der Küchentheke und bastelten gerade lustige Hüte. Die Studenten von Oberlin machen aus gewöhnlichem Babysitten ein Event. Das ganze Haus roch nach Popcorn und alle Lichter waren eingeschaltet, weil es inzwischen auch schon ziemlich früh dunkel wurde. Es war ein Bild des Glücks, bei dessen Anblick es mir gelang, das nachmittägliche Drama ein wenig beiseitezuschieben. Ich machte mich geschäftig an die Zubereitung des Abendessens für die Jungs und wartete darauf, dass Josiah vom Arzt nach Hause kam. Wir würden am Abend mit der Clique von der Englisch-Fakultät ausgehen, also wäre auch Sylvia dabei. Wir wollten ein neues mexikanisches Lokal ausprobieren, das gerade erst aufgemacht hatte. Eigentlich freute ich mich darauf. Ein Ereignis, mal etwas Neues. Es würde Margaritas geben, einen großen Tisch mit lauter Freunden und reichlich Essen. Aber zunächst würde ich meinen Jungs ein gutes Abendessen zubereiten, meinen Mann daheim begrüßen und ihm dann die Jungs zum Spielen überlassen, damit ich oben ein Bad nehmen und mich hübsch machen konnte. Vielleicht würde er die Szene in seinem Büro gar nicht erwähnen. Ich würde es von mir aus jedenfalls nicht tun. Aber das übernahm dann er.

Er stürmte durch die Hintertür in die Küche, um dem Regen zu entgehen.

»Meine Jungs!«, rief er und stampfte auf der Fußmatte auf, um seine Schuhe trocken zu kriegen. Wallace schenkte ihm mit einem Mund voller Karotten ein strahlendes Lächeln, James lehnte sich aus seinem Hochstuhl und krähte »Dada!« Zuversichtlich, dass sein warmes, wohlriechendes Zuhause und der Anblick seiner Kinder jegliche Wut, die er auf mich haben könnte, zum Verschwinden gebracht hätten, ging ich wie June Cleaver höchstpersönlich auf ihn zu und legte die Arme um seinen Hals.

»Mein Liebling, wie war's beim Arzt?«, sagte ich.

Er machte sich steif, und nachdem ich ihn losgelassen hatte, flüsterte er: »Was zum Teufel hast du dir da heute gedacht? Du hast Sylvia sehr gekränkt.«

Die Jungs saßen nur einen Schritt von uns entfernt. Wenn Leute erzählen, der Raum um sie herum habe sich gedreht, nachdem etwas Undenkbares passiert war, wie der Tod eines Elternteils oder der Verlust des eigenen Jobs, dann passiert so etwas, weil man aus seinem normalen Leben quasi herausfällt. In so einer Situation suchen die Augen im wahrsten Sinne des Wortes nach einem Halt, der einen daran erinnern soll, dass man noch Herr über sein eigenes Leben ist. Der Raum um mich begann sich zu drehen, doch meine Augen klammerten sich an den Rand der Küchentheke. Josiah und ich hatten stundenlang überlegt, welche Form er bekommen sollte. Es gibt verschiedenste Kurven, man kann ihn aber auch ganz gerade lassen. Wir hatten uns für eine Rille genau in der Mitte entschieden. Elegant, aber trotzdem schlicht. Ich klammerte mich an die Platte und spürte die Vertiefung in meiner Hand. Das erinnerte mich daran, dass wir dieses Haus gemeinsam umgebaut hatten. Wir hatten die Farben und Armaturen ausgesucht und uns für genau dieses Leben entschieden. Und das bedeutete doch wohl mehr, viel mehr als dieser Unfug mit der verdammten Sylvia.

»Machst du Witze?«, murmelte ich. »Was habt ihr beide denn da gemacht? Ich hatte das Gefühl, bei irgendwas reingeplatzt zu sein.«

»Das bist du aber nicht. Ich helfe Sylvia mit ihren Bewerbungen. Und du solltest dich besser im Griff haben«, sagte er mit kalter Stimme.

Er hat recht, dachte ich. Irgendwie hatte ich da wohl etwas falsch verstanden. Ich war paranoid und verunsichert. Plötzlich wollte ich die ganze Verantwortung übernehmen, mich entschuldigen, es hinter mir lassen und wieder in den Zustand zurück, in dem er sich freute, mich an einem Freitagabend zu sehen.

»Es tut mir leid«, flüsterte ich. »Können wir es bitte einfach vergessen? Es tut mir leid.«

Er stand nur da und sah mich irritiert an. Er machte einen Schritt, um die Küche zu verlassen und fort von den Jungs zu kommen, die inzwischen mit Essen fertig zu sein schienen und um ein Eis bettelten. »Ich gehe nach oben«, sagte er.

»Warum lässt du mich nicht raufgehen? Du hast die Jungs noch kaum gesehen, und mir ist kalt und ich brauche ein Bad«, sagte ich.

Er holte hörbar Luft. »Na schön«, sagte er und sah mich missbilligend an. Diesen Gesichtsausdruck hatte ich nie zuvor bei ihm gesehen.

Wir hielten an unseren Plänen fest und gingen am Abend aus. Auch Sylvia kam. Nur kurz bevor wir aus dem Auto stiegen, um ins Restaurant zu gehen, sagte ich: »Irgendwie ist mir das jetzt peinlich. Vielleicht solltest du alleine gehen.«

»Es wäre unhöflich, wenn du jetzt nicht mitkämst«, sagte er.

»Ich glaube, dass es kein Schwein interessiert, ob ich dabei bin oder nicht«, sagte ich, weil ich widersprechen wollte.

»Hauptsache, du entscheidest dich jetzt, weil wir sowieso schon spät dran sind«, sagte er. Josiah hasst Verspätungen und kommt selbst praktisch nie zu spät. Natürlich wollte ich nicht allein nach Hause zurück, also stieg ich aus und sah ihm nach, wie er vor mir durch den Regen über den Parkplatz lief. Auf diesem Parkplatz war ich noch nie gewesen, was in einer so kleinen Stadt schon ungewöhnlich ist. Ich wusste nicht, wo ich hinmusste, und hatte mich noch nie so einsam gefühlt.

Meine Wunschvorstellung von einem fantastischen neuen mexikanischen Restaurant löste sich rasch in nichts auf. Die Margaritas waren eine Fertigmischung und die Shrimps in meinen Fajitas waren von der kleinen Sorte, sodass ich vermutete, sie seien aus der Dose. Ich hatte mir ausgemalt, wie wir alle um einen runden Tisch säßen, der von vielen Kerzen erleuchtet würde, stattdessen waren wir an einer langen Tafel aufgereiht, sodass die außen Sitzenden kaum etwas von der Unterhaltung mitbekamen. Es gab auch nur elektrisches Deckenlicht. Dass dieses Lokal ein Reinfall war, schien mich mehr zu bekümmern, als der Riss, der sich plötzlich in meiner Ehe aufgetan hatte. Es kam mir nicht einmal in den Sinn, dass er sich vergrößern könnte. Josiah hatte mir ein vorschnelles und ungerechtfertigtes Urteil vorgeworfen, und ich schämte mich dafür. Aber ich glaubte, es auch wiedergutmachen zu können.

Sylvia sprach an jenem Abend kaum mit mir. Na schön, dachte ich mir, schließlich hatte ich ihr Unannehmlichkeiten bereitet. Die Andeutungen, die ich am Nachmittag gemacht hatte, waren ihr wahrscheinlich peinlich. Josiah redete gar nicht mit mir, obwohl er neben mir saß. Er war mir böse. Die Bedienung war eine Katastrophe, sodass dieses Höllenmahl viel länger dauerte als nötig. Ich versuchte, mich zu betrinken, um diese unerträgliche Angst zu betäuben, aber die Margaritas waren überhaupt nicht stark, sodass mir von dem vielen Sirup nur schlecht wurde. Vielleicht weil sie spürten, dass irgendwas Seltsames vor sich ging, beschrieben Secca und Ward mit übertriebener Begeisterung einen Bauernmarkt, der jeden Samstag auf dem Parkplatz des Trader Joe's direkt am Stadtrand von Cleveland stattfand.

»Lasst uns doch morgen alle da hinfahren!«, sagte ich, weil ich glaubte, mehr gemeinsam verbrachte Zeit wäre die Lösung. »Die Jungs werden begeistert sein. Und wir haben doch morgen noch nichts vor, Josiah, nicht wahr?«

»Nein«, sagte er.

Und so vereinbarten wir, uns am nächsten Tag um neun Uhr bei uns zu Hause zu treffen, Secca, Ward, Sylvia und wir.

21.

Mein Herz war voller Sorge. Ich spürte, dass ich einen Fehler gemacht hatte, aber ich spürte auch instinktiv, dass da etwas zwischen Josiah und Sylvia war. Endlich hatte ich es bemerkt. Aber andererseits hatte auch Josiah großen Einfluss auf mich. Wenn er etwas behauptete, glaubte ich es. Und er sagte, ich hätte unrecht.

Als wir im ersten Jahr unserer Beziehung in Williamsburg, Brooklyn, wohnten, kam er jeden Freitagabend von Cambridge angereist. Ich hatte dann ein tolles Abendessen in meiner kleinen Küche, in der auch eine Badewanne stand, zubereitet. Er brachte mir immer einen Strauß meiner Lieblingsblumen, weiße Casablanca-Lilien, wir liebten uns, danach aßen wir bei Kerzenschein in der Küche. An einem Abend hatte ich einen Seesaibling im Ganzen und mit Fenchel gebraten. Er schmeckte großartig. Am nächsten Tag aßen wir mit meinen Eltern zu Mittag und ich prahlte bei meiner Mutter mit dieser Leistung.

»Woher wusstest du, wie man so etwas zubereitet?«, sagte meine Mutter.

Ohne Zögern erläuterte ich ihr Schritt für Schritt, wie man einen Fisch im Ganzen brät. Das ist überhaupt nicht schwer, aber es gibt eben gewisse Dinge, die sie nicht tut. Einen Fisch oder ein Huhn im Ganzen zuzubereiten, das macht in ihren Augen mehr Umstände, als es am Ende wert ist. So ist sie nun mal.

»Warum glaubt deine Mutter, du seist nicht in der Lage, etwas so Simples zuwege zu bringen, wie einen Fisch zu braten?«, fragte Josiah mich später.

»Ach, sie denkt eben, das sei schwer.«

»Aber sie hat gesagt, ›Woher wusstest *du*, wie man so

was zubereitet?‹ Sie weiß doch, dass du kochen kannst. Ich fand das wirklich geringschätzig.«

Ja, dachte ich. Hält meine Mutter mich für so eine Niete, dass sie mir nicht zutraut, ein Kochbuch aufzuschlagen und den Anweisungen eines Rezepts zu folgen? Darüber hatte ich noch nie nachgedacht, aber jetzt, wo Josiah mich darauf hinwies, fand ich es absolut nachvollziehbar. Er war mein Anwalt, mein Verteidiger gegenüber meiner Mutter, die mich für zu begriffsstutzig hält, einen Fisch zu braten. Er sagte das, und für mich war es Gesetz.

Ich stellte überhaupt selten etwas infrage, was Josiah sagte. Denn er kam mir klüger vor als die meisten Menschen, die ich kannte. Nachdem er gesagt hatte, mein Eindruck von der Situation in seinem Büro sei ein falscher gewesen, glaubte ich ihm. Zumindest beinahe.

An jenem Freitagabend fühlte ich mich wie in Ungnade gefallen. Wir kamen heim, Josiah bezahlte den Babysitter und ging noch eine Runde mit dem Hund spazieren. Ich sah nach den Jungs und machte mich danach zum Schlafengehen fertig. Als Josiah heraufkam, war ich bereits im Bett.

»Was für ein schrecklicher Abend«, sagte ich.

»Ja, das stimmt.«

»Können wir uns nicht wieder vertragen? Mir tut ja leid, was heute passiert ist, aber du musst doch zugeben, dass du es an meiner Stelle auch nicht lustig gefunden hättest, mich in einer vergleichbaren Situation anzutreffen. Kannst du mir nicht wenigstens zugestehen, wie verdächtig das für mich ausgesehen haben muss?« (Ich spürte, dass ich nahe daran war, in Tränen auszubrechen, und bemühte mich nach Kräften, das zu verhindern. Wenn ich Grund dazu habe, weine ich oft, und man kann mich auch wirklich leicht dazu bringen. Da geht es mir wie meiner Mutter. Kirchenchoräle, Kinder, die ihr Bestes geben – ich musste ja sogar bei dem Film *Tommy Boy* mit Chris Farley heulen.)

»Ach, Isabel«, sagte er (dabei nannte er mich eigentlich nie Isabel) und klang dabei gequält und frustriert.

Ich saß inzwischen auf seiner Seite des Bettes. Und ich konnte nicht glauben, dass er mir nicht einmal zugestand, mich bei unserem nachmittäglichen Zusammentreffen unbehaglich gefühlt zu haben.

»Du warst schon immer krankhaft eifersüchtig auf all die Frauen in meinem Leben, die nichts als Freunde für mich sind. Das ist ein echtes Problem, und ich finde, du solltest mit Doktor Bergen darüber reden«, sagte er.

Doktor Bergen war unsere Paartherapeutin in New York. Josiah hatte nicht ganz unrecht, dachte ich. Doktor Bergen war ein Genie, und dieser Prototyp einer Analytikerin an der Upper West Side würde uns wahrscheinlich aus dem Schlamassel heraushelfen können. Als wir noch in New York City wohnten, hatten wir sie immer mal wieder aufgesucht, wenn wir akute Probleme zu bewältigen hatten. Einmal, es war im ersten Jahr unserer Beziehung, als wir zusammen in der 72. Straße wohnten, überlegten wir ziemlich spontan, nach Cambridge zu ziehen. Damals war das eine schlechte Idee, weil wir so viel um die Ohren hatten. Wir hatten beschlossen zu heiraten, ich war für zwei Fernsehserien verpflichtet und Josiah schrieb an seiner Dissertation. Wir hatten eine Reihe guter Freunde, mit denen wir uns andauernd trafen. Aber aus irgendeinem Grund waren wir beide von der Vorstellung besessen, unser Leben könne noch schöner sein, wenn wir nach Norden umzögen. Außerdem spielten wir noch mit dem Gedanken, ein Baby zu bekommen, auch diese Überlegung wollte bedacht sein. Dauernd machten wir Listen mit den Vor- und Nachteilen – umziehen oder eben nicht. Es quälte uns regelrecht. Bei einer Sitzung fragte Doktor Bergen uns schließlich: »Müssen Sie denn nach Cambridge gehen?«

Wir sahen uns an. »Nein«, antworteten wir gleichzeitig.

»Dann tun sie es auch nicht«, sagte sie schlicht und ergreifend. Meine Güte, mit diesem einen Satz nahm sie mir eine tonnenschwere Last von den Schultern. Josiah und ich führten fast einen Freudentanz in ihrer Praxis auf. Danach gingen wir zu Krispy Kreme Doughnuts und gönnten uns jeder zwei, so erleichtert und glücklich waren wir. Und zwar nicht, weil wir lieber in New York blieben, statt nach Boston umzuziehen, sondern weil wir endlich eine Entscheidung getroffen hatten. Doktor Bergen neigte eben dazu, Antworten zu geben.

Doch damals waren wir nun mal gerade sehr, sehr weit von Doktor Bergens Praxis in der 106. Straße, Ecke Westend Avenue entfernt, deshalb verwahrte ich mich gegen Josiahs Vorschlag.

»Doktor Bergen? Was redest du da? Doktor Bergen ist in New York und ich bin in Ohio, falls du das vergessen haben solltest.«

»Na gut, dann geh eben zu jemand anderem. Aber wir haben ein echtes Problem, wenn du jedes Mal ausflippst, wenn ich etwas mit einer Kollegin bespreche«, sagte er in sehr professionellem Ton.

»Sylvia ist keine Kollegin! Sie ist auch meine Freundin, und sie saß viel zu dicht neben dir!«

»Gemäß deiner gestörten Wahrnehmung«, sagte er laut und in scharfem Ton.

Ich senkte den Kopf und spürte, dass ich im nächsten Moment losheulen würde.

»Verdammt noch mal, Josiah, warum schreist du mich jetzt auch noch an? Ich bin sowieso schon so fertig«, sagte ich und weinte tatsächlich.

»Ich weiß es nicht. Ich weiß es wirklich nicht«, sagte er und trat vor seinen Kleiderschrank, um sich sein Hemd auszuziehen.

Ich nahm all meinen Mut zusammen und beschloss, die Situation ein wenig zuzuspitzen, nur um zu sehen, wohin das führen würde.

»Na gut, Josiah, wenn ich so verdammt verrückt bin und angeblich überreagiere, dann schwör mir bei den Jungs, dass du nicht in Sylvia verliebt bist!« Ich schrie schon fast und fühlte mich wie in einem Kinofilm, als ich das sagte. Wenn die weibliche Hauptrolle in Filmen so ein Ultimatum stellt, dann erhält sie für gewöhnlich die gewünschte Antwort. Ich kam mir ein bisschen lächerlich vor, ließ der Sache aber trotzdem ihren Lauf. Er fuhr herum und stand jetzt im Türrahmen zum begehbaren Schrank und brüllte: »Diese Ehe ist vorbei!«

Ich war sprachlos. Er drehte sich um und ging in die Ankleide zurück.

»Was um Himmels willen war das denn?«, sagte ich, als hätte mir jemand ins Gesicht geschlagen. Anscheinend wollte er auch seine theatralischen Fähigkeiten unter Beweis stellen. Oder meinte er etwa, was er gerade gesagt hatte?

»Ich denke nur, dass wenn du mich so etwas beim Leben meiner Kinder schwören lässt, dann muss sich unsere Ehe in einem derart ruinösen Zustand befinden, dass sie in tödlicher Gefahr schwebt«, sagte er mit vernichtender Förmlichkeit.

Von diesem Zeitpunkt an begann Josiah übrigens, sich in unseren Auseinandersetzungen eines sehr gewählten Vokabulars zu bedienen. Ich verstand ihn nur selten und bat immer um Erläuterungen.

Nun saß ich auf dem Bett und weinte heftig. Als er ins Bad ging, folgte ich ihm.

»So was kannst du doch nicht sagen. Das meinst du doch nicht«, sagte ich, während er nach seiner Zahnbürste griff.

»Es tut mir leid, Isabel, aber ich denke nun mal, was heute passiert ist, wirft ein sehr schlechtes Licht auf den Zustand unserer Ehe.« Ich setzte mich auf den Rand der Badewanne.

»Du bist ein Arschloch«, sagte ich.

»Wenn du jetzt mit Beschimpfungen anfängst, müssen wir diese Unterhaltung beenden«, sagte er.

»Aber das bist du«, schrie ich. »Wie kannst du es wagen, mir mit dem Ende unserer Ehe zu drohen?!«

»Lass uns schlafen gehen. Es ist schon spät und du hast was getrunken«, sagte er.

»O mein Gott, ich wünschte, ich wäre betrunken«, sagte ich.

Und dann begann James zu weinen, und ich musste ihn beruhigen gehen, damit er wieder einschlief. Als ich zurückkam, hatte Josiah sein Licht ausgemacht und war bereits eingeschlafen.

22.

Als ich am nächsten Morgen aufwachte, hatte ich zwei Sekunden lang den Streit vom Abend zuvor vergessen. Als er mir wieder einfiel, verschlug es mir kurz den Atem. Ich war allein im Bett. Josiah hatte die Jungs zum Frühstücken mit nach unten genommen. Ich wollte nicht mehr wütend sein – und ich war auch nicht mehr wütend, sondern besorgt. Wie sehr ich mir wünschte, alles ungeschehen zu machen, sodass es wieder gut wäre. Wir hatten in der Vergangenheit schon schlimme Streits erlebt, aber uns immer wieder gefangen und vorgenommen, das nicht mehr zu tun. Dabei hatten wir es geschafft, schnell wieder zur Tagesordnung überzugehen. Als ich in die Küche kam, wusste ich sofort, dass die Lage unverändert war. Der Mut verließ mich, als Josiah sich nicht umdrehte, während ich die Jungs begrüßte.

Wir brachten das Frühstück hinter uns und versuchten, die Kinder nicht merken zu lassen, was vor sich ging, aber wie hätte Wallace die Anspannung nicht spüren sollen? Josiah hantierte viel mit dem Geschirr, während er uns den Rücken zudrehte, und ich erzählte den Jungs, wie viel Spaß wir auf dem Bauernmarkt in Cleveland haben würden. Es war, als würden wir einen vereisten Berg hinunterrutschen. Man denkt, man würde sich wieder fangen und stehen bleiben können, denn wie konnte ein Erwachsener überhaupt einen Hügel hinunterrutschen? Doch das Eis kann einen besiegen, und vielleicht hat man auch die falschen Schuhe an. Wir rutschten jedenfalls, fanden nirgends Halt, und ich konnte es nicht fassen. Ich konnte es einfach nicht fassen.

»Kommt Sylvia zu uns?«, fragte ich.

»Ja, ich glaube schon. Alle treffen sich doch hier, damit wir gemeinsam losfahren können«, sagte er.

»Muss sie bei uns im Auto mitfahren?«, sagte ich.

»Nein«, sagte er.

Sylvia kam tatsächlich. Wallace und James hatten gerade Vitaminpillen aus dem kleinen Bioladen bekommen, die wie Bonbons aussahen und auch so schmeckten. Als Sylvia an die Küchentür klopfte, stürmten die beiden los, um ihr aufzumachen und wedelten ihr mit den Dingern vor der Nase herum. Sie brachten sie dazu, zwei davon zu essen.

Sie sprach mit den Jungs wie jemand, der keine Kinder

hat, und wirkte verlegen, übertrieben höflich. Ich hätte diese Vitamine niemals gegessen, aber sie tat es, weil sie sichtlich unsicher war. Das zu beobachten, gab mir Sicherheit. Sollte ihr ruhig unbehaglich zumute sein, wenn sie unsere Kinder ansah. Wenn die Institution Ehe ihr schon nichts bedeutete, dann musste sie verdammt noch mal doch wenigstens Respekt davor aufbringen, dass wir zwei Kinder miteinander hatten.

Sylvia fuhr bei Secca und Ward mit. Wir bestiegen die Autos und fuhren aus unserer Kleinstadt nach Cleveland. Im Auto hörten wir eine CD von Dan Zanes mit einer herzzerreißenden Version von *Shenandoah*. Dan Zanes hat es geschafft, Kindermusik zu machen, die nicht wie das übliche süßliche, alberne Zeug ist, das man als Erwachsener kaum erträgt. Seine Stücke sind so raffiniert und lebensfroh, dass man gar nicht genug davon hören kann. Viel mit Banjos und Geigen. In jenem Herbst hörten wir dauernd dieses eine Album. Und selbst als schon klar war, dass wir die Kurve nicht kriegen würden, sangen Josiah und ich immer noch gemeinsam den Text von *Shenandoah* mit, wenn wir mit unseren Söhnen im Auto fuhren.

»Ich denke, du solltest dich bei Sylvia entschuldigen«, sagte Josiah, nachdem wir schon zwanzig Minuten unterwegs waren. Es war der erste Satz, den er an mich richtete, seit wir das Haus verlassen hatten.

»Was soll ich denn sagen?«, fragte ich.

»Sag ihr, wir hätten Probleme mit unserem Zeitmanagement und dass dein Ausbruch nichts mit ihr zu tun hätte. Und dass es dir leid tut«, meinte er.

Ich warf einen Blick nach hinten auf die Jungs, die beide interessiert auf die Felder hinaussahen.

»Na gut«, sagte ich. »Aber wird es nicht seltsam wirken, das Ganze jetzt noch mal aufzukochen?«

»Nein, ich glaube, sie fühlt sich sehr unbehaglich, also solltest du die Initiative ergreifen und dich entschuldigen. Ich weiß auch nicht, ob es funktionieren wird, aber mir scheint … Ach, mir tut es einfach leid, dass sie in unsere ganze Scheiße mit hineingezogen wird.«

Ich fand nicht, dass wir überhaupt in irgendeiner Scheiße steckten, und wann hatte er wohl von ihr erfahren, dass sie sich unbehaglich fühlte? Zugleich wollte ich aber unbedingt, dass er mir wieder wohlgesonnen war, also nahm ich innerlich schon mal Anlauf.

Im Trader Joe's am Stadtrand von Cleveland gibt es diese kleinen Einkaufswagen für Kinder. Wallace und James wollten natürlich jeder einen, um richtig einzukaufen. Es war, als würde man in einer Zoohandlung Welpen von der Leine lassen, aber ich konnte es ihnen trotzdem nicht abschlagen. Eine Zeit lang passte ich auf sie auf und achtete darauf, dass sie nicht Unmengen Cerealien und Brot in ihre Wagen luden. Aber als ich dann Sylvia allein in dem Gang mit den Milchprodukten entdeckte, überließ ich die Kinder sich selbst, um das mit der Entschuldigung hinter mich zu bringen. Josiah war zu den edlen Biotees verschwunden und ignorierte seine beiden herumstromernden Kleinkinder ebenso wie seine Ehefrau und seine »Freundin«, die gerade bei der Crème double stand. Sylvia riss vor Schreck die Augen auf, als sie mich kommen sah. Tief durchatmen, ermahnte ich mich selbst.

»Hey, ich wollte mich nur für mein Ausflippen gestern entschuldigen. Josiah und ich haben im Moment etwas Probleme mit unserem Zeitmanagement, aber das hat nichts mit dir zu tun«, sagte ich.

»Oh … ähm …«, murmelte sie und sah auf den Ziegenkäse in ihrer Hand hinunter. »Mir tut es auch leid – wir saßen nur über meinen Bewerbungsunterlagen, mit denen ich so wahnsinnig spät dran bin.«

»Ja … also, ich hätte mich nicht so echauffieren sollen. Manchmal bin ich eben sehr aufbrausend. Es war alles mein Fehler«, sagte ich.

»Mach dir darüber keine Gedanken.«

»Schön. Wo bewirbst du dich eigentlich?«

»Ach, das habe ich mir noch gar nicht richtig überlegt … Ich bin einfach dermaßen hinterher …«, sagte sie voller Selbstvorwürfe.

»Okay, dann solltest du dich wohl besser ranhalten, was?«, sagte ich.

»Ja, ich bin wahnsinnig spät dran«, wiederholte sie nur.

Ich machte mich auf die Suche nach Wallace und James, deren kleine Wagen bis oben hin mit vegetarischen Bratlingen und Orangen gefüllt waren. Beide platzten fast vor Stolz, als sie mich kommen sahen.

An jenem Abend ging ich in eine Aufführung, die eine meiner Studentinnen produziert hatte. Außerdem hatte sie Regie geführt und spielte auch selbst mit. Sie war eine radikale brünette Lesbe, die aussah wie das nette Mädchen von nebenan, mich aber immer wieder mit radikalem Lesben-Talk über Lecktücher und Fisting schockte. In dem Stück ging es ums Ritzen. Ich hatte davon noch nie gehört, was wieder einmal bewies, dass ich eben eine Generation älter war als meine Studenten. So wie unsere Eltern zwar wussten, dass manche Mädchen sich nach dem Essen übergaben, das Wort Bulimie aber noch nie gehört hatten, bis es ein Thema in der öffentlichen Diskussion und in den Schulen wurde. Heranwachsende ritzen sich, wenn sie deprimiert sind oder sich alleine fühlen. Dazu benutzen sie Rasierklingen, mit denen sie sich in die eigene Haut schneiden. Das gibt ihnen das Gefühl, lebendig oder selbstbestimmt zu sein. Es ist ein Selbstverstümmelungsproblem, das ziemlich viel Betroffenheit und Besorgnis auslöst und scheinbar im ganzen Land verbreitet ist. Ich ging allein zu der Aufführung, und Josiah blieb zu Hause bei den Jungs.

Das Stück wurde in einem Blackbox-Theater namens Hole gespielt. Fast meine gesamte Klasse war vertreten. Anfangs hatten meine Schüler ja ziemliche Vorbehalte gehabt. Da kam diese junge Blondine vom Fernsehen und brachte sie zum Heulen und dazu, sich ihren schlimmsten Befürchtungen oder verwegensten Hoffnungen zu stellen. Aber im Laufe der Zeit waren wir miteinander warm geworden. Das spürte ich daran, dass die Mädchen mich bezüglich ihrer Haarfarbe um Rat fragten und die Jungs mich aufzogen und Gillmonster nannten. Wie ich bald erfuhr, handelte es sich dabei um eine fiese Riesenechse. Trotzdem glaube ich, dass sie diesen Spitznamen nett meinten. Dass sie mich wirklich ins Herz geschlossen hatten, merkte ich daran, dass ich zum Professors' Beer eingeladen wurde. Im Studentenzentrum gibt es eine Campusbar, in die jeden Donnerstag ab fünf Dozenten von ihren Schülern eingeladen werden können, um ihrer Klasse Bier zu spendieren und es gemeinsam zu trinken. Das bedeutet eine große Ehre.

Ich war froh, aus dem Haus zu kommen und Josiah und die Kinder zurücklassen zu können. Denn nachdem wir von dem Bauernmarkt zurück waren, war Josiah den ganzen restlichen Tag so still und distanziert gewesen, dass ich mir gewünscht hatte, er würde lieber in sein Büro gehen. Das hatte er schließlich auch für ein paar Stunden getan, bis ich wegen des Theaterstücks wegmusste.

Die Aufführung bestand hauptsächlich aus Selbstzeugnissen über das Ritzen, die ganz in Schwarz gekleidete Studenten verlasen. Es war schwer zu ertragen und traurig. Wer hätte gedacht, dass derart viele Kinder so verzweifelt waren, dass sie Stunden damit verbrachten, sich selbst diese haarfeinen Schnitte zuzufügen. Ich dachte an meine Söhne und hoffte, dass ihnen solche Zerrissenheit beim Erwachsenwerden erspart bliebe, aber die meiste Zeit über musste ich an Josiah denken. War er vielleicht auch deprimiert und veranstaltete seine eigene Version von Ritzen, indem er mit dem Feuer in Form einer Affäre mit Sylvia spielte? Hatte ich einen wichtigen Teil seiner Persönlichkeit, der anerkannt werden wollte, missachtet? Verletzte er etwas so Kostbares wie seine Familie, um mich darauf aufmerksam zu machen? Diese Teenager schrien nach Aufmerksamkeit und Liebe. Tat Josiah das vielleicht auch? Hatte ich etwas versäumt? Ich hielt es zumindest für möglich. Schließlich wusste ich ja, dass er ein eher düsterer Typ war, aber ließ ich ihn diese Seite jemals ausleben? Oder erstickte ich ihn? Benahm ich mich wie autoritäre Eltern, die ihre Kinder ihre Freunde nicht selbst wählen lassen? Ein Bild begann sich zusammenzufügen. Ehen durchlaufen Krisen, wenn es Probleme mit der Kommunikation gibt, aber diese lassen sich überwinden. Vielleicht hatte ich dieses Theaterstück gebraucht, damit es mir die Augen öffnete. Vielleicht war Josiah immer missverstanden worden, weil er nach außen eine bestimmte Figur abgibt, obwohl es in seinem Innern ganz anders aussieht. Ich sah meine Chance, ihm zu beweisen, dass ich endlich begriffen hätte. Dass ich bereit war, auch sein Inneres anzuerkennen. Dass er weder sich noch mich verletzen musste, um die nötige Aufmerksamkeit zu bekommen. Ich würde ihn annehmen, wie er war.

Ich gratulierte der Truppe und beeilte mich, nach Hause zu kommen. Die Fußwege waren dunkel, und die Luft fühlte sich schneidend kalt an, aber ich lief trotzdem schneller. Zu Hause rannte ich noch im Mantel nach oben. Josiah hatte sich auf seiner Seite des Bettes fest zusammengerollt. Auf meiner Seite hatte er die Nachttischlampe angelassen.

»Bully«, flüsterte ich.

Er öffnete die Augen, setzte sich aber nicht auf.

»Wie ist der Abend gelaufen?«

»Gut. Die Jungs waren gut drauf. James ist nur einmal aufgewacht.«

»Bully, das Stück handelte von Ritzern und hat mich sehr nachdenklich gestimmt. Warst du jemals ein Ritzer?«, sagte ich.

»Nein«, sagte er.

»Also, wie auch immer – das ist gut, aber ich habe nachgedacht. Vielleicht war ich dir gegenüber nicht so aufgeschlossen … Weißt du, was ich meine?«, sagte ich.

Er antwortete nicht.

»Ich meine, ich möchte dich kennen und akzeptieren und alles lieben, was deine Persönlichkeit ausmacht«, sagte ich.

Er sagte auch dazu nichts.

»Dieses Stück, es war so schrecklich. Ich meine, es war gut gespielt, aber es war auch so traurig, dass diese Kids sich in einer Welt gefangen fühlen, zu der sie keinen Bezug entwickeln können, sodass sie sich die Arme zerschneiden. Das hat mich auf den Gedanken gebracht, dass jeder Mensch in seinem Leben so viel durchmacht und sich manchmal so alleine fühlt. Wir werden das hinkriegen. Es tut mir leid, dass wir so in die Bredouille geraten sind. Aber Menschen müssen eben manchmal durch schwere Zeiten, so wie diese Ritzer, aber dann kann auch alles wieder in Ordnung kommen. Wir können das. Ich liebe dich«, sagte ich. Ich streichelte sein Haar.

»Bully, ich bin so müde. Ich bin auch froh, dass du das Stück gesehen hast, aber können wir vielleicht morgen darüber sprechen?«, sagte er.

»Okay, okay«, sagte ich.

Ich war voller Hoffnung. Wir würden das durchstehen. Ich nahm noch ein Bad und legte mich dann auch schlafen.

23.

Nachts war ich wieder mehrmals wegen James auf, und so ließ Josiah mich am nächsten Morgen ausschlafen. Es war Sonntag. Immer diese verhängnisvollen Sonntage, aber als ich aufwachte, hatte ich das Gefühl, es könnte ein normaler Tag werden. Ich hörte, dass die Jungs im Wohnzimmer fernsahen, und ich roch Waffeln, mit denen sie gerade fertig sein mussten. Als ich schon fast die Treppe hinunter war, entdeckte ich Josiah in der Bibliothek in einem Schaukelstuhl sitzen, den ich ihm einmal geschenkt hatte. Es war ein ziemlich niedriger, kleiner Stuhl. Meine Mutter und ich hatten ihn auf einer Auktion in Maine gekauft. Ich hatte eine Decke mit Schottenkaro darüber geworfen, die eine Freundin mir vor Jahren einmal von einer Reise nach Schottland mitgebracht hatte.

Josiah saß also in dem Schaukelstuhl und hatte den Kopf in die Hände gestützt. Bis auf die Geräusche der *Sesamstraße* aus dem Nachbarzimmer war es still. Ich ging in die Bibliothek und kniete mich vor ihn. Er sah mich an und weinte. Dann verzog er den Mund und presste die Augen zusammen. Er ließ den Kopf wieder hängen, diesmal fast bis auf seine Knie hinab und begann hemmungslos zu schluchzen. Dabei zitterte er am ganzen Leib. Ich kannte dieses Weinen. Es war das Weinen von jemand, dem es das Herz bricht.

»Nein, nein, nein, Bully. Was immer du hast, hör auf zu weinen«, sagte ich.

Daraufhin schluchzte er nur noch heftiger.

»Bitte, Baby. Tu nicht, was du da vorhast. Hör auf – wir werden das hinkriegen. Bitte, Josiah.«

»Neeeein«, stöhnte er. »Nein, das werden wir nicht.« Er brachte die Worte kaum heraus. »Werden wir nicht. Ich schaff das nicht. Ich schaff das nicht.«

»Was? Was schaffst du nicht?«, sagte ich. Ich weinte jetzt auch.

»Ich kann das nicht. Ich kann das nicht. Ich kann einfach nicht«, heulte er.

»Doch, du kannst. Bitte, Baby. Hör auf«, sagte ich.

Aber er war fort. Ich wusste, dass es so war. Er würde mich verlassen, und an seinem Weinen erkannte ich, dass er auch nicht zurückkommen würde. Er hatte eine Grenze überschritten, und ich war auf der anderen Seite zurückgeblieben. Er hatte einen Entschluss gefällt, und der brach ihm das Herz. Es war der 6. Oktober. Ich werde ihn nie wiedersehen, dachte ich. In diesen fünf Minuten verlor ich meinen Ehemann. Das wusste ich so sicher wie damals, als ich ihn auf der nebligen Hochzeit in Maine fand.

Zweiter Teil

Bully

24.

An der Musik war zu hören, dass die *Sesamstraße* gerade zu Ende ging, und das riss mich aus dem heraus, was gerade in der Bibliothek mit Josiah geschah. Um nach den Kindern zu sehen, ging ich hinüber.

Ich war wie vor den Kopf gestoßen und fühlte mich so verloren, dass ich nicht wusste, was ich tun, oder auch nur, wo ich hinschauen sollte. Nur in einem Punkt war ich mir sicher: Ich musste die Kinder von mir fernhalten. Ich kam mir vor wie ein abgehackter Arm, der noch nicht zu bluten begonnen hat. Wenn es mir gelänge, die Kinder aus dem Haus zu haben, bevor es zu bluten begann, ginge es mir besser. Josiah war bereits angezogen. Er konnte mit den Jungs irgendwohin fahren. Ich war noch im Nachthemd und konnte das nicht.

»Fahr mit den Jungs nach Carlyle«, sagte ich. Er nickte und begann die Kinder fertig zu machen. Ich half ihm und suchte mechanisch nach Socken, Stiefeln und Pullovern. Außerdem füllte ich Trinkflaschen mit Saft und Plastikboxen mit Käsewürfeln.

»Nimm den Hund auch mit«, sagte ich. Wenn er die Katzen hätte mitnehmen können, hätte ich ihn auch darum gebeten. Ich musste allein sein. Und ich wollte kein einziges Lebewesen um mich haben.

»Sie wird im Auto aber frieren«, sagte Josiah.

»So kalt ist es nicht. Nimm sie einfach mit«, sagte ich.

Die Kinder wollten, dass ich mitkam, aber ich konnte nicht. Ich hätte nicht einmal ins Auto einsteigen können. Das war kein Tag wie jeder andere. Alles fühlte sich anders an, und dabei war ich gerade mal seit einer halben Stunde wach. Plötzlich fühlte ich mich nicht mehr wie mit Josiah verheiratet. Wie war das möglich? Wie konnte so etwas passieren?

Kinder in die Autositze. Vorne Josiah und der Hund. Er sah mich mit zusammengepressten Lippen an und nickte nur. Als wäre er der Milchmann auf seiner Tour durchs Viertel.

Ich wandte mich um und wollte, immer noch im Nachthemd, zurück ins Haus.

Was passiert da, was passiert da? Dieser Satz echote in meinem Kopf. Ich dachte ihn ruhig und noch emotionslos. Diese Worte waren alles, was ich denken konnte.

»Hast du mal ein bisschen Zeit für dich?« Das war mein Nachbar Randall, der Tanzlehrer. Er hatte Josiah und die Kinder offenbar gerade wegfahren sehen.

Josiah verlässt mich!, hätte ich am liebsten zurückgeschrien. Aber das tat ich nicht. Ich lächelte nur, nickte ihm zu und hielt einen Daumen hoch.

In der Küche war es warm, aber es herrschte ein ziemliches Durcheinander. Ich begann die Teller abzuräumen und stellte den Orangensaft in den Kühlschrank.

Was passiert da, was passiert da? Ich räumte die Spülmaschine ein, wischte die Arbeitsplatten ab, rückte die Stühle gerade, füllte frisches Wasser in die Blumenvase auf der Küchentheke.

Was passiert da, was passiert da?

Dann kochte ich mir einen Tee. Josiah hatte einen Teil der Arbeitsplatte dafür eingerichtet, dass man sich dort jederzeit eine Tasse oder eine Kanne Tee zubereiten konnte. Sorgsam füllte er die Zuckerdose immer wieder auf, sorgte für einen ausreichenden Teevorrat und stellte Becher und Tassen in Reichweite. Das war wie ein Starbucks en miniature.

Ich nahm mir den Tee mit hinauf und ließ ihn abkühlen, während ich duschte. *Was passiert da, was passiert da?*

Danach zog ich mir eine Jeans und ein langärmeliges T-Shirt an, setzte mich auf das ungemachte Bett und bürstete mir die Haare. Schließlich machte ich das Bett und nahm meinen Tee mit nach unten in die Bibliothek.

Was passiert da, was passiert da?

25.

Ich setzte mich an den großen Schreibtisch, der einst in der Bibliothek des Hauses in Florida gestanden hatte, in dem Josiah aufgewachsen war. Dort fiel mein Blick auf das gerahmte Foto von Josiah, mir und seinem Sohn Ian an einem Strand. Bis vor vier Wochen, als Josiah alle Fotos im Badezimmer aufgehängt hatte, war dies das einzig sichtbare gerahmte Foto im Haus gewesen.

Auch während ich es ansah, blutete ich nicht – noch nicht. Das passierte erst, als ich zum Hörer griff und Bess anrief. Bess ist meine beste und älteste Freundin. Sie ist wie meine Schwester. An sie denke ich immer als Erste. Wir sind gegenseitig Patinnen unserer Kinder. Damals lebte sie mit ihrem Mann und zwei Kindern, eines davon ein paar Monate jünger als James, in New York. Ich würde sie zu Tode erschrecken. Bestimmt war sie übers Wochenende bei ihren Eltern auf dem Land. Aber ihre Mutter

Bea würde in der Sekunde, in der sie meine Stimme hörte, wissen, dass etwas passiert war. Ich wählte.

»Hallo-ooh.« Bea klingt, wenn sie sich am Telefon meldet immer so, als würde sie jodeln.

»Tante Bea«, sagte ich, und meine Stimme brach. Die Blutung stand unmittelbar bevor.

»Izzle? Was ist los?«, sagte sie.

»Ähm. Ich weiß nicht so genau, aber ich glaube, ich muss Bess sprechen«, sagte ich.

»Okay, bleib dran, sie ist mit Blix im Hühnerstall. Bleib dran, bleib dran«, sagte sie liebevoll. Ich glaube, die meisten Menschen spüren sofort, wenn etwas nicht in Ordnung ist. Irgendwie sind wir doch alle instinktgesteuert.

Tante Bea legte den Hörer weg und ich hörte, wie sie Bess' Vater bat, sie zu holen. Ich blieb am Apparat und schaute zum Fenster hinaus. Da draußen stiegen meine Nachbarn, der Tanzlehrer Randall und seine Frau, gerade ins Auto, um irgendwohin zu fahren.

»Izzle?« Bess klang bereits besorgt.

Und dann blutete ich. Ich holte tief Luft, öffnete den Mund und heulte los. Ich weinte und weinte. Ich brachte kein Wort heraus. Ich schnappte nach Luft und hustete sie wieder aus. Mein ganzes Gesicht und die obere Hälfte meines T-Shirts waren bereits nass. Dann legte ich den Kopf auf die Tischplatte und schluchzte in den Hörer.

»Was ist passiert? Etwas mit den Jungs? Was ist los?«, sagte sie und klang schrecklich alarmiert.

»Josiah verlässt mich.« Ich weinte und weinte immer weiter.

»Was? Nein. Izzle, Izzle, beruhige dich. Es ist nur ein schlimmer Streit. Josiah würde dich nie verlassen. Mach dir keine Sorgen, mach dir keine Sorgen. Es ist bestimmt nur ein Streit«, versuchte sie, mich zu besänftigen.

»Nein. Nein. Er macht es. Das ist was anderes. Er verlässt mich. Er hat es mir praktisch schon gesagt«, sagte ich immer noch außer mir.

»Was ist denn passiert?«, fragte sie.

»Die ganze Woche war schon so seltsam wegen dieser Sylvia«, sagte ich.

»Du meinst deine neue Freundin?«, sagte sie.

»Ja, aber ich weiß auch nicht. Irgendwas passiert da – ich kann's nicht erklären. Wir sind in einen Streit geraten, und der hörte nicht auf, und ich verstehe es nicht einmal, aber jetzt verlässt er mich, Bess, ich weiß es. Er sagt nur: ›Ich kann nicht, ich kann nicht …‹« Ich schluchzte auf.

»Wo ist er jetzt?«, fragte sie.

»Mit den Jungs im Naturpark. Er ist gerade erst weggefahren«, sagte ich.

»Mach dir keine Sorgen. Das ist nur ein Streit. So was kann auch mal ausarten«, sagte sie.

»Bess, das ist etwas anderes. Ich weiß auch nicht, warum, aber ich weiß es einfach. Ich habe ihn heute Morgen im Schaukelstuhl sitzen und weinen gesehen, und als ich ihn beruhigen oder trösten wollte, da habe ich es in seinen Augen gesehen. Er hat mich verlassen. Es ist, als wäre er schon weg.« Ich begann wieder zu weinen.

»Ach meine Izzle. Hast du einen Tee?«

»Ja. Aber er ist kalt.«

Mir fiel ein, dass ich meine Eltern anrufen musste.

»Bess, ich muss meine Eltern anrufen«, sagte ich.

»In Ordnung. Ich bin jedenfalls hier. Ich bin den ganzen Tag über hier.«

»Ich hab dich lieb, Bess.«

»Ich dich auch, Izzle. Du wirst sehen, alles kommt wieder in Ordnung.«

»Okay«, sagte ich wie eine Fünfjährige. Damit legten wir auf.

Dann dachte ich an meine Eltern. Wollte ich das publik machen? Wollte ich es offen aussprechen? Würde es dann realer werden? Was, wenn ich es ihnen sagte und Josiah zurückkäme und sagen würde, er hätte nur einen ganz unbedachten Scherz gemacht, alles sei in Ordnung? Aber das würde nicht passieren, dachte ich, weil ich es tief in mir spürte. Es fühlte sich absolut real an. Das Kind war bereits in den Brunnen gefallen. Es fühlte sich an, wie etwas, das man weiß, weil man es eben weiß. Ich nahm das Telefon zur Hand und wählte die Nummer des Apartments in New York.

Meine Eltern wohnen schon mein ganzes Leben lang in dieser Wohnung. Als ich aus dem Krankenhaus entlassen wurde, brachten sie mich dorthin. Es ist ein klassisches Upper West Side Apartment am Central Park. Die Fenster des Wohnzimmers und des Elternschlafzimmers bieten einen Blick über den Park und den Reservoir-See bis hin zur Fifth Avenue. Eine fantastische Wohnung. Während ich am Schreibtisch in der Bibliothek saß, konnte ich mir genau vorstellen, was dort gerade passierte. Meine Mutter wäre soeben vom Markt zurück und würde dabei sein, meinem Vater ein Mittagessen zuzubereiten. Das würden sie dann im Wohnzimmer zu sich nehmen. Da es Sonntag war, würden sie sich zu ihrer Suppe und den Sandwiches vielleicht ein Bier teilen. Die Sonne würde ins Zimmer scheinen und mein Vater würde in seinem Lieblingssessel die Zeitung lesen. Neben sich den Maine-Coon-Kater Arlo. Ich konnte die Ruhe spüren und kam mir vor wie in einem Kampfjet, der eine Megabombe auf eine nichts ahnende Stadt abwirft und das Leben der Menschen dort bis in alle Ewigkeit zerstört.

Ich wartete.

»Hallooo?« Auch meine Mutter klang ein wenig, als würde sie jodeln.

»Hi, Mama«, sagte ich und klang immer noch wie eine Fünfjährige. Ich wusste wirklich nicht, wie ich es aussprechen sollte.

»Guten Morgen, Lula! Daaaaadddaaaaaa, es ist Ischiiiii«, rief sie. »Bleib dran, Schatz, Dad kommt schon«, sagte sie. Die beiden müssen immer gemeinsam telefonieren, wenn eines ihrer Kinder anruft.

Ich wartete.

»Hi, Lula!«, sagte Dad fröhlich. Er ist immer fröhlich.

»Hi«, sagte ich kleinlaut.

Ich holte tief Luft und dachte noch, ich werde nicht weinen, aber dann ging es auch schon los. Wenn auch nicht so heftig wie bei meinem Telefonat mit Bess.

»Ich glaube, Josiah verlässt mich. Da ist irgendwas im Gange, und ich weiß gar nicht, was wirklich passiert, aber ich glaube, er wird mich und die Jungs verlassen.« Es schockierte mich selbst, dass ich die Kinder miteinbezog, und schon begann ich ins Telefon zu schluchzen.

Meine Mutter schwieg. »Nun, dann nimmst du die Jungs, kommst nach Hause und wohnst bei uns«, sagte mein Vater, ohne auch nur einen Augenblick zu zögern. Er sagte das, als hätte er gewusst, was ich ihnen berichten würde.

»Ishel, was ist denn passiert?« Meine Mutter klang sehr zärtlich.

»Ich weiß nicht … Aber warte mal, Dad, ich …« Ich wollte ihm sagen, dass sein Angebot nicht nötig sei. Wir konnten uns einfach nicht trennen. Ich sollte allein mit den Jungs nach New York City ziehen? Das klang verrückt. Aber dann dachte ich mir, ja, wir konnten uns trennen und dann würde ich irgendwo leben müssen, und der einzige Ort, an den ich könnte, wäre die Wohnung meiner Eltern. Aber das war zu viel für mich und ich begann erneut zu weinen.

»Okay, mein Gott. Lula, jetzt mal der Reihe nach. Wo sind die Jungs jetzt?«, sagte Dad.

»Mit Josiah im Naturpark«, sagte ich.

Da fiel mir plötzlich ein, dass es dort im Moment eigentlich nichts zu erleben gab und ich vielleicht besser mit Telefonieren Schluss machen sollte.

»Wisst ihr was? Ich denke, ich sollte mich erst mal beruhigen. Vielleicht ist es ja doch nicht so schlimm, wie ich jetzt denke ... Es war ein Scheißwochenende. Ich werd einfach abwarten und sehen, wie der Tag heute weitergeht und euch später noch mal anrufen, okay? Ich wollte es euch nur einfach sagen, weil ich es euch eben sagen wollte«, sagte ich.

»Ach, mein armer Schatz«, sagte meine Mutter. »Heute ist Sonntag. Hast du ein Bad genommen? Und dir eine Tasse Tee gemacht?« Ihre zwei Allheilmittel gegen den Blues und alles andere. Ich konnte ihre Sorge durchs Telefon spüren.

»Ja. Ich ruf euch später wieder an.«

Und dann beendeten wir das Gespräch. Ich konnte mir ihre besorgten Gesichter genau vorstellen, die sie machten, als sie sich zwei Sekunden später im Wohnzimmer trafen, nachdem sie jeder ihr Telefon aufgelegt hatten. Mein Gott, es war ein Albtraum.

Ich saß da und spürte zwar die Hysterie, die in der Luft lag, aber gleichzeitig spürte ich auch ganz klar und deutlich die Enttäuschung über mich selbst. Ich hatte immer dieses herrliche Vorbild einer Ehe vor Augen gehabt. Meine Eltern lieben sich. Manchmal läuft etwas verkehrt, dann haben sie, was sie »Mr. and Mrs.« nennen (eine große Meinungsverschiedenheit), aber ansonsten unterstützen sie einander, respektieren sich und behandeln einander freundlich. Mir war das in meiner eigenen Ehe nicht gelungen. Mein Mann verließ mich, egal, ob das nun von ihm ausging, ob es allein an mir oder auch an uns beiden lag, jedenfalls würde ich keine Ehe wie meine Eltern führen. Obwohl ich mir genau das gewünscht hatte, seit ich ein kleines Mädchen war. Das war einfach furchtbar enttäuschend.

26.

Josiah musste mit den Jungs irgendwo unterwegs Mittag essen gewesen sein, denn als sie nach Hause kamen, war es bereits Zeit für ihren Mittagsschlaf. Gott sei Dank, dachte ich. Bis jetzt ging ich damit um, als würden mein Freund und ich uns trennen und als hätte ich keine Kinder. Sobald mir bewusst wurde, dass ich auch Mutter war, setzte es irgendwie aus, und ich konnte keinen klaren Gedanken mehr fassen. Josiah und ich legten die Kinder ins Bett. James schlief bereits, als ich ihn zu unserem Stillsessel trug. Er sah aus wie ein kleiner Engel mit Ketchup auf den Wangen. Ich schob einen Finger durch die kleine Locke unter seinem Ohr und hielt mich quasi an ihm fest. Niemand konnte James verlassen, dachte ich. Ich legte ihn in sein Bettchen, und bevor ich die Tür schloss, hörte ich ihn so tief seufzen wie jemand, der jetzt wirklich tief einschläft. Ich hoffte, er würde vier Stunden schlafen. Josiah las Wallace in seinem Bett *Horton hört ein Huh!* vor. Wallace lutschte am Daumen und sah aus, als würde er auch gleich einschlafen. Wie gut. Ich wünschte mir, ich hätte auch einschlafen können. Ich wünschte, wir hätten wie das ganze Königsschloss in Dornröschen alle in einen hundertjährigen Schlaf fallen können, bis der Prinz kommen und das schlafende Dornröschen im Turm wieder wachküssen würde. Was wäre, wenn ganz Oberlin im Schlaf versinken und erst wieder aufwachen würde, nachdem Josiah zur Besinnung gekommen war und mich küsste?

Ich wartete, bis Josiah das Zimmer von Wallace verließ und folgte ihm dann nach unten. Er steuerte schnurstracks auf den Platz zum Teekochen zu. Ich ließ mich auf dem Fenstersitz nieder.

»Bully«, sagte ich. »Bully.«

Er sah mich nicht an. Der Ausflug mit den Kindern hatte vielleicht seine Meinung geändert. Ihn möglicherweise aus seiner Agonie gerissen.

»Möchtest du eine Tasse Tee?«, fragte er. Gutes Zeichen, dachte ich.

»Ja, bitte«, sagte ich. »Bully?«, versuchte ich es erneut.

»Isabel, ich glaube, wir sollten einander nicht mehr Bully nennen«, sagte er.

Ich begann zu weinen.

»Hey – hör zu, es tut mir leid, aber ich finde es einfach nicht passend, dass wir uns weiter so nennen«, sagte er.

Wie schafft man es nur, jemand mitzuteilen, dass man meint, man könne sich nicht mehr bei dem Spitznamen rufen, den man in den vergangenen sechs Jahren alle vier Sekunden benutzt hat?

»Hasst du mich?«, sagte ich. »Denn du bist gerade dabei, mich umzubringen.« Ich sah ihn an und hoffte, meine Tränen würden ihn umstimmen. Aber er sah mich mit dem gleichen Blick an wie morgens im Schaukelstuhl. So, als würde er mich nicht kennen. Am liebsten hätte ich es aus ihm herausgeprügelt. Wo war er nur? Wie starrten einander an. Hin und wieder holte er in drei aufeinanderfolgenden kurzen Atemzügen Luft. Es wirkte, als wolle er seine Lungen unbedingt mit Luft füllen. Wir waren beide in Panik.

»Ich gehe ins Büro«, sagte er.
»Es ist Sonntag«, sagte ich.
»Ich muss für ein paar Stunden hier raus.«
»Die Jungs werden aufwachen.«

Ich fühlte mich wie ein Teenager, und die Teenager, die ich kenne, haben keine zwei Kinder.

»Ich hatte sie den ganzen Vormittag über«, sagte er.

»Aber es ist Sonntag«, sagte ich noch einmal. Das war alles so seltsam. Warum redeten wir über unsere Kinder wie über einen Fußball, den man einander zupasste? Vielleicht würde er nicht fortgehen, wenn ich ihn an sein Leben erinnerte. Es war Sonntag, und egal, wie sehr ich diesen Tag hasste, Sonntage waren Familientage und man hatte sie bis zum bitteren Ende, also bis man zu Bett ging, durchzustehen. Das machten wir an jedem Wochenende so. Aber er schien sich nicht mehr an sein Leben zu erinnern.

Josiah packte seinen Computer und ein paar Gedichtbände in seine Segeltuchtasche und ging zur Tür hinaus. Seinen dampfenden Tee ließ er auf der Küchentheke zurück.

Da stand ich in meinem großen neuen Haus, in dem oben die Jungs schliefen. Meine Jungs, dachte ich. Ich bin allein mit meinen Jungs, und Josiah hat soeben das Haus verlassen. Als ich die Tür ins Schloss fallen hörte, verwandelte ich mich vom Teenager mit gebrochenem Herzen wieder in eine Mutter. Ich ging nach oben, wo die beiden in ihren Zimmern schliefen, und setzte mich in den Flur, in genau gleichem Abstand zu beiden. Ich holte einmal lange und tief Luft, und als ich absolut nicht mehr einatmen konnte, hielt ich den Atem an. Ich glaube, dieses Luftanhalten erstreckte sich über die folgenden zwei Monate.

27.

Ab jenem Sonntag Anfang Oktober bis zum 16. Dezember zerfiel mein Leben in drei Bereiche. Der erste war die Fortsetzung des Lebens, das wir gemeinsam begonnen hatten: Kinder, Unterricht, Haus und soziales Leben in Oberlin. Der zweite war das Zusammenleben mit meinem Ehemann, dem Vater meiner Kinder, der sich von mir entliebt hatte. Der dritte Bereich schließlich bestand in dem Bestreben herauszufinden, ob er eine Affäre mit Sylvia hatte.

Unsere Familien wurden ziemlich schnell mit hineingezogen. Freunde aus New York und von anderswo fielen aus allen Wolken, standen aber auch sogleich in Bereitschaft. Ich erinnere mich an eine gemeinsame Freundin, die von einer anderen bei einer Abendeinladung davon erfuhr und das Ganze als böswilliges falsches Gerücht abtat. »Ich bin mir sicher, dass es Josiah und Isabel gut geht, denn etwas anderes zu behaupten, wäre geradezu krank.« Wir bekamen eine Menge Anrufe, in deren Verlauf es hieß: »Das kann doch nicht wahr sein«. Viele, wenn auch, wie ich inzwischen erfahren habe, nicht alle, hatten uns für das perfekte Paar gehalten.

Mein Vater schrieb Josiah eine ziemlich harsche E-Mail, die Josiah mir zeigte. Darin hieß es, er finde es ungeheuerlich, sich zu weigern, an unserer Ehe zu arbeiten, in diesem Fall müsse er nicht ganz bei Verstand sein. Ich war überrascht von diesem Ton. Sonst geht mein Vater mit viel mehr Distanz als die meisten Menschen an Dinge heran, zieht alle Seiten in Betracht, nutzt die Mittel der Diplomatie – in unseren Kreisen ist er geradezu berühmt dafür. Er ist ein Anführertyp, und er ist klug. Es gibt jedoch einige wenige Gelegenheiten, bei denen er aufdreht.

Und wenn er beispielsweise meint, ein Unrecht sei geschehen, kann er sehr deutlich werden. Josiahs Mutter verteidigte ihren Sohn und nahm Anstoß an dem Ausdruck »ungeheuerlich«. Ich war schließlich auch Mutter und konnte verstehen, dass Eltern sich hinter ihre Kinder stellten, selbst wenn diese sich verrannten. Besagte E-Mail und auch die meisten Details unserer Krise machten die Runde. Ich fühlte mich in eine Unzahl von Richtungen zerrissen und stimmte jedem ebenso zu, wie ich ihm widersprach. Zu einem gewissen Zeitpunkt und nachdem er sich bereits ernsthaft gegen den Vorwurf meines Vaters verwahrt hatte, versuchte Josiah, die Stimmung etwas aufzulockern, indem er in Bezug auf den Mailaustausch wegen des »ungeheuerlich« vorschlug, doch Kater Arlo, der meinen Eltern gehörte, alle Schuld zuzuschieben. Das war typisch Josiah – in der schlimmsten Phase unseres Zusammenlebens einen ziemlich guten Scherz zu machen. Und genau da lag das Problem: Immer wieder schaffte er es, mich dazu zu bringen, dass ich über unseren schrecklichen Zustand lachte, obwohl ich, wie mir vorkam, selbst der Grund dafür war. Das war alles äußerst verwirrend und chaotisch. Anders als beim Hurrikan Katrina, der damals von Tag zu Tag schlimmer wütete, war dieses Unglück absolut hausgemacht.

28.

In den Kinofilmen scheint, nachdem Ehemänner oder -frauen verkündet haben, dass sie den anderen verlassen, das Leben plötzlich stillzustehen, um Platz für den ganzen Mist zu lassen, der dann folgt. Die sitzen gelassene Frau, respektive der verlassene Mann, hat dann endlos Zeit, tagelang im Bett zu bleiben, zu weinen oder sich dem Alkohol hinzugeben. Die Darstellerin zieht ihr Nachthemd dann höchstens für bedeutungsschwangere Spaziergänge durch den Central Park aus. Ich wollte auch in so einen Film. Denn in meinem echten Leben in Ohio gab es keinen Moment zum Innehalten. Der Postbote kam weiterhin, ich hatte zur Arbeit zu gehen, die Kinder mussten in ihre Spielgruppen gebracht, ernährt, gewaschen, unterhalten und geliebt werden. Wir bekamen weiterhin Einladungen zu Abendessen, das Telefon klingelte andauernd, und der Wäschekorb quoll nach wie vor über. Wenn sich überhaupt etwas änderte, dann der Umstand, dass man zusätzlich zu allem anderen damit beschäftigt war, mindestens fünfzig Verwandten und Freunden Zeit zu widmen, die verzweifelt herauszufinden versuchten, was passiert war, und über die ganze Katastrophe sprechen wollten. Das Errichten imaginärer Wagenburgen und Lagerfeuer war unvermeidlich und auch hilfreich, aber es kostete unglaublich viel Zeit, vor allem, wenn man keine Kinderfrau besaß.

Schon das Haus in Schuss zu halten, war keine Kleinigkeit. Es gab zwei Etagen, vier Schlafzimmer, eine Bibliothek, Wohn- und Esszimmer, Küche, Keller und vier Veranden. Wir hatten neue Haushaltsgeräte und eine neue Heizung einbauen sowie die elektrischen Leitungen erneuern lassen, aber das Haus war dennoch hundertzwanzig Jahre alt. Das bedeutete, es hatte so seine Tücken. Außerdem lebten vier Personen und drei Tiere darin. Noch dazu hatten wir gerade Herbst und folglich landete jedes einzelne Blatt jedes einzelnen unserer riesigen Bäume auf dem Rasen, der das Haus umgab. Das war auch etwas, dass ich beim Umzug in die Vorstadt nicht recht bedacht hatte. Es gab Rasen. Rasen, der gemäht werden musste, und zwar nicht einmal monatlich, sondern einmal pro Woche! Und das Zusammenrechen der Abertausende von Blättern ist schrecklich viel Arbeit, die erst endet, wenn es zu schneien beginnt. Dann hat man es mit einem anderen Albtraum zu tun, auf den ich jetzt nicht näher eingehen will. Ich sage nur: Schneeschaufeln.

Ich vermute, wenn man mit zwei Kindern von seinem Ehemann verlassen wird, dann versteht jeder, warum das eigene Haus sich in ein Dreckloch verwandelt und die Kinder drei Monate lang in schmutzigen Pyjamas herumlaufen. Niemand erwartet von einem, Essen zu kochen oder ein Bild aufzuhängen. Man erhält einen Freibrief für Schlamperei in jeglicher Hinsicht. Aber diesen Freifahrtschein wollte ich nicht.

Vielleicht liegt es daran, dass ich die Tochter meiner Mutter bin, und daran, wie meine Eltern sich mit zusammengebissenen Zähnen durch Katastrophen zu kämpfen pflegen. Oder vielleicht war es auch nur mein persönliches Verdrängungsprogramm. Jedenfalls hatte ich nicht vor, mein wunderschönes Haus verkommen oder meine Kinder eine Geburtstagsparty verpassen zu lassen, nur weil meine Ehe gerade den Bach runterging. Vielleicht hätte ich das tun sollen. Vielleicht hätte ich aufgeben und alles hinwerfen sollen, aber wie? Es gab immer Betten zu machen und Kinderzeichnungen aufzuräumen. Noch nie in meinem Leben war ich derart beschäftigt gewesen. Mal war es eine Fledermaus auf dem Dachboden, mal eine ausgebrannte Glühbirne in der Bibliothek. Es gab immer etwas sauber zu machen oder zu reparieren oder zu organisieren. Tief in meinem Innern spürte ich zwar die Vergeblichkeit dieses Aktionismus, denn ich wusste sehr gut, dass wir das Haus würden verkaufen müssen, nachdem Josiah sich gegen dieses Leben entschieden hatte. Aber ich liebte es trotzdem. Es bereitete mir die größte Freude, die alten Eichendielen zu ölen oder Töpfe mit Chrysanthemen links und rechts von der Haustür zu platzieren. Es war ein richtiges Zuhause, und ich wollte es auch so behandeln, egal, wie es mit uns weiterging.

29.

Unser Familienalltag zerbrach nicht, weil mein Mann plötzlich sein eigenes Leben führte. Vielmehr krachten diese beiden Realitäten andauernd aufeinander. Da war beispielsweise dieses Dinner im Ökologischen Forschungszentrum zu Ehren von Josiahs alter Mentorin aus Harvard, der Lyrikprofessorin Helen Vendler. Sie ist in Akademikerkreisen ein Star und hatte in jenem Oktober eine Woche lang Vorlesungen in Oberlin gehalten.

»Dann schätze ich mal, dass ich heute Abend nicht dabei bin, was?«, fragte ich Josiah, der sich gerade für das Mittagessen in seinem Büro ein Erdnussbutter-Sandwich machte. Das Frühstück war zu einer der wenigen Gelegenheiten geworden, bei denen wir uns noch sahen.

»Ich schätze nicht«, sagte er leise und wickelte sein Sandwich sorgsam in Wachspapier. Im Verlauf unserer Ehe hat er schätzungsweise vierhundert solcher Sandwiches gegessen.

Diese Unterhaltung mit ihm zu führen, war wirklich bizarr. Es war nämlich noch keinen Monat her, dass er mir aufgetragen hatte, für genau diesen Abend einen Babysitter zu besorgen. Helens Anwesenheit in der Stadt war eine große Sache. Er respektierte diese Frau in etwa so wie ein Stabschef den Präsidenten. Ich selbst hatte sie nie persönlich kennengelernt, allerdings hatten wir schon oft miteinander telefoniert. Zur Geburt hatte sie beiden Kindern gerahmte Gedichte geschenkt.

Es schien, dass die ganze Stadt zu diesem Event ging. Nur ich nicht. Mit Sicherheit war die gesamte Englisch-Fakultät vertreten. Ich dachte mir, es würde auffallen, wenn ich nicht käme, und das war mir peinlich. Es handelte sich um einen jener Anlässe, bei denen ich unvergleichlich stolz auf Josiah war. Es ist toll, den eigenen Ehemann so in seinem Element zu erleben, und Galadiners für Lyrikprofessoren waren eindeutig sein Element. Das Witzige ist, dass die meisten anderen Englischprofessoren tatsächlich so aussehen, wie man sich das vorstellt – leicht gammelig, mit sich lichtendem Haar, etwas linkisch. Josiah wirkte dagegen wie der Kapitän des Lacrosse-Teams oder wie ein Fotomodell. Es gab Leute, die ihn wirklich für ein Model hielten.

Es war schon lustig, dass Josiah so gut aussah und zugleich ein verschrobener Englischprofessor war. Er hatte ein bisschen was von Indiana Jones. Ich stellte mir immer vor, dass seine Studenten (männliche wie weibliche), sich vielleicht »I love you« auf die Augenlider schrieben und dann während seines Unterrichts immer mal wieder die Augen niederschlugen.

Josiah ging allein zu dem Dinner. Als die Jungs schliefen, aß ich chinesisches Fast-Food vor dem Fernseher und schaute mit schrecklich blöde Sendungen auf MTV an, die ich faszinierend fand. Katrina. Angelina Jolies Verhältnis mit dem verheirateten Brad Pitt. Die Moderatorin von E! sagte Sachen wie »Sprecher beider Stars leugnen die Gerüchte kategorisch«. Ich brüllte den Fernseher an: »Bullshit! Natürlich haben die beiden was miteinander!« Nie hätte ich gedacht, dass ich mich Jennifer Aniston jemals so verbunden fühlen würde. Ich war gerade ganz fasziniert von einer dieser Sendungen, als ich aus der Küche das Geräusch von sprudelndem Wasser hörte. Als ich hinüberlief, sah ich, dass aus der Spülmaschine, die ich eben erst eingeschaltet hatte, eine Fontäne herausschoss. Während sich das Wasser rasch über unseren nagelneuen Boden aus brasilianischem Mandelholz ergoss, dämmerte mir, dass ich in einem Haus auf dem Land lebte, das mir selbst gehörte. Es gab also keinen Hausmeister, den ich zu meiner Rettung mal eben heraufrufen konnte. Ich hatte keinen Schimmer, was ich tun sollte, und nahm nur erst einmal den Hund auf den Arm, damit er nichts von dem Seifenwasser aufschlabberte. Panisch drückte ich anschließend jeden einzelnen Knopf an der Maschine, was jedoch keinerlei Wirkung zeigte.

Verdammt verdammt verdammt! dachte ich. Die Jungs schliefen, zumindest das war sicher, und das Ökologische Forschungszentrum lag gleich die Straße hinunter. Ich setzt Plover wieder ab und stürmte zur Hintertür hinaus. Die Kinder ließ ich zurück, während das Wasser stetig weiterlief. Was, wenn die Überschwemmung einen Kurzschluss auslöste? Was, wenn sie aufwachten, herunterkamen und ertranken, weil das Wasser schon so hoch stand? Was, wenn sie aufwachten und niemand da war? Warum zum Teufel war Josiah ohne mich bei diesem Dinner? Warum wohnten wir in einem Haus, für das es keinen Hausmeister gab, den man rufen konnte? Und warum war unser nagelneuer Geschirrspüler kaputt?

Das Essen fand im ersten Stock des Gebäudes statt, der

ganz aus Glas besteht (Solarenergie – alles klar?). Während ich in meinen Mokassins die Straße hinauflief, konnte ich bereits die Englisch-Fakultät, alles, was am College Rang und Namen hatte, sowie die Ehrengäste an runden Tischen mit braunen Tischtüchern sitzen sehen. Ich suchte nach Josiah. Vielleicht sah er mich durchs Fenster und ich konnte ihm ein Zeichen geben, herauszukommen. Aber ehrlich gesagt wünschte ich mir eher einen lauten, verzweifelten Auftritt, wie er der Situation gebührte. Damit würden er und alle Leute, die wir kannten, sehen, dass es keine gute Idee war, seine Frau mit kleinen Kindern in einem großen alten Haus allein zu lassen. Damals hatte ich bereits ein paar Menschen erzählt, dass es in unserer Ehe Probleme gab. Es ist schrecklich, so etwas zugeben zu müssen, und danach hat man noch viel mehr das Gefühl, unter Beobachtung zu stehen, als das in einem Ort dieser Größe ohnehin schon der Fall ist.

Ich riss die riesige Glastür auf, sodass alle zu mir hersahen. Die Hysterie musste mir deutlich anzusehen gewesen sein, vielleicht tat ich den Leuten aber auch nur leid, weil sie aus der Gerüchteküche schon etwas erfahren hatten. Jedenfalls bekam ich viele Blicke zu spüren, wie man sie dem Hund im Zwinger zukommen lässt, den keiner haben will. Ich suchte den Raum nach Josiah ab und entdeckte ihn schließlich an einem Tisch neben Sylvia. Wie immer war er ganz ins Gespräch mit ihr vertieft.

»Josiah«, keuchte ich und bedachte Sylvia mit einem tödlichen Blick.

»Was ist passiert?«, fragte er und schien in Sorge, es könne etwas mit den Kindern sein.

»Der verdammte Geschirrspüler explodiert und die Jungs sind allein im Haus. Du musst mitkommen«, sagte ich und warf Sylvia noch einen vielsagenden Blick zu – *Siehst du, ich bin die Ehefrau mit den Kindern und dem*

Geschirrspüler. Ich bin die Ehefrau, ICH BIN DIE EHEFRAU!

Er kam mit. Wir rannten beide mitten auf der Straße nach Hause.

»Warum sitzt du eigentlich jedes Mal, wenn ich dich sehe, neben Sylvia?«, fragte ich im Laufen.

»Mein Gott, Isabel. Können wir uns vielleicht erst mal auf das Problem konzentrieren, das jetzt vor uns liegt?«, sagte er und lief vor, um die Spülmaschine abzuschalten. Er fand im Gegensatz zu mir eben immer den richtigen Knopf.

30.

Anders als viele Männer nahm Josiah die Aufgabe, sich romantischer Gesten zu enthalten, sofort in Angriff. Ab jenem Sonntag in unserer Bibliothek wankte er nie in seinem Entschluss, diese Ehe zu beenden. Nie wieder hielt er meine Hand, niemals berührte er mich mehr aus Versehen, wenn er in der Küche unvermittelt um die Ecke kam, nie zwinkerte er mir zu, kaufte mir eine Blume oder rief mich bei einem Kosenamen. Er küsste mich nicht mehr und schlief kein einziges Mal mehr mit mir. Er sah mich nicht einmal mehr liebevoll an. Manchmal musterte er mich mit besorgter Miene, dann schaute er wieder weg.

Er wollte mich damit wohl nicht absichtlich verletzen, sondern konnte sich einfach nicht von dem befreien, was ihn erfasst hatte. Ich war abgeschrieben. Es war so schockierend, all das in derart kurzer Zeit zu durchleben, andererseits war die Sache dadurch zumindest vollkommen klar. Noch einen Tag bevor das in der Bibliothek passierte, hätte ich ihn nicht anders betrachtet als mich selbst. Wir waren so ineinander verstrickt und uns verbunden, dass ich keinerlei Perspektive hatte, ihn isoliert zu betrachtet. Mir fehlte jegliche Objektivität. Doch nun bestand er auf Distanz, und aus dieser Distanz konnte ich sein Verhalten sehr deutlich beurteilen.

Das gelang mir auch deshalb, weil wir ja noch zusammen wohnten. Innerhalb eines Tages lebte ich nicht mehr mit meinem Partner, der eheliche Gewohnheiten pflegte, sondern mit einem bis über beide Ohren verliebten Teenager. Nur dass dieser Teenager leider nicht in mich verliebt war. Ich kann jemand ansehen, wenn er verliebt ist. Das funktioniert sogar bei Fremden. Vielleicht erzeugt so eine frisch erblühte Liebe ein besonderes Pheromon oder einen speziellen Duft. Man erkennt es am Lächeln der Leute und sogar an der Art, wie sie atmen. Menschen essen kaum, wenn sie verliebt sind. Das tun sie allerdings auch nicht, wenn sie sich trennen, also kann ich nicht sagen, was genau das bedeutet. Liebe beeinflusst auch die biochemischen Vorgänge, woran man dann erkennen kann, dass sie eingeschlagen hat, insbesondere wenn es den eigenen Ehemann trifft. Was mich wütend machte und auf geradezu absurde Weise irritierte, war, dass er es leugnete. Dadurch schaltete ich auf den Beschattungsmodus um. Weil er das meiste von seinen Sachen ins Büro mitgenommen hatte, forschte ich in seinem Verhalten nach Hinweisen. Gleichzeitig hörte ich auf zu schlafen.

In der Fahrschule lernt man etwas über Bremswege und wie lange es dauert, ein Fahrzeug zum Stehen zu bringen. Das geht bei einem Auto nicht abrupt, wenn man sich nicht den eigenen und die Köpfe aller Beifahrer anschlagen will. Josiah wäre wahrscheinlich eine Vollbremsung am liebsten gewesen, um so schnell wie möglich aus dem verdammten Wagen herauszukommen. Aber das hätte uns andere alle umgebracht, was er natürlich nicht wollte. Also musste er das Auto in vernünftigem Tempo verlangsamen, damit wir nicht auf das Fahrzeug vor uns krachten. Allerdings sind zwei Monate eine schrecklich kurze Zeit, um eine vierköpfige Familie herunterzubremsen, die es – wenn auch nicht in genau dieser Konstellation – schon seit sieben Jahren gab. Deshalb schlugen wir uns letztlich doch alle die Köpfe an.

Einen der ersten Bereiche unseres Zusammenlebens, den wir demontieren mussten, waren unsere Schlafgewohnheiten. Ich konnte einfach nicht mehr schlafen. Nachdem Josiah verkündet hatte, er könne diese Ehe nicht mehr aufrechterhalten, verlor ich auf einen Schlag die Fähigkeit einzuschlafen.

Ich habe großartige, bei Weitem überdurchschnittliche Eltern. Wie mit allen Menschen bin ich auch mit ihnen nicht immer einer Meinung, und nachdem es eine Eltern-Kind-Beziehung ist, gibt es natürlich auch bestimmte Komplikationen. Aber ganz grundsätzlich habe ich es wohl sehr gut getroffen. Abgesehen davon hatte meine Mutter vielleicht zehn echte Sternstunden. Diese umwerfenden Momente sollten in die Ruhmeshalle der Elternschaft eingehen. Als Teenager unternahm ich eine Collegetour durch Kalifornien, die gleichzeitig eine Vortragstour für meinen Vater war, der damals einen links orientierten politischen Think-Tank betrieb. Tagsüber besuchten wir Orte wie UC Santa Cruz, abends sprach er über das Amerika der Ära nach Reagan. Damals spielten zufällig auch Grateful Dead in Kalifornien, und in einem Anfall von Lässigkeit erlaubte mein Vater mir, ein Konzertwochenende in Ventura zu verbringen, während er sich das Entscheidungsspiel zwischen Celtics und Lakers im Biltmore von Santa Barbara ansah. Viele meiner

Freunde wollten auch dorthin kommen, aber ich hatte keine Ahnung, wo genau sie sein würden oder wo ich wohnen sollte. Mein Dad ließ mich trotzdem fahren. Damals gab es noch keine Handys, also bedeutete es für den Vater einer Siebzehnjährigen schon ein erstaunliches Wagnis, diese mit Massen von Deadheads in ein Stadion und für vierundzwanzig Stunden sich selbst zu überlassen. Doch er vertraute mir und lag damit richtig, denn ich machte nichts anderes als zu *Sugar Magnolia* zu tanzen und mit einem Haufen Jugendlicher aus Brown auf einem Parkplatz in Strandnähe herumzusitzen. Ich glaube, ich trank nicht einmal ein Bier. Dafür lernte ich diesen blonden, leicht melancholischen Hippie namens Roberto kennen und verknallte mich ein wenig. Wir wanderten zusammen auf dem Parkplatz herum und unterhielten uns hauptsächlich über Musik und übers Zeichnen. Wir hätten alles Mögliche anstellen können, aber das Ganze war vollkommen unschuldig. Als ich mich von ihm verabschieden musste, um meinen Vater in Santa Barbara zu treffen, da schenkte er mir einen kleinen grünen Frosch aus Jade. Dieser Frosch, so glaubte ich zumindest, brachte mir in der darauffolgenden Woche Pech. Es waren zwar nur Kleinigkeiten – ich versäumte den Bus, bestellte im Restaurant schlechtes Essen –, aber ich war überzeugt, dass es an dem Frosch lag. Mein Dad und ich reisten von unserer Collegetour direkt nach Maine zu meiner Mutter und meinem Bruder Andrew. Praktisch sofort nachdem wir auf der Insel angekommen waren, zeigte ich meiner Mutter den Frosch und erzählte ihr von meiner Vermutung. Wenn ich daran zurückdenke, wie ich damals ausgesehen habe, muss ich fast lachen. Ich hatte den kompletten Hippie-Style zu bieten: Meine Haaren waren sehr blond und lang, ich trug lange, klimpernde Ohrringe und sehr, sehr viele Silberringe an den Fingern, dazu verwaschene Batikblusen und zerrissene Jeans. Ich muss wie das niedliche Klischee eines Teenagers ausgesehen haben. Aber ich trug ihr mein Problem mit großem Ernst vor.

»Mum, ich glaube, dieser Frosch bringt mir Unglück«, sagte ich. Daraufhin streckte sie die Hand aus, damit ich das Tier hineinlegte, und sah ihn sich gründlich an.

»Wo hast du ihn her?«, fragte sie.

»Dieser Roberto hat ihn mir geschenkt«, sagte ich und erklärte ihr kurz, was gewesen war.

»Hm, also wenn du überzeugt bist, dass dieser Frosch dir Unglück bringt, dann trag ihn auf den Steg, verabschiede dich ordentlich von ihm und wirf ihn ins Meer.«

Sie fand überhaupt nichts dabei, was mir dieser Frosch bedeutete. Es war ja auch nichts Übermächtiges, aber egal war es mir eben nicht. Sie hielt mir keine Predigt über diesen komischen Kerl namens Roberto, sie tat meinen Kummer auch nicht als lächerlich ab, sondern sie gab mir nur einen guten Rat. Den ich auch postwendend beherzigte. Ich nahm ihr den Frosch wieder aus der Hand, ging rund ums Haus aufs Wasser zu und spazierte bis ans Ende des Stegs.

»Mach's gut, Frosch. Ich hoffe, das Meer wäscht dir deine schlechten Schwingungen ab und du findest jemand Neuen«, flüsterte ich.

Dann gab ich ihm noch einen Kuss und warf ihn in die Wellen.

Als meine Mutter Jahre später dasselbe Mädchen mit wirklich sehr viel Pech in Ohio wusste, da schickte sie ihm ein Schlafmittel, damit es seinen Alltag bewältigen konnte. Das mag banal klingen, aber ich war völlig perplex, dass sie überhaupt wusste, was eine Schlaftablette war, und auch noch Mittel und Wege gefunden hatte, sie zu besorgen. Ich hatte meine Mutter wie auch meine Schwiegermutter schon darüber reden hören, dass sie nachts nicht schlafen konnten. Ich glaube, das hatte mit den Wechseljahren zu tun. Aber dann hatte meine Mutter auf einmal ein Rezept für Bikalm und urteilte nicht darüber, dass ich es brauchen konnte. Sie schickte mir vier Stück davon und trug mir auf, eine Tablette in jeweils drei Dosen zu zerteilen. Ich glaube, die Tabletten hatten je zehn Milligramm, also nahm ich pro Dosis gute drei zu mir. Wahrscheinlich gerade genug für eine Ameise, aber es wirkte, und ich war unendlich dankbar dafür. Schließlich nahm ich es die folgenden sechs Monate sogar täglich. Ich erwähne oft, dass Paul Simon und Nora Ephron mir durch meine Scheidung geholfen haben, aber ziemlich weit oben auf meiner Dankesliste müsste eigentlich auch das Schlafmittel Bikalm stehen. Ohne seine Hilfe hätte ich das, was vor mir lag, einfach nicht geschafft. Eigentlich sollte ich der Herstellerfirma mal einen Brief schreiben. Denn man kann eben nicht sein Leben retten, wenn man todmüde ist.

31.

Wenn ich beschreibe, wie die Dinge erodierten und zerfielen, mag das nüchtern und gefühllos oder kalt klingen, aber genauso habe ich es empfunden. Ich denke, dass die Kinder der Grund dafür waren. Ich wusste, dass unsere Ehe implodierte, aber ich wollte Wallace und James das nicht spüren lassen. Teilweise, weil ich immer noch hoffte, es rückgängig machen zu können, aber vor allem um die beiden zu schützen. Nach außen hin musste ich deshalb präzise, sorgfältig, berechnend und vernünftig sein. Ich musste Josiah helfen, sich loszureißen, ohne dass dabei ein Riss entstand. Risse sind Chaos, können Lärm und Aufmerksamkeit verursachen, sagte ich mir. Ich musste dagegen wie eine Chirurgin vorgehen, sodass eine Narbe entstand, die irgendwann so gut verheilte, dass man sie kaum noch sah. Mir war absolut bewusst, dass ich sehr überlegt und vorsichtig agieren musste, um meine munteren, wunderhübschen, süßen Jungs vor diesem schrecklichen Unglück zu schützen, das über sie gekommen war. In meinem Inneren sah es allerdings aus wie in Pompeji. Es fühlte sich an, als würde ein Riese durch meine Kehle hindurch meine Eingeweide packen und sie in seiner Faust zusammenpressen. Er ließ keinen Augenblick lang los. Mein Herz war mindestens dreißig Pfund schwer. Und ich musste mir in jeder Sekunde jedes Tages die Tränen verbeißen. Sie brachen nur hervor, wenn ich mit Freundinnen telefonierte. Der einzige Ort, an dem ich ihnen freien Lauf ließ, war die Dusche. Dort kauerte ich auf Händen und Knien, während das Wasser auf mich herabprasselte und die Tränen sprudelten. Ich heulte und schluchzte. Mein geliebter Ehemann, den ich so abgöttisch liebte, war dabei, mich zu verlassen, und ich vermochte ihn nicht aufzuhalten. Unsere Kinder vermochten es nicht. Unser Haus vermochte es nicht. Die Vernunft, das Geld und auch unsere Eltern konnten es nicht. Nichts konnte ihn davon abhalten, und das brachte mich dazu, dass ich mir am liebsten die Haare ausgerissen und bis ans Ende aller Zeiten geweint hätte. Doch die Welt endete nicht. Sie drehte sich sogar in erschreckend hohem Tempo weiter.

Nach außen hin galt es jede Menge Mist zu regeln. Etwa, dass wir nicht mehr in einem Bett schlafen konnten. Es war eine Qual. Nachts sehnte ich mich danach, dass er mich in den Arm nahm. Ich betete darum, dass sein Fuß meinen aus Versehen anstupsen und er ihn dort lassen würde. Ich musste all meine Willenskraft zusammennehmen, um nicht die Hand auszustrecken und ihm übers Haar zu streichen. Aber er berührte niemals aus Versehen meinen Fuß. Er drehte sich kein einziges Mal um und nahm mich in den Arm. Stattdessen drehte er mir den Rücken zu und schlief auf der Stelle ein. Es war so quälend, dass wir beschlossen, er solle ins Gästezimmer mit der wunderschönen Orangenhain-Tapete von William Morris umziehen. Dort würde er bis zum frühen Morgen schlafen und dann zu den Jungs gehen, damit sie nicht zufällig selbst bemerkten, dass wir nicht mehr gemeinsam in Mummys und Daddys Bett schliefen.

Wir legten einen Tag fest, Freitag, an dem er ins Gästezimmer ziehen sollte. Am Abend vor der letzten Nacht, die wir im selben Bett verbringen würde, sagte ich zu ihm: »Das ist die letzte Nacht, die wir je im selben Bett schlafen werden.« Ich zitterte und war am Boden zerstört.

Er trat an seine Bettseite und kletterte über die Decken. Dann nahm er mich in die Arme, was mich fast umbrachte. Es war das erste Mal, dass ich nach zwei Wochen seinen Körper wieder spürte. Ich erinnere mich, auf seinen Herzschlag gelauscht zu haben. Ich mochte das kraftvolle Geräusch schon immer. Ich weinte. Wir beide weinten zwanzig Minuten lang heftig, während wir uns in den Armen hielten. Ich hoffte, die Nähe und gemeinsame Trauer würden seine Meinung ändern, doch das passierte nicht. Nachdem uns die Tränen ausgegangen waren, ließen wir einander los und schliefen ein. Am nächsten Morgen sprach ich ihn darauf an.

»Ist es jetzt besser? Hat sich etwas geändert?«, fragte ich. Eine kleine Ewigkeit lang starrte er an die Decke.

»Nein«, sagte er. Ich wartete noch eine weitere lange

Pause ab. Tränen, die immer bereit waren und nur darauf warteten zu fließen, stiegen mir in die Augen.

»Wir haben uns voneinander verabschiedet, und das war herzzerreißend. Aber für mich ändert das nichts an der Gewissheit, dass ich diese Ehe nicht fortführen kann«, sagte er.

Da platzte mir der Kragen.

»Also ich habe mich jedenfalls nicht verabschiedet! Verdammt noch mal, Josiah, ich will diese Ehe nicht beenden. Ich will nicht, dass sie zu Ende ist. Und ich kann zum Teufel noch mal nicht glauben, dass du das willst.«

»Isabel, ich werde mich nicht weiter mit dir unterhalten, wenn du diesen Ton anschlägst und so außer Fassung gerätst.« Er verließ das Bett. »Ich werde nicht so darüber reden. Das ist destruktiv und überflüssig«, sagte er und war praktisch schon aus dem Zimmer.

»Warte! Warte ... verdammt noch mal. Scheiße, was glaubst du eigentlich, was das hier ist? Du kannst doch nicht einfach so deine Familie verlassen, die Jungs und mich. Das kannst du verdammt noch mal doch nicht tun. Es ist barbarisch und falsch und noch dazu hast du mir, dem lieben Gott und allen Menschen, die wir schätzen, geschworen, dass du so was verdammt noch mal nicht tun wirst! Du hast ein Versprechen zu halten. Du hast gefälligst durchzustehen, was immer dich da gerade umtreibt – und ich glaube, es ist diese verdammte Sylvia. Aber du hast dabei zu bleiben. Das macht nämlich eine Ehe aus«, sagte ich.

»Ich kann nicht, Isabel. Und mehr kann ich dazu jetzt auch nicht sagen. Und ich würde Sylvia gerne außen vor lassen. Hier geht es nur um dich und mich.«

Er stand an der Schlafzimmertür, ich saß auf der Bettkante, und es kam mir wie eine kleine Ewigkeit vor, bis ich sagte: »Josiah.«

»Was?«

»Wenn du eine Trennung willst, musst du mich offiziell darum ersuchen«, sagte ich. Mein Vater hatte mich über diesen Umstand informiert.

»Wie meinst du das?«

»Ich möchte diese Ehe nicht beenden. Wenn du das willst, musst du mich darum ersuchen. Offiziell«, fügte ich mit gesenktem Kopf hinzu.

»Verstehe.« Wir wussten beide, dass wir uns jetzt auf juristischem Terrain bewegten, aber keiner von uns hatte bisher irgendwas in dieser Art ins Feld geführt.

»Ich möchte die Trennung«, sagte er.

Ich begann zu weinen und ging ins Bad. Er sah nach James, der schon eine ganze Weile in seinem Bett rumort hatte. Dann begannen wir alle den Tag, als sei nichts geschehen.

32.

Josiah war viel außer Haus. Unsere morgendliche Routine behielten wir allerdings bei. Gemeinsam machten wir die Jungs fertig und brachten alle zusammen Wallace in den Kindergarten. Um neun fuhr ich Josiah zusammen mit James zum Büro, danach sah ich ihn bis sechs Uhr abends nicht mehr. Dann kam er nach Hause, half beim Zubettbringen der Kinder und ging anschließend zurück ins Büro, von wo er erst gegen ein oder zwei Uhr zurückkehrte. Mir blieb nur sehr wenig Zeit mit ihm. Ich erinnere mich, absichtlich langsam gefahren zu sein, um die Grünphase der Ampel zu verpassen, denn dann konnten wir fünfundvierzig Sekunden länger nebeneinander sitzen. Verzweifelt sehnte ich mich nach mehr gemeinsamer Zeit, die ich nicht bekam. Josiah organisierte sein ganzes Leben so um, dass er möglichst wenig Zeit mit mir verbringen musste. Ich versuchte zu tricksen, ihn zu überraschen. So tauchte ich etwa unangekündigt in seinem Büro auf, um die Telefonrechnung mit ihm zu besprechen oder eine Frage zu meinem Unterricht. Er sah in meiner Gegenwart gequält und gelangweilt aus. Wie ein Teenager, der abends ausgehen will, aber noch das Essen mit der Familie über sich ergehen lassen muss. Er war gar nicht richtig da, auch wenn er physisch zugegen war. Sobald das Gespräch auf den Zustand unserer Ehe kam, gerieten wir rasch in Streit, er machte dicht und verschwand einfach. Er verschwand oft, und natürlich verzehrte ich mich danach zu wissen, wo er sich Tag und Nacht aufhielt, wenn er nicht gerade unterrichtete.

Meine Rolle als Detektivin war zwar zeitintensiv und schmerzhaft, aber nicht sehr anspruchsvoll. Es gab massenhaft Anzeichen dafür, dass Josiah mich nicht mehr liebte, und noch mehr dafür, dass er in jemand anderen verliebt war.

Josiah war geradezu obsessiv auf sein gutes Aussehen und seine Garderobe bedacht. Aber auch wenn wir getrennt schliefen, gab es doch nur eine begrenzte Anzahl von Spiegeln im Haus und ich konnte mit ansehen, wie er sich schön machte. Sorgsam kontrollierte er seinen Haaransatz und musterte seine Kleidung, doch das Bizarrste war, dass er sich im Spiegel anlächelte. Als ich ihn dabei beobachtete (denn das hatte er früher niemals getan), fiel mir sogleich ein, dass Leute das machen, wenn sie verliebt sind. Ich wusste das von mir selbst. Man schenkt seinem Spiegelbild ein Lächeln und phantasiert dabei vielleicht über eine zwanglose Plauderei mit dem Objekt der eigenen Begierde. Eindeutig möchte man so überprüfen, wie der andere einen selbst sieht.

»Was machst du denn da?«, sagte ich so vorwurfsvoll, wie ich nur konnte, zu ihm. Er schämte sich, weil ich ihn ertappt hatte.

»Gar nichts. Mein Gott, Isabel. Ich habe mich nur an etwas Lustiges erinnert, das Ward erzählt hat.« Dass ich ihn beobachtete hatte, schockierte ihn wohl.

»Das sah ziemlich eigenartig aus, aber ich weiß ganz genau, was du gemacht hast«, sagte ich vom Sofa aus, wo ich gerade mit den Jungs saß und die *Sesamstraße* anschaute.

»Ich habe überhaupt nichts gemacht. Meine Güte, Isabel. Ich hasse dich.« Den letzten Satz sagte er nicht hörbar, sondern nur mit seinem Blick. Es war, als hätte ich mich in seine Mutter verwandelt. Eigentlich bin ich mir nicht einmal sicher, ob seine Mutter ihn auf so etwas angesprochen hätte. Sie unterstützt ihre Kinder sehr und ist eher förmlich. Persönliche Kommentare kommen ihr nicht gerade oft über die Lippen. Ich fühlte mich wie eine Mutter, aber nicht unbedingt wie seine.

Ein andermal rief ich Josiah im Büro an, um unter irgendeinem Vorwand mit ihm zu reden. Im Verlauf des Gesprächs hörte ich, wie seine Zimmertür geschlossen wurde. In derselben Sekunde wusste ich, dass das Sylvia gewesen war.

»Was war da?«, fragte ich.

»Was?«

»Ich habe gehört, dass deine Tür zugemacht wurde, also muss jemand bei dir gewesen sein und sie zugemacht haben«, sagte ich. Er schwieg.

»Das war Sylvia. Sie wollte sich einen Teebeutel holen.«

»Ich habe sie gar nicht reden gehört.«

»Nein, sie hat nur hereingeschaut, auf die Teebeutel gedeutet, als sie sah, dass ich am Telefon bin, sich einen genommen und ist wieder gegangen.«

»Das klingt ziemlich seltsam.«

»Isabel …«, sagte er nur.

»Nein, lass mich dir sagen, warum. Wenn ich Sylvia wäre und einen Teebeutel bräuchte, dann würde ich als Erstes mal anklopfen, was sie nicht getan hat – sonst hätte ich es gehört. Danach würde ich laut oder geflüstert sagen: ›Oh, entschuldige die Störung – kann ich mir schnell einen Teebeutel holen?‹ Du würdest daraufhin gesagt haben: ›Ah, hallo, Sylvia – ich spreche gerade mit Isabel.‹ Jetzt käme die Stelle, wo du in den Hörer, also zu mir, sagen würdest: ›Sylvia kommt gerade rein, bleib kurz dran, ich gebe ihr nur einen Teebeutel.‹ Das würde sie hören und sogleich sagen: ›Nur keine Umstände, du brauchst gar nicht aufzustehen, ich schnapp mir nur schnell einen. Danke!‹ Und bevor sie die Tür hinter sich zumachte, würde sie noch hinzufügen: ›Und grüß Isabel von mir.‹ Denn sie ist ja meine Freundin«, sagte ich.

»Deine Unterstellungen sind so verrückt und weltfremd, dass ich nicht einmal darauf antworten werde.«

»Was du nicht sagst.«

»Ja, außerdem muss ich jetzt zum Unterricht.«

»Weißt du, was ich glaube?«

»Nein. Was?«

»Ich glaube, dass sie die Tür zu deinem Büro aufgemacht hat. Und bevor sie noch ein Wort sagen konnte, hast du ihr signalisiert, dass ich da am Telefon bin. Sie hat verstanden und versucht, die Tür leise wieder zu schließen. In der Hoffnung, ich würde es nicht hören«, sagte ich. »Und ich weiß, dass ich recht habe.«

»Ich muss los«, sagte er.

»Na schön«, sagte ich und knallte den Hörer auf.

33.

Natürlich dachte ich, dass ich mit meinen Vermutungen recht hätte, aber der hundertprozentige Beweis fehlte mir noch. Das machte mich verrückt, und ich suchte wie besessen danach. Dauernd dachte ich, wenn ich erst die Gewissheit hätte, dann könnte ich auch etwas dagegen unternehmen. Ich konnte mit meiner Familie für ein Semester nach Italien gehen, und Josiah und Sylvia so gewaltsam voneinander trennen. Seine Flucht vereiteln. Jedes Mal, wenn ich ihn im Büro anrief und sofort seine Mailbox ansprang, war ich mir sicher, dass er sich gerade mit ihr unterhielt. Immer wieder kam ich an der Englisch-Fakultät vorbei und hoffte, die beiden durchs Fenster zu sehen. Ich registrierte auch alles, was Sylvia trug. Einmal sah ich sie in lachsfarbenen High Heels und Bleistiftrock. Es stimmt zwar, dass alle sich zum Unterricht ein wenig aufstylen, das mache ich auch, aber sie sah aus, als ginge sie auf die Cocktailparty in einem Bette-Davis-Film. Sie lief mir in diesem Outfit nur über den Weg, weil ich gerade bei Secca war. Die besuchte ich auf dem Heimweg von meinem Unterricht oft in ihrem Büro. Sie war zwar jung und hatte noch keine Kinder, trotzdem wirkte sie irgendwie mütterlich. Ihr Büro erschien mir wie ein Zuhause. Mit ein paar Überwürfen und Kissen hatte sie sanfte Farbtupfer gesetzt. Sie servierte einen Kräutertee in einem zarten Porzellanbecher. Insgesamt wirkte das Büro so feminin wie sie selbst. Secca war ein sehr höflicher Mensch und hieß mich immer willkommen. Sie wusste, dass ich gerade harte Zeiten durchmachte, obwohl ich durchaus spürte, dass sie es sich mit keinem von uns beiden verscherzen wollte. Ich suchte nach Vorwänden, um sie aufzusuchen und mit ihr zu plaudern, was ich tatsächlich gern tat. Aber ehrlich gesagt war das Ganze vor allem ein Vorwand, um zu spionieren. Ich wollte wissen, was die anderen an der Fakultät über mich, Josiah und Sylvia dachten. An einem Mittwochnachmittag Mitte Oktober saß ich wieder einmal in Seccas Büro. Sylvia wusste nicht, dass ich dort war, sonst wäre sie bestimmt nicht hereingekommen. In ihren Lachsschuhen.

»Ach, hallo«, sagte sie.

»Hallo«, sagten Secca und ich im Chor.

»Wow, sieh mal einer an! Du siehst ja toll aus. Für wen stylst du dich denn so auf?«, sagte ich und sah ihr direkt ins Gesicht.

»Wie bitte? Für niemand«, sagte sie.

»Mhm«, machte ich und sah sie weiter unverwandt an. Secca machte sich an einem Reißverschluss zu schaffen. Sie hasste es, in diese Sache hineingezogen zu werden, aber da gab es kein Entrinnen. Sie war nun mal Teil unserer kleinen Clique, und das hier betraf jeden, der dazugehörte.

»Wisst ihr schon, dass im Kino ein neuer Film läuft? Hat jemand Lust, heute Abend da hinzugehen?«, sagte ich.

»Ich kann nicht«, sagte Secca, »Wards Schwester kommt heute Abend.«

»Ich fürchte, ich kann auch nicht. Ich muss an meinem Bewerbungszeug weiterarbeiten«, sagte Sylvia.

»Ach, komm schon, Sylvia. Das sind anderthalb Stunden. Wir kaufen uns Popcorn, das kannst du dann als dein Abendessen verstehen. Und essen musst du ja sowieso«, sagte ich.

»Na gut«, sagte sie und war mir in die Falle gegangen. Das wusste sie auch.

»Prima«, sagte ich. »Josiah kann auf die Jungs aufpassen. Er hat sich in letzter Zeit ohnehin ziemlich rar gemacht.«

Es herrschte eine wirklich beklemmende Atmosphäre im Raum, aber ich beschloss, sie zu ignorieren, und suchte meine Sachen zusammen.

»Wir treffen uns dann im Kino«, sagte ich. Die erste Vorstellung begann immer um sieben, also mussten wir nicht einmal mehr die Uhrzeit klären.

Wir sahen *In den Schuhen meiner Schwester* mit Cameron Diaz. Ich kam als Erste und besorgte das Popcorn. Dann tauchte Sylvia auf.

Ich tat mich schwer damit, überhaupt zu begreifen, was ich mit ihr in diesem Kino eigentlich wollte. Eine meiner Theorien besagte, dass Sylvia und Josiah ineinander verliebt waren, aber noch nicht miteinander schliefen. Die andere Theorie entsprach dem, was die beiden mir erzählt hatten. Dass sie nur gute Freunde wären und Josiah mich nur verließ, weil er es in unserer Ehe einfach nicht mehr aushielt. Es war so was von seltsam, derart nah neben ihr zu sitzen. War sie meine Freundin, die mir in schweren Zeiten beistand? Oder war sie »die andere Frau«, die sich Hals über Kopf in meinen Mann verliebt hatte? Ich schwöre bei Gott, dass ich keine Ahnung hatte, was ich glauben sollte.

Das Gespräch geriet etwas gestelzt. Vielleicht plauderten wir über eine neue Sandalenmarke, die damals gerade sehr angesagt war. Oder über ihre Jobsuche. Als die Vorschauen begannen und wir schwiegen, schweiften meine Gedanken natürlich wieder zurück zu meiner Ehe.

»Die Sache ist die«, flüsterte ich ihr während der zweiten Vorschau zu. »Ich kann ja verstehen, dass ein Mann eine Frau verlässt. Ein Erwachsener den anderen sozusagen, aber wie kann jemand Wallace und James verlassen?«

Kaum hatte ich das ausgesprochen, sah ich vor meinem

inneren Auge James, wie er mit einer großen Birne, die er gerade erbeutet hatte, in der Küche stand.

Daraufhin sagte Sylvia mit ihrem leichten französischen Akzent das Verblüffendste, das ich mir je als Antwort hätte vorstellen können: »So was passiert doch alle Tage.«

Waaaas? In meinem Kopf schrillten fünzehntausend Alarmglocken. Der Satz blieb einfach in der Luft hängen. *Passiert doch alle Tage.*

So was sagt eigentlich keine Frau. Unter allen weiblichen Bekannten, denen ich erzählt hatte, was Josiah plante, hatte nicht eine auch nur ansatzweise so etwas verlauten lassen. Als ich Rebecca im Burrito-Lokal sagte, dass er mich verlassen würde, brach sie in Tränen aus, griff über den Tisch hinweg nach meiner Hand und ließ sie ganze drei Minuten lang nicht wieder los. Als ich unserer Putzhilfe Janet zu Anfang der Woche davon berichtet hatte, hörte sie auf, Wallaces Pyjamas zu falten, sah mir in die Augen, schloss mich in ihre Arme und hielt mich solange darin fest, bis mir schon ganz anders wurde. Sehr viele Freundinnen hatten auch prophezeit, dass er diese Drohung niemals wahr machen würde. Manche wurden auch regelrecht wütend, viele weinten, wie zum Beispiel Grace, unsere Babysitterin. Niemand außer Sylvia sagte jedoch, *so was passiert doch alle Tage.*

Von da an wusste ich Bescheid. Josiah und Sylvia versuchten noch ein paar Monate lang, es mir auszureden, doch ich wusste von diesem Moment an tief in meinem Herzen, dass Josiah auf seiner Flucht aus unserer Ehe nicht allein war. Er hatte eine Partnerin, die ihn drängte, diesen Weg weiterzugehen. Diese Partnerin war Sylvia.

34.

Die Oktoberferien standen in der letzten Woche des Monats an, und wir hatten beschlossen, die Zeit für eine Reise nach New York zu nutzen. Wir würden bei meinen Eltern wohnen und es mit fünf Tagen Intensiv-Paartherapie bei unserer alten Therapeutin, Doktor Bergen, versuchen. Seit dem Vorfall im Schaukelstuhl waren jetzt drei Wochen vergangen. Josiah interessiert sich sehr für Psychotherapie und nimmt sie auch ernst. Und selbst wenn er zielstrebig aus dieser Ehe rauswollte, so hätte er sie trotzdem nie beendet, ohne zuvor mit jemand vom Fach darüber gesprochen zu haben. Selbst wenn das nur eine Formalität sein sollte.

Wir hatten bereits die Tickets für den Flug nach New York, doch noch am Tag unserer Abreise rief uns Josiahs Mutter an. Im Süden des Landes würde sich ein großer Schneesturm zusammenbrauen, der bis zum Abend New York erreichen sollte. Julia hat eine derart panische Angst vor dem Fliegen und vor Unwettern, dass sie dafür eigentlich einen Moderatorenjob bei einem Wetterkanal verdient hätte. Dann würde es nie mehr überbuchte Flüge geben, weil sie allen Leuten ausreden könnte, überhaupt zu fliegen. Obwohl wir das wussten und uns klar war, dass die Autofahrt zwölf Stunden dauern würde, und obwohl an den Flughäfen kein einziger Flug storniert wurde, hörten wir auf sie und beschlossen, das Auto zu nehmen. Man sagt ja, wer mitten in einer Tragödie steckt oder unter großem Druck steht, sollte keinerlei Entscheidungen fällen, weil diese wahrscheinlich fatal enden. Die Entscheidung, mit dem Auto zu fahren, war ein Volltreffer: Zwei Jungs unter vier Jahren, ein Hund und zwei schrecklich traurige, quasi schon geschiedene Eltern für zwölf Stunden in einen Minivan gesperrt, während sich irgendwo entlang der Ostküste ein Schneesturm zusammenbraut. Als wir losfuhren, wussten wir nur von einem Sturm. Der raue Oktober-Blizzard, der aus dem Landesinneren kam, erwischte uns praktisch aus dem Hinterhalt.

Josiah und ich sprachen kaum ein Wort miteinander, während wir die Jungs und den Hund einluden und mit dem schlechtesten Plan des Jahres und keinerlei Vorkehrungen, um ihn einigermaßen reibungslos umzusetzen, aufbrachen. Als wir gerade am Flughafen von Cleveland vorbeifuhren (der Flug von Cleveland nach New York dauert gerade mal eine Stunde, und an diesem Tag blieb keine einzige Maschine wetterbedingt am Boden), gab der ins Auto eingebaute Videorekorder seinen Geist auf. Viele Leute, insbesondere Eltern kleiner Kinder, rufen, wenn sie das hier lesen, vermutlich laut: »Sofort den nächsten Elektroladen ansteuern, in den sauren Apfel beißen, tief in die Tasche greifen und einen tragbaren DVD-Player kaufen!« Aber es war wie in einem Horrorfilm, wenn die unwissende Frau in den falschen Teil des Hauses läuft, nämlich direkt in die Arme des Mörders. Aber weil wir gerade so schön dabei waren, falsche Entscheidungen zu treffen, beschlossen wir zu glauben, das Radio würde den Kindern als Unterhaltung genügen. So ließen wir Cleveland hinter uns.

Das einzige Thema, das uns beide beschäftigte, war unsere Ehe, aber weil die beiden kleinen Lieblinge direkt hinter uns saßen und wir nicht wollten, dass sie etwas über die drohende Scheidung hörten, schwiegen wir. Genau genommen schwieg nur Josiah, während ich sang, Tierstimmen nachahmte und, wie man das so macht, sparsam Mandeln und Grahamcracker austeilte. Irgendwie hatten wir nicht daran gedacht, auf diesen Höllentrip besonders viel Proviant mitzunehmen. Die Stunden vergingen, die Jungs machten Nickerchen, und als wir die Berge von Pennsylvania erreichten, begann der Himmel schwarz zu werden.

Vielleicht lag es an der bergigen Umgebung oder auch an unserem besonderen Glück in jenem Monat, aber jedenfalls traf uns nach etwa fünfundvierzig Minuten im Gebirge besagter Blizzard mit einer Heftigkeit, wie ich es noch nie erlebt hatte. Der Wind heulte und der Schnee trieb horizontal vor den Fenstern vorbei. Die Bäume brachen entweder unter der Gewalt des Sturmes oder der Schneelast, die sich sofort auf alles legte. Wallace und James waren vor Schreck verstummt. Nur Wallace machte eine einzige Bemerkung.

»Mama, schau doch, all die kaputten Bäume«, sagte er.

Und ich schaute auf all die kaputten Bäume. Ich war vollkommen verängstigt, und die Bäume erschienen mir wie Sinnbilder meines Lebens. Auch unser Baum war eingeknickt und geborsten. Ich glaubte nicht mehr, dass es mir gelingen könnte, ihn zu retten, auch wenn ich mir nichts sehnlicher wünschte.

Dann kam der ohnehin schon stockende Verkehr völlig zum Erliegen. Ein Baum war auf den Highway gestürzt, und es gab kein Weiterkommen mehr. Als es wieder ein Stück vorwärts ging, hörten wir ein seltsames kratzendes Geräusch und ein Rumpeln, das von der Unterseite des Autos zu kommen schien.

»Was ist das?«, fragte Josiah.

»Ich weiß nicht, aber ich bin sowieso schon ganz außer mir«, sagte ich leise.

»Das Geräusch gefällt mir nicht. Hörst du es nicht?«, sagte er.

Ich lauschte.

»Es klingt, als würden wir über irgendwas drüberfahren«, sagte ich.

Josiah blieb stehen und stieg aus. Als er die Tür aufmachte, kam eine kleine Böe herein und brachte die Kindern zum Quietschen. Kaum war die Tür zu, wurde es wieder still. Der Hund sprang auf meinen Schoß.

»Verdammte Scheiße noch mal!«, fluchte Josiah, nachdem er rasch wieder hereingeschlüpft war. »Der verfluchte Reifen ist platt. Total zerfetzt.«

»O mein Gott«, sagte ich nur.

»Was ist passiert?«, fragte Wallace.

»Nichts, Schätzchen, nur ein kaputter Reifen«, sagte er mit erzwungener Ruhe in der Stimme.

»Ich glaube, wir haben ein Reserverad«, fügte er hinzu.

»Aber wo?«, fragte ich.

Es war schon erstaunlich, dass ich überhaupt wusste, was ein Reserverad war. In diesem Moment schämte ich mich abgrundtief für mein nicht vorhandenes Wissen in Bezug auf Autos.

»Ich glaube, das ist irgendwo auf der Bodenplatte, schätzungsweise in der Mitte«, sagte er.

»Scheiße noch mal, du weißt nicht mal genau, wo?«, sagte ich und verlor die Beherrschung.

»Beruhig dich, Isabel. Ich weiß es. Ich werd es schon finden ... Gottverdammte Scheiße!«, sagte er und schlug mit der Faust aufs Lenkrad.

Ich warf einen Blick auf unser Handy, das natürlich auch nur noch einen Strich breit Akku und praktisch keinen Empfang hatte.

Das alles war geradezu surreal. Ehrlich, wenn in diesem Schneesturm jetzt auch noch ein Mörder die Straße entlanggekommen wäre und uns alle in unserem Auto erstochen hätte – dann hätte mich das auch nicht gewundert. Ich rang nach Luft. Wir hatten kein Wasser mehr und noch etwa siebzehn Mandeln für die vor uns liegende Nacht, die wir eventuell hier festsitzen würden. Der Hund spürte instinktiv, dass wir in Schwierigkeiten steckten und begann, unruhig zu werden. Er sprang von hinten nach vorne und wieder zurück, was zumindest die Kinder amüsierte, mich jedoch wahnsinnig machte.

Josiah zog den Reißverschluss seiner Jacke hoch und stieg wieder aus. Er musste das Reserverad unter dem Boden herausholen, wo die Kinderfüße baumelten. Dazu öffnete er die Schiebtür an einer Seite und begann zwischen den Plastiktüten mit Windeln und McDonald's-Müll zu graben und den Boden anzuheben.

»Da ist es ja«, sagte er. Ich wusste, wenn ich allein gewesen wäre, hätte ich keine Chance gehabt, es zu finden.

Anschließend machte Josiah sich daran, den Reifen zu wechseln. Ich beobachtete ihn im Außenspiegel. Als ich sah, wie der Schnee auf seinen schwarzen Haaren liegen blieb und er ohne Handschuhe arbeitete, dachte ich, *ich liebe dich*. Ich liebte, dass er wusste, wie man einen Reifen wechselt. Ich liebte, dass er noch die schlechtesten Bedienungsanleitungen lesen und richtig umsetzen konnte. Ich liebte, dass ich mich selbst mitten in einem tobenden Schneesturm, weit weg von jeglicher Sicherheit und allem, was wir kannten, darauf verlassen konnte, dass er diesen kaputten Reifen wechselte. Er war eben ein fähiger Bursche. Ich wusste aber auch, dass er uns nicht nach New York brachte, um unsere Ehe zu retten, sondern nur, um sie unter professioneller Aufsicht zu beenden. Er vermochte in einem Schneesturm einen Reifen zu wechseln, aber er würde nicht einmal ernsthaft versuchen, unsere Ehe zu retten. Ich konnte ihn auch nicht dazu bringen, mich wieder zu lieben, obwohl ich die

Mutter seiner beiden kleinen Blondschöpfe war, die sich auf dem Rücksitz gerade tadellos benahmen.

Zweieinhalb Stunden später fuhr die Kolonne endlich wieder an und wir krochen auf ein kleines Dorf namens Danville zu. Dort fanden wir mit Gottes Hilfe zwei Minuten vor Betriebsschluss um siebzehn Uhr eine Autowerkstatt. Das Reserverad sah aus wie ein größerer Doughnut. Die Mechaniker waren nicht gerade begeistert, uns kommen zu sehen. Sie wollten offenbar gerade zu einer Hochzeit oder sonst einem Fest aufbrechen. Einige von ihnen trugen bereits Smoking. In dem Ort gab es zum Glück auch ein Motel, in dem wir die Nacht verbrachten. Nachdem die Kinder noch nie in einem Hotel übernachtet hatten, waren sie ganz außer sich vor Freude. Josiah schlief mit James in dem einen großen Bett, ich mit Wallace in dem zweiten. Am nächsten Morgen war der Himmel blau und wir machten uns wieder auf den Weg. Um die Mittagszeit erreichten wir New York.

35.

Jetzt ist vielleicht der richtige Zeitpunkt, um davon zu berichten, wie andere Leute uns und die Ereignisse wahrnahmen. So schrecklich es auch sein mochte, das Scheitern unserer Ehe mit anzusehen – irgendwie gewöhnte ich mich daran. Erst nach einer Weile kam ich darauf, dass andere Leute das Ganze vielleicht anders erlebten. Wenn ich etwa im Copy Shop unvermittelt in Tränen ausbrach, erschütterte mich das nicht besonders, den Jungen in dem Laden aber bestimmt. Josiah, Wallace, James und ich lebten in einer Art Paralleluniversum, das ganz anders war als die Welt, der wir noch einen Monat zuvor angehört hatten. Ich schätze, das war so, als wäre unser Haus überflutet worden. Man wäre schockiert und hilflos, weil alles so nass war, aber schon nach kurzer Zeit würde man beginnen aufzuräumen, anstatt nur herumzusitzen und darüber zu staunen, wie nass alles war. Wenn dann jedoch die eigene Mutter zu Besuch käme und zum ersten Mal sähe, wie triefnass alles war, dann würde sie wahrscheinlich ziemlich fassungslos auf die gegenwärtige Lage reagieren. Man selbst wäre ihr voraus – ein ganzes Stück oder zumindest einen Schritt. So fühlte ich mich eigentlich die meiste Zeit. Meinen Freunden und meiner Familie weit voraus.

Mit Josiah und unseren Jungs in die Wohnung meiner Eltern zu kommen und zu wissen, dass meine Ehe zu Ende war, fühlte sich an, als käme man aus dem Internat, nachdem man wegen unerlaubten Alkoholkonsums rausgeworfen wurde. Ich schämte mich und fühlte mich als Last. Natürlich sagte niemand, dass ich mich für irgendetwas schämen müsste. Josiah verließ mich, und obwohl ich mit allen Mitteln versuchte, ihn davon abzuhalten, funktionierte es nicht. Ich schämte mich und war mir sicher, dass es Josiah genauso erging. Wir boten ein chaotisches Bild, und es wäre viel Hilfe nötig, um wieder Ordnung zu schaffen. Mit dem Kauf unseres Hauses und den zwei soliden Stellen am College von Oberlin hatten wir nach beträchtlicher Zeit doch gerade erst eine gewisse Unabhängigkeit erlangt. Unsere Eltern hatten uns wahrscheinlich gerade mal vor einem Monat von ihrer Sorgenliste gestrichen und begonnen, sich verstärkt einem anderen ihrer Kinder zuzuwenden. Doch da waren wir wie aus dem Nichts wieder aufgetaucht und standen nun auf dieser imaginären Liste an allererster Stelle.

Meine Mutter kann nichts verbergen, und schon in

dem Augenblick, als wir durch die Tür kamen, sah ich die Anspannung und die übergroße Besorgnis in ihrem Gesicht. Die Mienen meiner Eltern gaben mir ein Gefühl, als würde die Besetzung von *Les Misérables* ihre Wohnung betreten. Meine in schmuddelige Lumpen gehüllten Kinder. Ich als Cosette, das unschuldige Opfer, und Josiah in der Rolle von Javert, dem Volksfeind Nummer eins. Ich glaube, sie gönnten Josiah nicht einmal einen Blick. Aber wir waren als Patienten hier, weshalb sie sich an die Hoffnung klammerten, Doktor Bergen würde eines ihrer Wunder wirken, sodass sie uns nach den fünf Tagen geheilt wieder in unseren Odyssey verfrachten konnten. Ich hoffte das auch, und so wuchs meine Angst vor dem Tag, an dem ich würde einsehen müssen, dass das Wunder einfach nicht eintrat.

Der Alltag in New York machte mir Angst. Denn mir war klar, wenn wir diesen »Durchhänger«, wie alle es nannten, nicht überwanden, dann würde ich wieder dort leben müssen.

Du meine Güte, New York. Alles kam mir so riesig vor. Obwohl ich in diesen Straßen aufgewachsen war, empfand ich die Straßenschluchten im Vergleich zu den leeren, beschaulichen Pfaden in Oberlin als absolut unerträglich. Ich hatte doch diese beiden kleinen Landkinder in meinem Nest, denen die lauten, geschäftigen Straßen der Upper West Side, meiner Upper West Side, schlichtweg Angst machten. Man musste riesige Straßen überqueren, um auch nur einen Grashalm zu sehen, niemand auf dem Bürgersteig sagte Hallo, es war kalt und hart und furchterregend. Die beiden müssen sich einfach schrecklich gefühlt haben. Ihre Eltern waren anderweitig beschäftigt, um nicht zu sagen total abwesend. Sie hatten in einem unheimlichen, weil kaputten Auto in einem schrecklichen Schneesturm auf einem Berg festgesessen.

Ihre Großeltern sprachen meist in gedämpfter Lautstärke miteinander und kompensierten das dann wieder durch anfallsartige übertriebene Fröhlichkeit. Wallace und James müssen geglaubt haben, die ihnen bekannte Welt stünde kurz vor dem Untergang. Und so war es ja auch.

Ich empfand es als unerträglich. Damals war es so unerträglich, wie es heute ist, darüber nachzudenken, wie schrecklich es für jedes Kind sein muss, wenn die Ehe seiner Eltern zerbricht. Ich weiß nicht, wie das ist, wenn die Kinder schon älter sind. Manche meiner Freundinnen behaupten, sie seien erleichtert gewesen, als ihre Eltern sich endlich scheiden ließen und nicht mehr unter einem Dach wohnten. Aber davon will ich gar nicht reden. Ich hatte kleine Kinder und das Allerletzte, was die sich wünschten, war eine Trennung ihrer Eltern. Es bricht ihnen das Herz. Und ein gebrochenes Herz im Alter von drei Jahren ist einfach zu viel. Es fühlt sich geradezu widernatürlich an. Man sagt sich zwar, dass sie sich daran gewöhnen werden, und das tun sie auch bis zu einem bestimmten Grad, aber eine gewisse Trauer wird trotzdem immer bleiben. Ich selbst war schrecklich traurig, weil es mir nicht gelingen würde, den Lastwagen aufzuhalten, der kurz davor war, sie zu überfahren. Ich sagte mir, dass ich dafür sorgen würde, dass sie es überlebten, und sie dadurch unglaublich viel für ihre Zukunft lernen konnten. Sie würden von klein auf erfahren, dass nichts im Leben leicht ist. Dass es Kummer und Seelenpein gibt. Dass man manche Menschen, ob man will oder nicht, mehr vermisst, als einem lieb ist. Und dass man schwierige Umstände ertragen muss, viel öfter als einem lieb ist. Aber das Ganze würde sie stark machen, und Stärke war immerhin etwas Gutes.

Aber es ist so traurig. Es macht einen so schrecklich traurig. Ich wollte nicht, dass sie ihren Vater hassen. Ich wollte, dass sie stolz auf ihn waren. Er machte die Hälfte ihres Wesens aus, und ich wollte nicht Gefahr laufen, dass sie mit sich selbst Probleme bekamen, nur weil ihre Mutter wütend auf ihren Vater war. Es war schließlich nicht ihr Fehler, dass Josiah aufgehört hatte, mich zu lieben. Ich hatte das Gefühl, dieser Umstand allein gäbe mir nicht das Recht, verbittert und hasserfüllt zu sein. Ich weigerte mich, wütend zu werden. Traurigkeit fand ich angemessen. Damit konnten die Jungs umgehen, und ich auch. Trauer war etwas quasi Organisches, das sich veränderte und wie Kompost zersetzte. Wut kam mir dagegen vor wie Plastik. Sie würde übrig bleiben, sich nicht in irgendwas verwandeln und auch nicht verschwinden. Mit Wut wäre niemand geholfen. Josiah weigerte sich, mit mir zu reden, wenn ich wütend war, und mir war es unerträglich, nicht mehr mit dem Mann zu reden, den ich liebte, egal, wie sehr er mich verletzte. Es war mir peinlich, wenn ich wütend wurde. Das hatte so etwas Schmutziges an sich. Ich konnte auch nicht nachdenken, wenn ich wütend war. Es war schwer, und es gab so vieles, über das man hätte wütend sein können – wirklich wütend –, aber in meinen Augen war Wut ein Gefühl, mit dem es sich nur schwer leben ließ. Ich kann mir nicht einmal ein Ei kochen, wenn ich wütend bin. In diesem Zustand vermag ich kaum zu atmen und bin definitiv keine gute Mutter. Deshalb suchte ich mir Orte und Zeiten zum Wütendsein, damit mich die Wut nicht im falschen Moment überkam. Diese Gelegenheiten mussten jedoch mit Bedacht gewählt sein, außerdem achtete ich strikt darauf, dass meine Kinder nichts davon mitbekamen. Ich denke, dass manche Leute den Eindruck hatten, ich würde mich kampflos mit allem abfinden. Doch so war es nicht. Ich wollte nur nicht toben und die durchgedrehte Ex geben. Ich wollte meine Familie als Familie erhalten, wenn auch in veränderter Form. Josiah war der Vater meiner Jungen, und ich wollte, dass sich das für sie gut anfühlte. Ich wollte unsere glücklichen Jahre für sie lebendig halten. Meinem Ehemann konnte ich zwar nicht verzeihen, dem Vater meiner Kinder dagegen schon.

Es gab Leute, die das nicht verstanden. Gute Freunde, die alles taten, um mir zu helfen, und unheimlich traurig darüber waren, wie sich die Dinge entwickelt hatten, meinten, ich würde das Ganze massiv verdrängen.

»Oh, du wirst schon noch früh genug wütend werden, und das solltest du verdammt noch mal auch«, sagte eine Freundin am Telefon zu mir.

Aber ich wollte das einfach nicht, und wozu auch? Konnte ich mit dem Ende meiner Ehe nicht umgehen, wie ich es für richtig hielt? Wollten meine Freunde, dass ich mehr litt, als ich es ohnehin schon tat? Die Antwort darauf, sowohl bei meinen Freunden als auch innerhalb der Familie, war ein klares Nein. Und gelegentlich war ich ja auch wahnsinnig wütend.

36.

Unsere Therapeutin drang nicht zu Josiah durch. Es wäre schon ein Fortschritt gewesen, wenn er sich bereit erklärt hätte, es auch nur versuchen zu wollen. Aber wir gingen fünf Tage lang zu ihr, und nichts änderte sich. Er sagte nur immer wieder »Ich kann nicht« oder »Ich werde nicht«. Und ich verstand sein »Ich kann es einfach nicht« tatsächlich nicht. In meiner Vorstellung war unsere Ehe, unser ganzes Leben eigentlich, nichts, wofür ich mich extra entscheiden musste. Es war einfach gegeben. So wie man blaue Augen oder volles Haar hat. Vielleicht hatte er dagegen immer das Gefühl gehabt, sich bewusst dafür entscheiden zu müssen, ein Teil davon zu sein oder »es zu tun«. Und dann, eines Tages (vermutlich an dem Tag, als Sylvia erstmals die Seminarräume betrat), beschloss er, dass er sich nicht mehr dafür entscheiden konnte, es zu tun. Nur verstand ich nicht, was an unserer Ehe eigentlich so schlimm war, und Doktor Bergen ging es ähnlich.

Im Verlauf einer Sitzung sagte Josiah, während ihm die Tränen übers Gesicht liefen: »Isabel sollte mit jemand wie Clark Jackson verheiratet sein.«

»Wer ist denn Clark Jackson?«, fragte sie.

»Ein Freund von uns oder eigentlich ein uralter Freund von mir«, sagte ich und war ein wenig irritiert.

»Er ist ein wirklich netter Kerl. Er ist aufrichtig und nett und gut. Er ist einfach ein guter Kerl«, sagte Josiah.

»Er ist nicht so kompliziert«, sagte ich.

»Ja, genau«, sagte Josiah.

»Denkst du, ich bin für dich nicht tiefgründig genug?«

»Nein, nein, das ist es nicht. Du und Clark, ihr wärt euch nur ähnlicher, als wir beide es sind.«

»Clark würde seine Frau und seine Kinder niemals verlassen«, sagte ich.

»Wenn du mit Clark zusammen wärst, hättest du wahrscheinlich nicht die Komplikationen, die wir jetzt haben«, sagte er.

Ich wollte schon sagen: *Du meinst Sylvia?* Aber weil ich wusste, dass ich damit nur einen Streit vom Zaun brechen würde, und ich den Eindruck hatte, er würde gerade beginnen, sich zu öffnen, ließ ich es bleiben. Aus demselben Grund haben wir bei unseren Sitzungen auch nicht über Sylvia gesprochen, denke ich. Wir haben uns ausschließlich auf uns beide konzentriert.

»Ich verstehe trotzdem nicht, was für schlimme Komplikationen das sind, die dich dazu bringen, alles zu zerstören, was wir uns gemeinsam aufgebaut haben«, sagte ich.

»Wir sind einfach so verschieden. Und du und Clark, ihr seid euch viel ähnlicher«, sagte er.

»Versuchen wir doch alle, im Blick zu behalten, dass auch wenn Sie das Gefühl haben, Clark wäre Isabel ein besserer Ehemann, trotzdem *Sie* mit ihr verheiratet sind«, meinte Doktor Bergen.

»Genau!«, rief ich. »Was soll der Scheiß, Josiah? Außerdem ist Clark mit Wendy verheiratet, also ist das ein blödsinniges Thema.«

Unsere Sitzungen erbrachten letztlich, dass Josiah ehrlich von unserer Verschiedenheit überzeugt war. Und für manche Gelegenheiten konnte ich das auch nachvollziehen. Der offensichtlichste, wenn auch vielleicht zu simple Unterschied bestand darin, dass er ein eher dunkler Typ ist und zu mir eher das Licht passt. Er war eher wie ein Seehund, der im Schatten und in der Gruppe schwimmt, ich hatte aber wohl mehr Ähnlichkeit mit einem Orang-Utan, der sich durchs Geäst schwingt. Allerdings kann kein Mensch nur düster oder hell sein. Es wäre kurzsichtig und sogar gefährlich, das zu glauben, weil es einen zum Schubladendenken verführt. Also argumentierte ich, dass auch ich verzweifelt, hoffnungslos und ängstlich sein könne. »Ich habe auch meine dunklen Seiten … ganz bestimmt!« Aber es gab auch andere Unterschiede. Er fand, er habe zu große Ähnlichkeit mit seinem Vater – der sei unnahbar, egoistisch und verantwortungslos –, ich sei dagegen wie meine Mutter – pragmatisch, berechenbar und wertend. Dabei hatte keiner von uns Probleme mit seinen Eltern, die Schwierigkeit bestand vielmehr darin, dass wir so waren wie sie. Er hatte recht, ich konnte durchaus wertend sein. Manchmal kommandierte ich ihn auf unfaire Weise herum, besonders wenn es um die Kinder ging. »Bring mir mal die Milch, ja? Mach schon!« Und ich neige tatsächlich dazu, meine Art, Dinge zu tun, als die absolut richtige anzusehen. Aber wie meine Mutter kann ich meine Schwächen auch durchaus eingestehen und gebe mein Bestes, um sie auszugleichen. Wenn ich mich also für etwas entschuldige, dann steht dahinter die feste Absicht, an mir selbst zu arbeiten. Bei diesen Therapiesitzungen kehrte ich wirklich mein Innerstes nach außen, um herauszufinden, inwiefern ich mich ändern und ihn so zurückgewinnen könnte. Alles für den Fall, dass es letztlich doch nicht um Sylvia ging.

Und da gäbe es einiges zu tun. Denn obwohl ich mich sehr bemühe, es nicht zu sein, bin ich ein Kontrollfreak. Das ist zunächst vielleicht nicht so offensichtlich, wenn es etwa nur um das richtige Schneiden einer Karotte geht oder um die Entscheidung, wann eine Dankeskarte fällig wäre, aber es kann auch deutlicher zum Ausdruck kommen. Das Schlimmste, was mir in dieser Hinsicht je passierte, war, als ich Josiah sagte, wem er sein Buch widmen sollte. Josiah hatte eine wissenschaftliche Abhandlung geschrieben, die veröffentlicht werden sollte. Es ist ziemlich schwer, etwas zu einem Wissenschaftsthema zu publizieren, daher war die Sache ganz schön aufregend. Als der Erscheinungstermin näher rückte, fragte ich ihn eines Tages danach, ohne lange zu überlegen.

»Du brauchst doch auch eine Widmung, oder?«, sagte ich.

»Klar, schließlich ist es ja ein richtiges Buch«, sagte er stolz.

»Na gut, und wem widmest du es?«

»Ich dachte, den Jungs.«

»Den Jungs?«, fragte ich ein wenig zu heftig zurück.

»Ja«, sagte er nur.

»Oh«, gab ich gekränkt zurück.

»In der Danksagung schreibe ich auch etwas über dich.«

»Nein, das habe ich nicht gemeint«, sagte ich und war sehr verlegen, weil er offenbar genau gemerkt hatte, wie gekränkt ich war. »Aber es ist doch so, dass sie, als du den Großteil davon geschrieben hast, noch gar nicht geboren waren.«

»Ian schon«, sagte er.

»Ich weiß, aber er war auch noch ein Baby. Und jetzt ist er ein Kind, niemand der dir geholfen, mit dir gelitten oder dir in schwierigen Momenten beigestanden hat.« Das konnte ich mir einfach nicht verkneifen.

»Ich schätze, da hast du recht.«

»Ich meine, ich will dir natürlich nicht vorschreiben, wem du dein eigenes Buch zu widmen hast.« Aber genau das tat ich gerade.

»Nein, nein. Ich werde noch mal darüber nachdenken«, sagte er.

Letztlich schrieb er eine wunderschöne Widmung für mich. Ich liebte sie, aber bei jedem Wiederlesen muss ich daran denken, dass ich ihn praktisch dazu gezwungen hatte.

Ich kann also wie meine Mutter eine Kontrollfanatikerin sein, während er sich, wie sein Vater Sherman, über alle Regeln hinwegsetzt. Er ist natürlich kein Gesetzesbrecher, sondern es geht hier um die Regeln des menschlichen Miteinanders. Josiahs Vater ist so attraktiv wie sein Sohn und entstammt einer sehr alten, distinguierten Südstaatenfamilie. Er hat einen melodiösen Upper-Class-Akzent, liest begeistert und trägt einen goldenen Familienring am kleinen Finger. Er und seine Frau Susan sind seit den frühen Siebzigerjahren gut mit meinen Eltern befreundet. Damals kauften sie sich ein Haus in Maine, und zwar, um näher bei Josiah und seinem Bruder zu sein, deren Mutter und Stiefvater sich ein Jahr zuvor dort ein Feriendomizil gekauft hatten. Josiahs Eltern waren, als er gerade mal vier Jahre alt war, bereits geschieden und neu verheiratet. Als er sechs war, besaßen beide Paare Häuser auf derselben winzigen Insel vor der Küste von Maine, um im Sommer näher bei ihren Kindern zu sein. Auf eben dieser Insel besaß die Familie meiner Mutter seit hundert Jahren ein Sommerhaus.

Wie auch immer, jedenfalls kenne ich Josiahs leibliche und Stiefeltern, seit ich ein kleines Mädchen war. Als ich heranwuchs und bemerkte, dass Familien jeweils einen eigenen Charakter haben, da glaubte ich, Josiahs Familie habe eine Persönlichkeit, die mir sehr zusagte. Es ging dort ausgesprochen lustig und lebensfroh zu. Die Menschen waren nicht so verklemmt, wie manch andere Familie in Maine. Bei Club-Picknicks sah ihr Essen klasse aus, und es gab immer reichlich davon. Josiahs Stiefmutter Susan ist eine fantastische Gastgeberin. Sie kann wunderschöne Kinderkleider nähen und traditionelle Südstaatengerichte zubereiten, wie zum Beispiel Chess Pie. Sie hat ein Talent, festliche Tafeln so zu dekorieren, wie es sonst niemand einfallen würde. Außerdem war sie mal eine Southern Belle. Man findet reichlich Geschmack und Charme in dieser Familie. Von außen betrachtet erschienen sie mir wie der coolste Clan weit und breit. Da gab es etwa diese »Geschichtennächte«, in denen die Familie sich mit Freunden um ein riesiges Lagerfeuer versammelte, das die Männer einen Tag lang aufgeschichtet und vorbereitet hatten. Jeder, der daran teilnahm, war gebeten, eine Geschichte mitzubringen. Man konnte sich selbst eine ausdenken, ein Kapitel aus einem Buch vorlesen oder auch eine Begebenheit aus der Familiengeschichte vortragen. Es gab Hotdogs und pikant gefüllte

Eier, viele Kinder und reichlich Wein. Sherman hielt Hof und Susan trug einen mit Blumen und Bändern üppig geschmückten Sommerhut, den sie alljährlich nur zu diesem Anlass aus dem Schrank holte. Die Geschichten wurden mit Applaus bedacht, vor allem wenn ein mutiges Kind das Wort ergriff. Die Feier dauerte immer bis spät in die Nacht und erschien mir als der Inbegriff einer perfekten Familie. Und dann wurde ich ein Teil davon. Ich bekam sogar ihren Nachnamen.

Josiahs Vater weiß alles über Vögel und übers Segeln. Er ist Anwalt, könnte aber auch Professor sein, denn er vertieft sich absolut in die Themen, die ihn interessieren. Er wird zum Experten. Das hat schon fast obsessive Züge. Obwohl er ausgesprochen charmant und liebenswürdig sein kann und mich stets mit ausgesuchter Höflichkeit behandelte, vermag er auch sehr schwierig zu sein. Denn er neigt dazu, nur nach seinen eigenen Regeln zu spielen. Und obwohl ich weiß, dass er das nicht absichtlich tut, so setzt er doch unbeirrbar seinen Kopf durch, auch wenn sich das auf konventionelle Weise nicht bewerkstelligen lässt. Ob er dabei andere verletzt, scheint ihn nicht zu kümmern. Mir fallen ein paar Beispiele für dieses Verhalten ein, aber das überzeugendste ist wohl, dass er seine Frau, Josiahs Mutter, wegen Josiahs Stiefmutter Susan verließ, als Erstere noch mit Josiah schwanger war. Natürlich war das schon eine Weile her und kompliziert gewesen und ich kannte selbstverständlich auch nicht alle Fakten, aber die Geschichte war nun mal passiert und sie erschreckte mich. Letztlich fand sich dann alles. Als Familie haben sie es, meiner Ansicht nach, wirklich gut hingekriegt. Es geht sehr liebvoll zu, und man gibt sich große Mühe miteinander. Aber es ängstigte mich immer, dass Josiah gerade in dieser Hinsicht wie sein Vater war.

Diesen ganzen Wahrheiten über uns und den Unterschieden zwischen uns zum Trotz gab uns die Therapeutin in allen Sitzungen doch auch viele Beispiele für die zwischen uns feststellbaren Ähnlichkeiten. An erster und wichtigster Stelle war da die Liebe und Hingabe für unsere Kinder. Zudem arbeiteten wir beide als Dozenten, liebten Oberlin und mochten unseren Hund. Doktor Bergen versuchte nach Kräften, unsere Ehe zu retten. Aber vergebens.

An unserem letzten Abend in New York gingen wir mit meiner besten Freundin Bess und ihrem Mann George ins Kino. Etwas für Paare völlig Normales mit einem völlig normalen Paar zu unternehmen, obwohl man sich gerade in der Stratosphäre des Abnormen befindet, fühlt sich ziemlich schrecklich an. Der Film endete damit, dass eine der Hauptfiguren Multiple Sklerose oder irgendeine andere unheilbare Krankheit bekam. Der liebevolle Ehemann dieser Darstellerin war ununterbrochen an ihrer Seite, während die arme Frau starb. Ich saß im Kino und konnte einfach nicht glauben, dass falls ich in ein paar Jahren ebenfalls schlimm erkrankte, ich keinen treuen, tapferen Gatten hätte, der mir einen Schluck Wasser reichte und meine Hand tätschelte. Im Moment saß er zwar noch neben mir, aber das war nur mehr vorübergehend. Bis ich eine schreckliche Krankheit bekäme, wäre er nicht mehr da. Und was war mit »in guten wie in schlechten Tagen, in Gesundheit und Krankheit«? Hatte man mit dem Eingehen der Ehe nicht die Garantie für Handtätscheln in den Momenten des Sterbens bekommen? Nein, das war offenbar nicht der Fall. Mein Mut sank auf eine Stufe, die so tief war, dass ich ihre Existenz gar nicht für möglich gehalten hätte. Dann spürte ich, wie Bess nach meiner Hand griff.

Kurz bevor Josiah und ich ins Taxi stiegen, umarmte

Bess mich fest und flüsterte mir ins Ohr: »Es wird nicht so weit kommen. Alles wird gut werden.«

Ich sah sie an und schüttelte schwach den Kopf. Am nächsten Tag fuhren wir zurück nach Ohio. Diese Fahrt habe ich nur verschwommen in Erinnerung. Ich sann ununterbrochen darüber nach, dass die Therapie fehlgeschlagen war, und darüber, was das für mich und die Jungs bedeutete. Es gab keine Schneestürme oder geplatzten Reifen, die diese Rückreise zu etwas Bemerkenswertem gemacht hätten. Aber da war dieser Wolf. Ich schwöre, dass ich einen Wolf neben der Straße stehen sah, kurz nachdem wir Ohio erreicht hatten. Wahrscheinlich war es eher ein Kojote, aber damals meinte ich, einen riesengroßen silbergrauen Wolf neben der Straße heulen zu sehen.

Dritter Teil

Wallace und James

37.

Dass Josiah so viel davon gesprochen hatte, wie verschieden wir waren und wie schlecht wir zusammenpassten, begann mir auf die Nerven zu gehen. Einerseits war es mir wirklich egal, ob wir ein seltsames Paar abgaben – wir waren verheiratet, wir hatten Kinder und wir durften uns nicht hängen lassen, sondern mussten dafür sorgen, dass es funktionierte. Gar nicht davon zu reden, dass ich uns vier Monate zuvor auf die Frage, wie ich unsere Ehe auf einer Skala von eins bis zehn bewerten würde, noch eine satte Acht gegeben hätte. Andererseits begann ich mir manchmal vorzustellen, wie es mit jemand wäre, der mehr Ähnlichkeit mit mir hätte und mich so lieben könnte, wie ich nun mal war. Ich gab mich solchen Phantasien aber nicht zu intensiv hin, denn erstens fürchtete ich, der liebe Gott oder irgendeine andere schicksalhafte Macht könnte mich belauschen. Es kam mir ja schon wie Ehebruch vor, mir vorzustellen, wie mein Leben ohne Josiah als Ehemann verliefe. Und zweitens war es eine schmerzliche Vorstellung, dass Josiah mich tatsächlich nicht mehr liebte. Auch wenn dieser Eindruck ständig an Überzeugungskraft gewann. Er hatte sich offensichtlich von mir entliebt. Ich verspürte den Impuls, um seine Liebe zu kämpfen, und zugleich das Bedürfnis, darüber hinwegzukommen. Man kann Menschen nicht dazu bringen, einen zu lieben, sagte ich mir. Aber schließlich liebte ich ihn, weshalb es sich geradezu widernatürlich anfühlte, mit dem Darüber-hinweg-Kommen zu beginnen. Ich war hin und her gerissen. Der erste Schritt, um ein solches Trauma zu überwinden, ist die Suche nach einem wirklich guten Anwalt. Eine produktive Maßnahme, um die eigene Ehe zu retten, besteht darin, die Frau loszuwerden, die sich zwischen einen und den Ehemann stellt. Um beides hatte ich mich zu kümmern.

Mein Vater bat einen befreundeten prominenten New Yorker Anwalt, ihm Kollegen in Cleveland zu empfehlen. Bald bekam ich einen Anruf von Dad, der mir in gedämpftem Ton eine Liste mit fünf Kandidaten vorlas.

Jack Jones: Eine Bulldogge mit Killerinstinkt, die den Typen in der Luft zerreißt und keine Gefangenen macht.

Huaah, dachte ich.

Jane Jones: Ein Haifisch, der dir alles durchsetzt, was du willst, sofern du ihn unbehelligt die Drecksarbeit machen lässt.

John Jones: Clever, kämpft ganz nach Wunsch mit oder ohne harte Bandagen.

James Jones: Große Kanzlei, wird die Sache ohne viel Aufhebens erledigen.

Sara Jones: Besonders nett.

Hmmm. Ich schrieb alles Wort für Wort mit und las mir die Beschreibungen noch mal in Ruhe durch, sobald ich mir sicher sein konnte, dass Josiah das Haus verlassen hatte (was ohnehin meist der Fall war). Ich wollte ihn nicht wissen lassen, dass ich mir einen Anwalt besorgte. Mein Vater wie auch eine Reihe von Freundinnen hatten mir geraten, ihn so lange nicht darüber zu informieren, bis ich bereit war, in die Verhandlungen einzusteigen. Ich bekam überhaupt jede Menge Ratschläge von jeder Menge Leuten. Eröffne ein eigenes Konto, engagier einen

Privatdetektiv, frier die Ersparnisse ein (welche Ersparnisse?), versteck den Schmuck (welchen Schmuck?), besorg dir eine neue E-Mail-Adresse. Ich schätzte die vielen Tipps zwar, aber hin und wieder gaben sie mir trotzdem das Gefühl, mich in einem Spionage-Thriller zu befinden. Und das machte mich fertig. Selbst wenn er diese ganzen Maßnahmen traf, ich würde es nicht tun. Wir hatten ja nicht viel. Vielleicht wäre es etwas anderes gewesen, wenn wir stinkreich gewesen wären, in Scarsdale gelebt hätten, mit ein paar Häusern, zahlreichen Bankkonten und Booten bis zum Abwinken. Dann hätte ich mich vielleicht eher bemüßigt gefühlt, entsprechende Schritte zu unternehmen. Aber wir lebten in Ohio, und er war Unidozent. Wahrscheinlich hatte er eine Affäre, aber wollte ich deshalb wirklich die Fotos eines Privatdetektivs, auf denen zu sehen war, wie er spätnachts aus ihrer Wohnung schlich? Oder noch schlimmer, Bilder von ihm und Sylvia, kichernd beim Tee in ihrem Büro? Nein. Ich konnte ganz gut selbst schnüffeln und nachforschen. Wenn diese Ehe tatsächlich endete, dann sollte das wenigstens würdevoll vonstatten gehen. Aber eigentlich wollte ich viel lieber alles wieder ins Lot bringen.

Ich entschied mich für John Jones, clever, mit oder ohne harte Bandagen. Ich dachte mir, der wird uns genau zuhören. Ich wollte Josiah nicht fertigmachen. Was würden Wallace und James später darüber denken? So eine Frau wollte ich einfach nicht sein. Anwälte können einen verrückt machen, und ich hatte auch so schon genug um die Ohren.

38.

Als ich noch ein kleines Mädchen war, wachten mein Bruder Andrew und ich in Dark Harbour, Maine, immer sehr früh auf. Meistens war es neblig, vor allem morgens. Dann lag ich in meinem kleinen Zimmer mit der Rosentapete und schaute aus dem Fenster auf die Kiefer am Rand der kleinen Klippe. Wegen des Nebels konnte man das Meer nicht sehen, aber es war gut zu hören. Das Geräusch, an das ich mich am besten erinnere, ist ein Boston-Walfänger irgendwo in der Ferne.

Mein Bruder, der zwei Jahre jünger ist als ich, pflegte wortlos hereinzukommen. Dann begaben wir uns zusammen ins Wohnzimmer, um uns auf einem kleinen rot-weißen Kassettenrekorder *Schneewittchen und die sieben Zwerge* anzuhören. Auf der anderen Seite der Kassette war *Rikki Tikki Tavi*, aber wir fingen immer mit *Schneewittchen* an. Ich vermute, wir warteten darauf, dass meine Mutter uns zum Frühstück rief, aber ich kann mich nicht daran erinnern, dass wir unsere Eltern aufgeweckt hätten. Das Wohnzimmer lag neben dem Zimmer, in dem unsere großen Brüder schliefen. Sie waren damals schon Teenager (und stammten aus der ersten Ehe meines Vaters mit Joy (deren Name besser Gelassenheit statt Freude gelautet hätte) und schliefen dauernd. Mein Vater glaubt, weil Teenager so schnell wachsen, sollte man sie so viel schlafen lassen, wie sie wollen. Ich meine mich auch zu erinnern, dass keiner von uns im Sommer je früh aufstehen musste, aber gelegentlich wohl doch, denn wir haben alle Segeln gelernt, und die Segelstunden fanden immer vormittags statt. Aber grundsätzlich lautete die Regel, wecke niemals einen schlafenden Teenager, denn dabei kann nichts Gutes herauskommen.

Die *Schneewittchen*-Kassette begann mit einer Männerstimme, die fragte: »Hey, Jungs und Mädels, wollt ihr eine Geschichte von Schneewittchen und den sieben Zwergen hören? [lange Pause] Guuuut.« Er sagte »guuuut« in diesem flotten Siebzigerjahre-Ton.

Andrew und ich saßen nebeneinander auf dem Sofa und hörten uns wieder und wieder *Schneewittchen* und *Rikki Tikki Tavi* an. Irgendwann scheuchte meine Mutter uns auf, gab uns zu essen und chauffierte uns zum Tennisspielen auf einen feuchten roten Aschenplatz oder zum Knotenlernen an den Steg des Jachtclubs. Irgendwann später am Tag trafen wir dann auf unsere Brüder Dave und Doug. Den Großteil der Siebzigerjahre schienen die beiden mit den Fenton-Jungs zu verbringen. Das waren drei Brüder namens Peter, Paul und Mark, von denen einer besser aussah als der andere. Sie hatten alle, meine Brüder eingeschlossen, lange Haare. Manchmal mussten sie abends auf mich aufpassen, und das war für mich das Größte. Ich zog mir ein hübsches Nachthemd an und brachte sie dazu, mir nacheinander jeweils ein Kapitel aus einem Buch von Laura Ingalls Wilder vorlesen. So lernte ich das Flirten. (Gibt es, wenn man sechs Jahre alt ist, etwas Besseres als einen sechzehnjährigen Jungen, der einem *Laura im großen Wald* vorliest?)

Wenn mein kleiner Bruder und ich unsere großen Brüder trafen, die sich wahrscheinlich um zwei Uhr nachmittags zusammen mit den Fenton-Jungs gerade ihr Frühstück zubereiteten, dann zogen sie uns unermüdlich mit der Märchen-Kassette auf.

»Hey, Jungs und Mädels«, neckte Dave, »wollt ihr eine Geschichte von zwei kleinen Kindern hören, die ins Meer geworfen wurden? – Guuuuut.« Und dann lachten alle Teenager und trugen ihre Berge von Essen zu den

Adirondack-Sesseln nach draußen, um mit Blick aufs Wasser zu essen.

Wir taten so, als hätten wir Angst, sie mit unserem Kassettenrekorder um Viertel vor sieben aufgeweckt zu haben, aber trotzdem taten wir es an jedem Tag des Sommers. Ich weiß nicht, wie es Andrew erging, aber ich liebte es, viele Brüder und deren Freunde in unserem Haus zu haben. Und ich glaube, meinen Eltern gefiel es auch.

Wenn die eigene Ehe in die Brüche geht, dann passieren einem ein paar unvermeidliche Dinge. Zum Beispiel verliert man blitzschnell zehn Kilo an Gewicht. Es gibt darüber sogar eine Zeile in einem Lied von Paul Simon. Ich aß normal, aber die Pfunde purzelten, als würde ich pausenlos fasten. Ironischerweise fühlt man sich schrecklich, sieht dabei aber toll aus. Vielleicht ist das die Güte des Schicksals, um einem wenigstens bessere Chancen als Single zu verschaffen.

Außerdem beginnt man, nach den kleinsten Kleinigkeiten zu suchen, die als Aufmunterung taugen und einem das Gefühl geben, noch am Leben zu sein. Meine Freundin Eve riet mir, auf die herabgefallenen Blätter zu achten und mir nicht das kleinste bisschen Schönheit entgehen zu lassen. Man lauscht auf ein gutes Lied im Radio. Es kann auch mit dem Lächeln des eigenen Kindes funktionieren, doch mir brachen die strahlenden Gesichter von Wallace und James eher das Herz.

Trotzdem versuchte ich, mich über kleine Dinge zu freuen. An einem Sonntagmorgen gingen wir vier zum Brunch. Das war schon schmerzlich. Wir taten so, als wären wir noch eine Familie. Ich klammerte mich an die Hoffnung, wenn wir noch Familienprogramm zusammen machten, würde Josiah vielleicht wieder zur Besinnung kommen und erkennen, was für einen fatalen Fehler er im Begriff war zu begehen. Es ging ihm ziemlich schlecht. Das Lokal, das wir aufgesucht hatten, war eigentlich die Bar der Stadt, aber an den Sonntagen übernahm hier ein externer Koch das Regiment in der Küche, die sonst nur tiefgekühlte Snacks servierte. Er bereitete fantastische Eiergerichte und Pfannkuchen zu. Seine Spezialität waren pikante Pfannkuchen. Ich bestellte eine Portion mit Spargel, Greyerzer und Schinken. Das Ganze wurde mit Ahornsirup und zwei Eiern obendrauf serviert. Nachdem wir unser Essen bekommen hatten, machten sich die Jungs über ihre Pfannkuchen ohne alles her, und Josiah senkte den Kopf entschlossen über sein Omelett. Ich machte, was der Kellner mir geraten hatte, und goss den Sirup über meine Pfannkuchen. Es schmeckte großartig. Süß und pikant, der scharfe Käse und die wachsweichen Eidotter. Ich rief laut: »Gütiger Gott, das schmeckt einfach himmlisch!« Dann begann ich auch noch zu lachen. Es war, als würde ich zum ersten Mal Dulce-de-leche-Eis essen. Eine Bombe unerwarteten Glücks explodierte in meinem Mund. Josiah schien meine Begeisterung nicht zu goutieren, und die Jungs warfen weiterhin Hash Browns auf den Boden und stießen das Salzfass auf dem Tisch um. Ich hatte trotzdem in genau diesem Moment die Gewissheit, dass mein Leben weitergehen würde.

Ich dachte, wenn Pfannkuchen ein solches Erlebnis für mich sein können, dann bin ich noch nicht tot. Josiah hatte mich nicht umgebracht und mir auch nicht die Fähigkeit genommen, Freude am Leben zu haben. Ich schmeckte etwas Himmlisches und freute mich darüber, wenn auch nur eine Sekunde lang. Diese Pfannkuchen waren der Beweis dafür, dass ich es schaffen würde. Die Erkenntnis gab mir Mut und die Hoffnung, dass man selbst an dem finstersten Tag einen Lichtschein entdecken und die Schönheit der Welt erleben kann. Es klingt vielleicht bescheuert, aber das Leben kann so herrlich sein. Das auch in den deprimierendsten und traurigsten Zeiten nicht zu vergessen, ist unerlässlich, wenn man sich zu den guten Zeiten zurückkämpfen will.

39.

Etwa sechs Tage lang belauerten Josiah und ich einander. Im einen Moment waren wir übertrieben höflich, dann wieder kalt und distanziert. Wie Fremde mit gemeinsamen Kindern. Wir versuchten, normale Dinge mit Wallace und James zu unternehmen und versprachen einander, in ihrer Gegenwart nicht zu streiten. Es war inzwischen November und wurde kalt. Der leere, öde Spielplatz des Naturparks von Nordost-Ohio war das perfekte deprimierende Ausflugsziel. Wir schubsten die Kinder beim Schaukeln an und brachen unser Schweigen nur, um den Jungs etwas zuzurufen. Josiah leistete seine Papa-Stunden ab, schaute aber dauernd auf die Uhr, um zu sehen, wann er wieder von mir wegkonnte. Mir war jede Sekunde kostbar, die wir zu viert verbrachten, egal, wie angespannt die Atmosphäre war. Aber er verbrachte keinerlei Zeit mit uns, wenn er nicht musste. Sobald wir wieder zu Hause waren, machte er auf dem Absatz kehrt und ging ins Büro. Nachdem ich mit zwei voll berufstätigen Eltern aufgewachsen bin, kommt es mir eigentlich nicht in den Sinn, »das Büro« als guten Grund für Abwesenheit anzuzweifeln. Aber da er praktisch all seine Zeit dort verbrachte, war mir jede Ausrede recht, ihn dort aufzusuchen.

Eine meiner wirklich liebenswerten Freundinnen mit Kindern war eine Norwegerin namens Liv, die mit dem Celloprofessor des Konservatoriums verheiratet war. Sie hatten ein großes Haus, gleich die Straße hinunter, und drei Töchter. Wie die meisten Mütter in Oberlin machte sie alles selbst und war eine großartige Mutter. In ihrer Küche gab es immer irgendwelche halb fertigen Kunstobjekte zu sehen, und auf dem Herd köchelte stets irgendein vegetarisches Gericht vor sich hin. Ihre Kinder waren süß und wohlerzogen. Sie hielten sogar eine Ruhestunde ein, in der sie zum Spielen auf ihre Zimmer gingen. Das machten sie übrigens sogar gern und tauchten erst nach Ablauf der Zeit wieder unten auf. Ich glaube, ich könnte meinen Jungs bis in alle Ewigkeit Berge von Eis versprechen, aber sie würden keine sechzig Sekunden allein in ihren Zimmern spielen.

Liv staunte wie jeder andere über mein Dilemma. Sie traf Spielverabredungen für die Kinder und hatte ein offenes Ohr für mich. Wann immer ihre Mutter ihr irgendwelche köstlichen Süßigkeiten aus Norwegen schickte, hinterließ sie mir etwas davon in meiner Küche. Einmal kam ich, kurz bevor ich zum Unterricht musste, nach Hause und fand dort eine Dose Pfefferkuchen vor. In Norwegen glaubt man, dass es Glück bedeutet, wenn man so einen Keks mit dem Druck eines Fingers in zwei gleich große Hälften brechen kann. Ich aß zwölf Stück und zerbrach jeden davon vorher mit meinem Zeigefinger. Wenn einer in mehrere Teile zerbrach, aß ich sie rasch auf und versuchte es mit einem neuen. Am Schluss hatte ich die Hälfte perfekt halbiert. Glücksaussichten von fifty-fifty fand ich gar nicht so schlecht.

Ich musste zwar zum Unterricht, aber diese dünnen Plätzchen passten wunderbar zu einer Tasse Tee. Aah, schon hatte ich wieder einen Grund, Josiahs Büro aufzusuchen. Selbst in diesen schweren Zeiten würden wir uns bei einem guten Keks zum Tee verständigen können. Ich packte einen Stapel davon vorsichtig ein, denn ich wollte keinen zerbrechen, bevor ich sie ihm übergeben hatte. So machte ich mich auf den Weg, allerdings nicht ohne vorher noch mein Haar zu bürsten und Lippenstift aufzutragen. Ich wünschte mir so sehr, ihm zu gefallen. Gibt es etwas Besseres als eine hübsche Frau, die einem Kekse bringt und noch dazu zufällig die Mutter der eigenen Kinder ist?

Seine Tür war zu und abgeschlossen. Ich wusste, dass sein Unterricht in etwa zwanzig Minuten begann, also wartete ich, weil ich ihn nur auf der Toilette vermutete. Als ich ihn schließlich den Flur entlangkommen sah, strahlte ich ihn an und hielt ihm die Kekse hin.

»Ich habe was für dich«, sagte ich.

Er wich mir aus wie einer dieser abgemagerten streunenden Hunde irgendwo in Afrika und drückte sich an die Wand. Dort standen ein Wasserspender und darunter ein Mülleimer. Ich sah, wie er etwas hineinwarf. Er versuchte, es unauffällig zu tun, aber wie unauffällig kann man so etwas in einem ansonsten leeren Flur schon tun? Dann schob er sich an mir vorbei und schloss die Tür auf. Der Geruch nach Rauch war penetrant.

»Hast du etwa geraucht?« Ich schrie ihn fast an. Er schloss die Tür hinter uns. »War das eine Zigarettenkippe, die du da vorhin weggeworfen hast?«

Er antwortete nicht, sah aber auch nicht erschrocken aus, nur genervt.

»Ja, ich habe geraucht. Ich habe wieder angefangen, wegen dem ganzen Stress, den wir im Moment haben«, sagte er.

»Du hast angefangen zu rauchen?«, sagte ich.

Josiah ist ein passionierter Jogger. Er hat in seiner Collegezeit ein halbes Jahr lang geraucht und es dann wieder bleiben lassen. Josiah ist kein Raucher. Es gibt ja eine Menge richtiger Raucher, die mit einer Zigarette vielleicht sogar gut aussehen. Josiah gehört definitiv nicht dazu. Ich selbst habe mit fünfundzwanzig aufgehört, davor war ich eine echte Raucherin. Ich weiß, wann ich so jemand vor mir habe, und Josiah fällt nicht in diese Kategorie.

»Ich verstehe dich nicht. Wenn irgendjemand unter diesen Umständen Grund hätte, wieder mit dem Rauchen anzufangen, dann ich! Nicht, dass ich das tun würde, weil es schlecht ist und lebensgefährlich, und vielleicht darf ich dich daran erinnern, dass wir Kinder haben, für die wir Verantwortung tragen … Was zum Teufel denkst du dir dabei?« Ich umklammerte die Kekse immer fester.

»Ich muss gleich unterrichten. Aber ich wüsste auch wirklich nicht, was dich das anginge«, sagte er.

Das war das Totschlagargument. Innerhalb von zwei Monaten war ich von der Ehefrau mit vollem Zugang und offener Kommunikation mit ihrem Ehemann zu einer Art Fremden geworden, mit keinerlei Rechten oder Zugang zu dem Mann, mit dem sie die letzten sechs Jahre zusammengelebt hatte.

»Wie könnte mich das nichts angehen, Josiah? Schließlich leben wir zusammen«, sagte ich am Rande der Verzweiflung.

»Aber nicht mehr lange«, sagte er leise.

40.

Ich drückte ihm die Kekse in die Hand und rannte aus dem Gebäude. Dabei fühlte ich mich, als hätte mich dieser verdammte Zug, der mich einen Monat zuvor überfahren hatte, erneut erwischt. Ich atmete heftig und konnte kurzzeitig nicht scharf sehen.

Was passiert da? Was passiert da?

Irgendwie schaffte ich es bis in die Toiletten der Theaterwissenschafts-Fakultät. Dort spritzte ich mir kaltes Wasser ins Gesicht. Ich muss zum Unterricht. Konzentrier dich aufs Unterrichten. Dreh nicht durch. Ich ging ins Foyer, wo die Theaterstudenten mit ihren zerrissenen Jeans und Flanellhemden herumhingen. Obwohl ich dabei war durchzudrehen, spürte ich auch meinen Stolz darauf, Studenten zu haben. Man ist für sie eine Art Filmstar, auch wenn sie das natürlich nie zugeben würden. Sie wollen mit dir reden, dich necken, mit irgendwas, das sie gemacht haben, angeben.

Dann erblickte ich den Dekan der Fakultät, der mich eingestellt hatte. Wie jeder gute Schauspieler spürte er sofort, dass mit mir irgendwas nicht stimmte.

»Hi, Isabel. Alles in Ordnung?«, sagte er.

Man muss Hilfe annehmen, wenn man sie kriegen kann. Und genau das tat ich. Bis dahin hatte ich noch niemand von der Fakultät erzählt, was in meinem Leben los war. Ich wollte nicht, dass die Leute davon wussten. Ich wollte nicht, dass meine oder ihre Arbeit davon beeinträchtigt würde. Aber er hatte es mir auf den Kopf zugesagt, also ging ich schnurstracks in sein Büro, setzte mich auf die unförmige, braungelbe Couch und weinte. Es gibt nichts Besseres als einen Drama-Dozenten, um die richtige Atmosphäre zu erzeugen, in der man seine Maske fallen lässt.

»Ich habe nur gerade Josiah gesehen ... ich habe ihn ertappt ... er hatte geraucht!«, heulte ich.

»Sie wissen das ja nicht, aber vor sechs Wochen hat er mir gesagt, dass er uns verlassen will ... und jetzt raucht er!« Dann krümmte ich mich auf der Couch zusammen und schluchzte meinen ganzen Kummer heraus. Nachdem ich mich wieder aufgerichtet und ein paarmal tief durchgeatmet hatte, sagte er: »Wenn Leute anfangen zu rauchen, tun sie das meist, weil sie mit jemand anderem rauchen.« Ich setzte mich kerzengerade hin.

»O mein Gott«, sagte ich nur.

Jim sah mich an, beugte sich herüber und legte eine Hand auf mein Knie.

»Tut mir leid«, sagte er.

Natürlich hatte diese französische Hexe meinen Ehemann zum Rauchen verführt! Ich war außer mir. Vorher war mir das alles wie ein böser Traum erschienen. Schließlich rauschte doch niemand in eine Stadt, teilt seinen Lehrplan aus und macht sich dann daran, sich den bestaussehenden, am glücklichsten verheirateten Englischprofessor des Colleges und noch dazu zweifachen Vater zu krallen – und das alles innerhalb eines Monats! Das kann doch nicht wahr sein, das kann nicht in meinem Leben passieren. Aber offensichtlich war es so. Deshalb genug von den Überraschungen durch das eine oder andere komische Bauchgefühl. Ich brauchte jetzt handfeste Beweise für diese Vermutung.

Meine Freundin Bess hatte mir versprochen, sie käme postwendend aus New York angereist, wenn ich sie brauchte. Noch am selben Abend rief ich sie an. Am Wochenende war sie da.

41.

Josiah zog übers Wochenende ganz in sein Büro an der Englisch-Fakultät, damit Bess und ihr acht Monate alter Sohn Oliver das Gästezimmer für sich hatten.

Als sie ankamen, führte ich sie zunächst durchs Haus, als sei nichts. Seit wir das Haus gekauft hatten, freute ich mich wahnsinnig darauf, ihr noch das kleinste Dekor und jedes Detail ab dem Jahr 1877 zu zeigen. Wir schoben das Gespräch über meine unangenehmen Eheprobleme bis nach der Führung vom Keller bis zum Dach auf. Am Ende standen wir wieder im Wohnzimmer, wo meine Jungs sich einen Film ansahen und wo dieser fantastische Lehnstuhl stand, den ich mit einem gestreiften Stoff von Lulu DK bezogen hatte und auf den ich so stolz war. Bess legte Oliver mit einem Haufen Spielsachen auf eine Decke am Boden und kramte in ihrer Tasche. Schließlich zog sie eine kleine braune Samtschatulle heraus und gab sie mir. Darin lag ein kreisrundes goldenes Medaillon an einer langen Kette. Ich traute mich kaum es zu öffnen, weil ich fürchtete, vor den Kindern in Tränen auszubrechen. Bess liefen da schon die Tränen übers Gesicht. Ich öffnete das Medaillon und sah in die Gesichter von Wallace und James. Da presste ich das Schmuckstück an meine Brust und warf mich in Bess' Arme. Es ist ziemlich schwer, stumm zu weinen, aber genau das taten wir beide, zitternd und schluchzend, umgeben von unseren Kindern.

Josiah kam nur kurz nach Hause, um die Kinder zu Bett zu bringen. Dann machte er sich wieder davon, um Bess und mich mit unserer Flasche Wein und unserem Rührei allein zu lassen.

»Weißt du, was meine Mutter sagt? Sie sagt – kommt gar nicht infrage. Du sollst ihm einfach sagen, dass das inakzeptabel ist. Dass er nicht einfach gehen kann. Es ist nicht in Ordnung. Nur wer wirklich das Letzte ist, lässt seine Kinder im Stich«, sagte sie.

»Ich weiß, aber er sagt, er könne einfach nicht mehr, und, Bess, ich weiß nicht, was ich anderes tun soll, als ihm zu glauben und ihn ziehen zu lassen. Ich kann ihn einfach nicht aufhalten«, sagte ich und begann zu weinen.

»Das kann nicht wegen Sylvia sein«, sagte sie.

»Ich weiß – so kann es doch nicht sein, oder?«, sagte ich und hörte sofort auf zu weinen. »Er würde uns doch nicht wegen einer anderen Frau verlassen, oder?«

Sie schüttelte den Kopf. »Genau weiß man das natürlich nie. Wahrscheinlich geht er nicht jede Nacht mit ihr ins Bett. Es könnte auch nur ein Blick auf dem Flur sein, oder die etwas längere Berührung ihrer Hände, wenn sie sich ein Buch geben«, sagte sie.

»Es könnte diese wahnsinnig verführerische Sache sein, die darin besteht, sich in jemand zu verlieben, den man nicht haben kann. Das ist noch schlimmer als bloßer Sex«, sagte ich.

»Lass uns doch mal versuchen, seinen Standpunkt zu sehen. Vielleicht kommen wir damit weiter«, sagte sie und machte ein Gesicht wie jemand, der gerade engagiert worden ist, um ein Rätsel zu lösen.

»Okay«, sagte ich. Sie nippte an ihrem Wein und überlegte.

»Erinnerst du dich an Lupe?«

»Ja.« Lupe war ihr Freund gewesen, als sie während ihrer Collegezeit in Europa gelebt hatte.

»Lupe liebte mich wirklich. Aber er liebte dieses perfekte, idealisierte Bild von mir, das er sich ehrlich gesagt meiner Meinung nach größtenteils zusammenphantasiert hatte. Ich war so ähnlich, aber zusätzlich hatte ich eben auch noch all diese anderen, dunklen Seiten, die ihn absolut nicht interessierten und um die er sich deshalb auch nicht im Geringsten kümmerte. Er stellte mich auf ein immer höheres Podest, bis am Ende *ich* nicht mehr damit klarkam. Es war zu gut, und ich wusste, dass ich nicht so gut war, wie er mich sehen wollte. Ich hatte das Gefühl, stranguliert zu werden, in der Falle zu sitzen – es war schrecklich. Also benahm ich mich schlecht, damit er sehen sollte, dass ich eigentlich gar nicht so toll war. Ich brauchte jemand, der damit klarkam, dass ich manchmal auch ein Arschloch war, und mich trotzdem liebte«, sagte sie.

»Aber ich liebe Josiah und weiß, dass er ein Arschloch ist«, sagte ich.

»Aber weiß er das auch? Und, Isabel, lässt du ihn wirklich ein Arschloch sein und akzeptierst das, ohne ihn zu verurteilen?«, sagte sie und hob fragend eine Augenbraue.

»Nein. Ich mache ihn fertig und sage ihm, er sei schlimmer als sein Vater«, sagte ich und spürte Panik in mir aufsteigen.

»Aha. Schau, Izzle, die Ehe ist eine schwierige Sache, und es gibt darin viele Irrungen und Wirrungen. Vielleicht ist es das. Vielleicht hat er das Gefühl, einfach nicht er selbst sein zu können? Vielleicht überlegt er es sich noch einmal, wenn du wirklich offen mit ihm darüber sprichst?«

»Meinst du, ich soll jetzt gleich zu ihm gehen? Ins Büro?«, sagte ich und stand bereits.

»Ja. Nein. Ja. Ich werde hierbleiben, und du gehst zu ihm.« Wir waren beide ganz aufgeregt, als ob wir gerade die Lösung gefunden hätten.

Ich fuhr mit unserem Minivan hinaus in die kalte Nacht und zur Englisch-Fakultät.

Dort parkte ich genau vor seinem Fenster auf dem ansonsten leeren Parkplatz. Sein Licht brannte als einziges noch. Von meinem Handy aus rief ich seine Büronummer an. Er ging nicht dran. Wie das? Danach wählte ich seine Handynummer. Auch hier hob er nicht ab. Ich lief zum Eingang des Gebäudes, aber dort war, wie nach zehn Uhr üblich, abgesperrt. Also rannte ich zum Auto zurück und versuchte es noch mal im Büro. Diesmal ging er dran.

»Hi«, sagte ich. »Ich bin's.«

»Ist alles in Ordnung?«, sagte er.

»Ja, ich stehe draußen vor deinem Büro.«

»Isabel, ich möchte jetzt schlafen.«

»Bitte. Bitte, Josiah, es ist wichtig. Bess und ich haben geredet, und ich glaube, wir sind auf etwas Wichtiges gekommen, das uns vielleicht helfen könnte.«

»Na, schön, ich komme runter.« Er legte auf.

Dann ließ er mich rein. Er war noch komplett angezogen. Wir gingen über den dämmrigen Flur, was sich komisch anfühlte. So, als wäre man nach Ladenschluss in einem Supermarkt.

Schließlich betraten wir sein Büro. Auf dem Boden lagen ein Kissen und eine wie ein Schlafsack zusammengefaltete Decke. Ich begann zu weinen.

»Ich finde es schrecklich, dass du hier schläfst. Einfach schrecklich ... Aber bitte hör mich an, ja?«, sagte ich.

»Ja, aber es ist schon spät, Isabel – und Bess ist mit allen drei Jungs alleine?« Er machte mich richtig wütend.

»Ja, aber sie ist gekommen, um uns zu helfen, und was ich dir zu sagen habe, könnte uns helfen, deshalb ist sie bei den Kindern zu Hause. Wenn sie aufwachen sollten, bin ich in zwei Sekunden zurück. Willst du denn nicht hören, was ich dir zu sagen habe? Ist dir das nicht wichtig? Oder steht es mir nicht zu, irgendetwas dazu zu sagen, dass meine Ehe gerade in die Brüche geht?« Ich wollte ja eigentlich nicht wütend werden, aber ich konnte es kaum vermeiden.

»Also schön«, sagte er.

Ich holte tief Luft. »Fühlst du dich zu wenig beachtet? Lasse ich dich du selbst sein? Weil ich glaube, dass mir das nicht immer gelingt. Ich bin so beschäftigt mit unserem Alltag, und ich möchte eben, dass alles seine Ordnung hat, und wenn das nicht gelingt, werde ich wütend. Aber das ist nicht besonders tolerant. Eigentlich möchte ich anders sein und mit dem zurechtkommen, was ist, anstatt mich damit zu beschäftigen, was ich gerne hätte. Verstehst du? Ich möchte dich wirklich voll und ganz lieben, im Guten wie im Schlechten, wenn's leicht geht und wenn' schwerfällt, und manchmal gelingt mir das vielleicht nicht. Kommt es dir so vor? Fühlst du dich erstickt und missverstanden? Ich kann mich ändern«, sagte ich. (Manchmal wünsche ich mir die Fähigkeit, mich in ein zwei prägnanten Sätzen auszudrücken, statt in zwanzig mittelmäßigen, aber so hat der liebe Gott mich nun mal gemacht.)

»Isabel, es ist schon spät.«

»Bitte, Josiah, stimmt das? Liebst du mich deshalb nicht mehr?« Ich begann wieder zu weinen.

»Schau, wir haben das doch alles schon durchgekaut. Ich habe alles gesagt, was mir dazu einfällt. Wir waren bei Doktor Bergen, und es hat nichts gebracht.«

»Aber du versuchst es ja auch nicht.«

»Doch, das tue ich. Ich habe es jahrelang versucht, und jetzt kann ich nicht mehr. Ich wüsste nicht, was ich sonst noch dazu sagen sollte«, sagte er entnervt.

»Liebst du mich wirklich nicht mehr?«, sagte ich. Daraufhin herrschte ein längeres Schweigen.

»Nein«, sagte er. »Tut mir leid.«

Ich nickte und ließ ihn in seinem kleinen Büro zurück.

Als ich zurückkam, war Bess schon im Nachthemd. Unser Geschirr war gespült und auf der Küchentheke standen zwei Becher Pfefferminztee.

»Es hat nicht funktioniert«, sagte ich.

»Dann ist es wegen Sylvia. Lass uns Martin anrufen.«

42.

Martin war Josiahs bester Freund von der Uni. Er war derjenige gewesen, der bei unserer Hochzeit Josiahs Gehirn mit einer Kathedrale verglichen hatte. Martin und seine Frau Tracy lebten in Iowa, wo er als Englischdozent lehrte. Martin sieht aus wie der typische nette, leicht gammelige Collegekumpel. Er albert rum, trinkt bei Sportübertragungen Bier und wirkt kein bisschen wie der höchst intellektuelle, überaus erfolgreiche Gelehrte, der er aber ist. Er schreibt über Donne und Düsternis und hat diesen unglaublichen Verstand, aber wenn man mit ihm ausgeht, merkt man nicht das Geringste davon. Josiah schätzt ihn über die Maßen. Martin anzurufen, kam mir unfair vor, aber ich war einfach extrem verzweifelt.

»Ich kann ihn nicht anrufen, Bess. Er ist Josiahs Freund«, sagte ich.

»Er ist der Pate von Wallace. Dass er hilft, die Ehe der Eltern seines Patensohns zu retten, gehört zu der Abmachung, die er mit Gott hat, Isabel. Also los.«

»Dann ruf du ihn an, du bist die Patentante.«

»Okay«, sagte sie und tat es.

Ich saß auf dem Sofa in der Bibliothek, während sie mit dem Apparat, der auf dem Schreibtisch stand, telefonierte. Dort war auch noch das Foto von Josiah, meinem Stiefsohn Ian und mir. Es war aufgenommen worden, als wir zum ersten Mal gemeinsam bei Josiahs Stiefmutter in North Carolina gewesen waren. Wir drei am Strand. Alle sahen jung und glücklich aus. Während es noch klingelte, nahm Bess das Bild in die Hand und hielt es mir hin. Ich nickte, und sie presste es kurz an ihr Herz.

»Martin? Hier ist Bess«, sagte sie.

Sie sprachen eine ganze Weile miteinander. Martin berichtete Bess, dass Josiah ihn im September angerufen hätte, um ihm von einer »interessanten Dozentin, die neu an der Fakultät war« zu berichten. Martin hatte ihm gesagt, dass er nichts darüber hören wolle. Seither hatten die beiden nicht mehr miteinander geredet.

So war das also. Josiah hatte Sylvia offenbar von dem Moment an haben wollen, als sie an der Fakultät aufgeschlagen war. Bedeutete das, dass sie dabei war, das Undenkbare zu tun? Ich musste es aus erster Hand erfahren.

Am nächsten Tag ließ ich Wallace und James bei Josiah und fuhr Bess und Oliver die halbe Stunde Weg zum Flughafen. Tags zuvor hatten wir vor dem Einschlafen beschlossen, dass ich Sylvia auf der Rückfahrt vom Flughafen zur Rede stellen würde. Im Auto gingen Bess und ich alles bis ins letzte Detail durch. Wie ich sie finden und was ich zu ihr sagen würde, wie mein Abgang aussehen sollte und was ich Josiah als Ausrede für meine verspätete Heimkehr vom Flughafen erzählen wollte. (Ich wäre falsch abgebogen. Das war zwar praktisch ein Ding der Unmöglichkeit, weil es von unserer Haustür bis zur Startbahn eigentlich nur geradeaus ging, aber es gibt eine Abzweigung, an der man, wenn man betrunken und blind ist, falsch fahren konnte. Unter normalen Umständen ist es sicher dumm zu lügen und sinnlos, weil die Wahrheit doch immer ans Licht kommt. Aber wir beriefen uns auf den Grundsatz, in der Liebe und im Krieg sei alles erlaubt.)

»Okay«, sagte Bess wie ein Footballtrainer, »lass uns noch mal durchgehen, was du sagen wirst.«

»Und wenn ich anfange zu weinen?«, fragte ich.

»Das macht nichts, sei einfach du selbst. Aber versuch, stark zu sein, denn du musst diese Sätze herausbringen. Deshalb ist es auch gut, wenn du sie auswendig kannst.«

»Sylvia«, sagte ich zum Lenkrad, »ich weiß, dass mein Ehemann mit dir flirtet. Und ich könnte mir vorstellen, dass es vielleicht eine einseitige Sache ist, aber falls du versucht bist, eine Affäre mit ihm in Erwägung zu ziehen, dann möchte ich dich bitten, es nicht zu tun. Du kennst meine Kinder, du kennst unser Leben. Meine Ehe ist mir teuer, und die Jungen brauchen ihren Vater. Vielleicht liegt es daran, dass du noch so jung bist oder noch nicht selbst Mutter, dass du den Ernst der Lage nicht siehst oder nicht ermessen kannst, was für eine Katastrophe es für meine Kinder wäre, wenn unsere Ehe zerbrechen würde. Das geht über die Liebe, die zwischen euch beiden bestehen mag, weit hinaus.« Ich fand, ich klang wie der Aufruf einer Bildungsoffensive, mit dem man Eltern ermahnt, ihren Kindern mehr vorzulesen.

»Gut«, sagte Bess. »Du wirst sie überrumpeln und deshalb erkennen können, ob sie lügt oder nicht. Denn abstreiten wird sie es ganz sicher.«

43.

Ich setzte die beiden am Flughafen ab und fuhr zurück nach Oberlin. Ich war schrecklich nervös, schwitzte und bekam kaum Luft. Mit Sicherheit war das eine leichte Panikattacke, aber da sich mein Leben damals sowieso größtenteils so anfühlte, konnte ich trotzdem weiterfahren. Sylvias Apartment befand sich in einem großen weißen Haus am Stadtrand. Falls man überhaupt sagen kann, dass es in Oberlin eine schlechte Wohngegend gibt, dann fing sie dort an. Außerdem fiel ein eisiger Nieselregen. Ich sah zu dem Gebäude hoch und zählte drei verschiedene Treppenhäuser, die zu den einzelnen Wohnungen führten. Ich hatte nicht viel Zeit und hielt es für keine gute Idee, auf gut Glück an alle möglichen Türen zu klopfen. Die Chance, dass dahinter jemand wohnte, den ich kannte, war ziemlich groß. Mein Adrenalinspiegel stieg weiter und brachte diese detektivische Ader in mir zum Vorschein. Rechts von mir lag eine Eingangshalle, und zu meiner Erleichterung waren die Briefkästen allesamt offene Behälter. Ich sah mir drei davon an und stieß schon beim vierten auf Sylvias Namen. Nummer 3B. Sogleich lief ich in den dritten Stock hinauf. Die Tür war einen Spalt breit offen. Ohne lange zu überlegen, klopfte ich.

»Sylvia?«, rief ich.

Nichts.

Ich klopfte noch mal, und da erschien sie.

Sie trug Jeans und einen langen, grauen Turtleneck-Pullover aus Wolle. Außerdem hatte sie noch einen Schal um den Hals geschlungen. Französinnen scheinen wirklich ein Faible für Tücher und solches Zeug zu haben. Oft tragen sie auch drinnen Schals. Das sieht meist ziemlich chic aus. Ich trug dagegen den voluminösen dunkelblauen

Daunenanorak meines Vaters von L. L. Bean und dazu eine Skimütze. So unterstrich ihr lässiger Schal nur umso deutlicher das Klischee von der eleganten Geliebten und der altbackenen Ehefrau und Mutter. Wie hatte Bess mich nur auf diese Mission schicken können, während ich wie eine Idiotin aussah? Aber wir hatten uns so stark darauf konzentriert, was ich sagen sollte, dass wir das Wichtigste vergessen hatten – was ich dabei anhaben würde. Ich stillte James damals noch, und meine dicken Brüste unter der Daunenjacke taten ein Übriges.

Sie sah entsetzt aus.

»Ich muss mit dir reden, wenn du nichts dagegen hast«, sagte ich.

Ihre Wohnung war fast leer. Da gab es nur einen Schreibtisch mitten im Wohnzimmer, viele Bücherstapel und ein modernes Gemälde, das an der Wand lehnte.

»Ich schäme mich zwar, das zu sagen, aber ich kann dir gar nichts anbieten«, stammelte sie.

Meine Güte, dachte ich, die Frau schämt sich andauernd.

»Schau, ich will dir nur kurz etwas sagen, dann bin ich schon wieder weg«, sagte ich.

Und dann sagte ich wortwörtlich, was Bess und ich seit dem Vorabend einstudiert hatten. Gegen Ende meines Texts brach ich allerdings in Tränen aus.

»Ich weiß gar nicht, was ich hier mache«, weinte ich und schlug die Hände vors Gesicht. »Es tut mir leid. Ich bin nur wahnsinnig besorgt und verängstigt.« Sie nahm mich lange in den Arm, und ich weinte und weinte.

»Was soll ich tun?«, sagte sie. Ihren Ton und ihren Gesichtsausdruck fasste ich als Eingeständnis auf.

»Bitte, halt dich doch von ihm fern. Geh ihm im wahrsten Sinne des Wortes aus dem Weg, wenn er in deine Nähe kommt. Sieh ihn nicht mal an«, sagte ich.

Ich hatte mich selbst davon überzeugt, dass sie kein Interesse an ihm hatte, er sie aber wohl heftig umwarb.

»Einverstanden«, sagte sie. »Das werde ich tun. Ich würde dir und deiner Familie niemals in die Quere kommen.«

»Ja. Und ich möchte mir gar nicht ausmalen, was dein Ehemann davon halten würde.« Das war mir spontan eingefallen. Sie nickte und sah mich verdammt erschrocken an.

»Es tut mir leid, dass du das durchmachen musst.«

»Danke«, sagte ich und ging. Mission erfüllt. Jetzt wusste ich, dass er hinter ihr her war, sie aber nicht hinter ihm. Ich war ihr dankbar. Was machte es schon, wenn er sich in sie verschaut hatte? Wenn sie ihn nicht wollte, dann würde sich das Ganze totlaufen, und schließlich würden seine Gefühle wieder zu mir zurückkommen. Ehen müssen derartiges Schlamassel andauernd aushalten.

44.

Als ich durch die Hintertür in die Küche kam, stand Josiah mit verschränkten Armen da.

»Wo zum Teufel bist du gewesen?«, sagte er.

»Wieso, hast du dir Sorgen gemacht?«

»Nein, aber du warst verdammt lange weg.«

»Hab mich verfahren. Du kennst doch diese Kurve an dem Ding, das wie ein Silo aussieht. Da bin ich abgebogen und habe danach erst mal nicht wieder auf den Highway zurückgefunden«, log ich.

»Bullshit.«

Er wusste, dass ich log, aber woher? Ich versichere, dass ich damals nicht im Traum daran dachte, dass natürlich sie ihn angerufen haben musste, sowie ich aus der Tür gewesen war. Aber warum wäre er sonst so wütend auf mich gewesen? Und derart misstrauisch? Ich dachte nicht daran, weil ich tatsächlich glaubte, Sylvia auf meiner Seite zu haben. Ja, sie hatte zugegeben, dass Josiah mit ihr flirtete, aber sie hatte mir auch zu verstehen gegeben, dass da weiter nichts wäre, das hatte sie doch, nicht wahr, und ich kaufte ihr das ab.

Für den Rest des Tages ließ Josiah mich mit den Kindern allein. Und zwar an dem deprimierendsten, verregnetsten und kältesten Sonntag seit Menschengedenken. Ich merkte, dass die Jungs irgendeine Vorahnung hatten. Ich sah es in ihren süßen Gesichtern. Aber ich wusste nicht, wie ich sie hätte aufheitern oder vom Gegenteil überzeugen sollen. Ich fühlte mich so erschöpft und war schrecklich traurig. Wir blieben den ganzen Tag drinnen und fuhren erst am Abend in die Stadt, um uns Pizza zu holen. Ich war noch nie abends alleine mit den beiden in ein Restaurant gegangen. Es war eigenartig und hart. Denn ich wollte einfach keine alleinerziehende Mutter von zwei kleinen Kindern sein.

45.

Seine Mutter kam und versuchte zu helfen. Sie scheiterte. Sein Vater kam und versuchte ihn davon zu überzeugen, dass er bleiben sollte. Er scheiterte. Meine Eltern kamen, aber nicht um zu versuchen, ihn zu irgendwas zu überreden, sondern um sich zum ersten Mal das Haus anzusehen und um mir beim Traurigsein zu helfen. Alle waren traurig. Alle waren wütend. Aber ich ertrug die wütenden Reden meiner Eltern nicht, also bat ich sie, damit aufzuhören. Sie verstanden mich, aber weil sie so sehr damit zu tun hatten, ihren Zorn hinunterzuschlucken, blieb kaum ein anderes Gesprächsthema übrig. Ich erinnere mich daran, wie mein Vater das Laub vor dem Haus zusammenrechte. Er brauchte Stunden. Sein sonst so fröhliches Gesicht war düster und ernst. Er kümmerte sich um das Chaos seines Schwiegersohns, das ihn wütend und traurig stimmte.

Trauer und Wut. Diese beiden Gefühle können einen bis zum absoluten Stillstand herunterbremsen, sodass man nur noch leidend in seinem Bett herumliegt. Das Problem ist jedoch, dass man den Alltag nicht abschalten kann. Außer man hat keine Kinder, keinen Job, keine Freunde, denn dann muss man sich einfach weiterkämpfen und irgendwie arrangieren. Und auch wenn ich keine Scheidung wollte und manchmal immer noch glaubte, ihn davon abbringen zu können, wusste ich, dass ich ein paar Vorkehrungen zu treffen hatte.

In Ohio gibt es eine sogenannte Joint Dissolution of Marriage. Wenn es einem gelingt, sich mit dem Ehepartner hinzusetzen und eine Vereinbarung zusammenzuzimmern, dann braucht man nur noch einen Anwalt und ist innerhalb von sechs Wochen geschieden. Sofern nichts dagegen spricht, bearbeitet die staatliche Behörde den Fall ganz schnell und bringt einen vor einen Richter, der die Ehe für aufgelöst erklärt. Sechs Wochen sind zu kurz, aber drei Jahre zu lang, denn so lange kann es durchaus dauern, wenn man zwei kampflustige Anwälte ins Rennen schickt. Wir hatten weder die Zeit noch das Geld noch die Nerven für so eine Marathon-Scheidung. Also entschieden wir uns für die schnelle, sauberere Variante.

Mein Anwalt aus Cleveland gab mir einen guten Rat. Er sagte, wir sollten uns schnell auf eine Trennungsvereinbarung einigen. Wenn die Zeit, als die Ehe noch funktionierte, erst kurz zurückliegt, erinnert man sich noch an die guten Seiten. Anfangs möchte man sich deshalb gut oder zumindest fair behandeln. Je länger die guten Zeiten her sind, je stärker die Anwälte involviert sind, desto eher entwickelt er sich zu dem Arschloch, das er zuvor niemals war, und desto mehr wird sie zur unerträglichen Zicke, die sie auch nie gewesen ist. Er riet mir außerdem, das Verhandeln nicht den Anwälten zu überlassen, denn dann verlieren alle. Bei einer Scheidung gibt es ohnehin nur Verlierer. Jede Seite muss immer etwas mehr nachgeben, als sie eigentlich möchte, und ein wenig mehr verlieren, als ihr lieb ist. Gewinner gibt es dabei keine.

Also setzten Josiah und ich uns an die brandneue Kücheninsel in unserer brandneuen Küche, machten uns eine Kanne Tee und einigten uns. Wir sprachen vernünftig und freundlich miteinander. Ich wollte nach New York gehen, und er war damit einverstanden. Ich wollte, dass er alles tat, um die Kinder regelmäßig zu sehen, und er sagte es mir zu. Ich wollte eine gewisse finanzielle Unterstützung, auch wenn ich wusste, dass das für unseren Lebensunterhalt in Manhattan niemals reichen würde, und er willigte ein.

»Wirst du mir immer ein Freund sein?«, sagte ich weinend.

»Ja«, sagte er.

»Wirst du die Jungs immer lieben?«

»Na klar.«

»Werden wir immer ihre Eltern sein?«

»Immer.«

»Ich bin so traurig.«

»Das bin ich auch«, sagte er.

»Jemand anderer wird die Jungs großziehen«, sagte ich.

»Du wirst jemand aussuchen, der liebevoll zu ihnen ist.«

»Woher willst du wissen, dass es uns gut gehen wird?«

»Ich denke einfach, dass wir glücklicher sein werden …«, sagte er.

»Hoffentlich irrst du dich da nicht.«

Als ich ein Teenager war, sagte mein Vater fast täglich »Shit happens« zu mir. Vielleicht meinte er, uns permanent daran erinnern zu müssen, damit wir, wenn etwas passierte, was ja unvermeidlich war, zumindest ein bisschen vorbereitet wären. »O Mann, shit happens … Das sagt Dad ja andauernd, und jetzt ist es passiert.« Jedem passieren andauernd irgendwelche Sachen, also geht es ausschließlich darum, wie man reagiert, wenn die Kacke am Dampfen ist. Mich mit Josiah hinzusetzen und zu versuchen, das schmerzhafteste und undenkbarste Gespräch – die Auflösung meiner Familie – auf zivilisierte und ruhige Art zu führen, hat mir geholfen. Es hilft mir noch heute, mich daran zu erinnern, dass wir versuchten, dabei nicht zu streiten. Dass wir versuchten, einander zuzuhören und Kompromisse zu finden. Dass wir versuchten, uns als Eltern zu sehen, nicht als verletzte Ehepartner.

Aber wir waren natürlich verletzte Ehepartner.

46.

Mir graute vor Thanksgiving, meinem mit Abstand liebsten Feiertag. Josiah und ich hatten das Haus mehr oder weniger gekauft, weil es perfekt für das Thanksgiving-Essen war. Als sich der November dem Ende zuneigte, war klar, dass wir keinen Siebenundzwanzig-Pfund-Truthahn einsalzen würden, um ihn gemeinsam mit Familie und Freunden zu verzehren. Wir beschlossen stattdessen, dass ich mit den Jungs nach New York fahren sollte, wo auch mein Bruder, dessen Frau und Sohn sein würden. Er würde in Oberlin bleiben. Ich fand heraus, dass Sylvia zu ihren Eltern an die Ostküste fuhr, was mich ein wenig beruhigte. Allerdings konnte mich nichts darüber hinwegtrösten, dass Josiah und ich zu Thanksgiving in jeglicher Hinsicht getrennt wären.

Josiahs Mutter tat das Ganze so leid, dass sie uns die Tickets bezahlte. Ich wusste, dass das, was zwischen mir und ihrem Sohn passierte, sie wahrscheinlich an ein sehr schmerzhaftes Kapitel in ihrem eigenen Leben erinnerte, das schon fünfunddreißig Jahre zurücklag. Wir sprachen allerdings nicht darüber.

Ich war starr vor Angst bei der Vorstellung, nach Hause zu fahren. Obwohl das Fliegen mit einem Eineinhalb- und einem Dreijährigen eine Qual ist, wäre ich lieber immer weiter geflogen, bis zum darauffolgenden Freitag, nur damit ich mich und meine verlassenen Kinder nicht über die Türschwelle meines Elternhauses hätte schleppen müssen. Dabei hatten sie mir, während mein Scheidungsdrama in vollem Gang war, beide Stein und Bein geschworen, es wäre in Ordnung, wenn ich zurück nach New York käme und bei ihnen leben würde. Geplant war, dass wir ab Weihnachten dort sein sollten, und wir hatten uns alle darauf eingestellt. Gleichzeitig wusste ich aber, dass die Aussicht, mit mir und meinen zwei ziemlich kleinen Jungs unter einem Dach zu wohnen, sie zu Tode ängstigte. Die Träume von beschaulichen Morgen mit der *New York Review of Books* zerplatzten bei der Vorstellung von einem Apartment, das mit zwei ungestümen Kleinkindern und einer gebrochenen, gestressten alleinerziehenden Mutter, die mit fünfunddreißig vor den Scherben ihrer Existenz stand, überbelegt war. Sie sorgten sich nicht nur um mich, sondern auch um sich selbst. Und das konnte man ihnen kaum verübeln.

Ich fühlte mich schuldig und hilflos. Wenn aus Eltern Großeltern werden, dann erzählen sie gerne, was das Beste daran ist: Man kann seine Enkel besuchen, ihnen eine Geschichte erzählen und sie dann den Eltern zurückgeben. Dieses Privileg sollten meine erst kürzlich in den Ruhestand getretenen Eltern bald verlieren. Bald würden sie den Jungs und mir nicht mehr ausweichen können. Meine Eltern und ich haben ein gutes Verhältnis, aber es kann schon auch mal hoch hergehen. Meine Mutter liebt mich zwar über alles, aber ich schaffe es auch, sie maßlos zu reizen, und umgekehrt. Wir hatten beide fast fünfzehn Jahre Zeit gehabt, um in getrennten Haushalten eine funktionierende, erfreuliche Mutter-Tochter-Beziehung zu entwickeln, aber nun würden wir wieder in die Phase davor zurückgeworfen. Wir würden Wand an Wand schlafen und uns eine Küche teilen müssen. Keine von uns beiden wollte gern den Status »Dame des Hauses« verlieren. Sehr bald würden wir aber dazu gezwungen sein. Und das war wirklich verdammt bitter.

47.

Am Thanksgiving-Wochenende fielen wir in New York ein und verteilten unser Gepäck und unsere Trauer überall. Die Jungs kamen mir lauter und fordernder vor denn je. Sobald einer von ihnen zu weinen begann, stürzte ich mit ihm aus dem Zimmer und bat ihn, damit aufzuhören. Wenn sie für meine Begriffe zu laut lachten, zuckte ich zusammen. Stieß einer von ihnen einen Becher Wasser um, benahm ich mich, als hätten sie sich mit wasserfesten Stiften über das Sofa hergemacht. Ich war so müde und verängstigt, und nichts und niemand konnte mir helfen. Mein Bruder und meine Schwägerin waren von meinem plötzlichen Schicksalsschlag wie vor den Kopf gestoßen, und ich schämte mich dafür. Wir verbrachten alle viel Zeit damit, über andere Dinge zu sprechen. Am ersten Abend nach unserer Ankunft begaben wir uns, nachdem die Kinder zu Bett gebracht waren, auf einen Drink vor dem Abendessen zusammen ins Wohnzimmer.

Ich nahm ein Glas Weißwein, das mein Vater mir gereicht hatte, und trank es in dreißig Sekunden leer. Danach muss ich noch mindestens drei weitere getrunken haben, während ich dem Geplauder meiner Familie über Gott und die Welt lauschte. Ich wusste, dass jeder den neongelben dreitausend Pfund schweren Elefanten im Zimmer aus Rücksicht auf mich »übersah«, aber das nützte nichts. Wenn ich die Möglichkeit gehabt hätte, mit meinen Jungs nach Oberlin zurückzukehren, hätte ich es sofort getan. Ich hasste es, auf diesem Sofa zu sitzen. Ich hasste es, mich so gedemütigt zu fühlen. Ich hasste meine Familie und dieses Apartment, und ich wollte nur noch nach Hause zu meinem Mann, meinen Kindern und in unseren eigenen Betten schlafen. Aber ich saß hier fest. Rettungslos fest.

Beim Abendessen war ich bereits so betrunken, dass ich nicht mehr wusste, was ich redete. Trotzdem hatte ich das Gefühl, etwas zum Gespräch über den beruflichen Wiedereinstieg meiner Schwägerin Nora beizutragen. Letztlich wurde ich vom Tisch und dem Mithelfen beim Abwasch entschuldigt. Ich nahm ein Bikalm und schlief auf dem Sofa im Wohnzimmer ein. Mein Bruder und seine Familie übernachteten in unserem früheren gemeinsamen Kinderzimmer.

Am nächsten Tag, dem Mittwoch vor Thanksgiving, saß ich mit James, der mit einem Puzzle spielte, im Wohnzimmer auf dem Boden. Wallace schaute sich im Kinderzimmer einen Film an. Immer noch im Nachthemd und ans Bücherregal gelehnt fühlte ich mich wirklich am Tiefpunkt angelangt. Da kam meine Mutter herein.

»Isabel«, sagte sie und begann die Sofakissen aufzuschütteln, »ich weiß nicht, was gestern Abend in dich gefahren ist, aber dass du Nora derart egozentrisch zugetextet hast, war inakzeptabel.«

Ich warf einen Blick auf James, dem die volle Nachtwindel schon bis zu den Knien hing.

»Es dreht sich nicht die ganze Welt um dich. Ich weiß, dass die Zeiten hart sind«, sagte sie. (Ach wirklich? Ich dachte, dein Mann stünde seit siebenunddreißig Jahren treu an deiner Seite? Aber warum erzählst du mir nicht mehr von den harten Zeiten?)

»Aber wenn wir hier alle zusammen leben sollen – und zwar Gott weiß wie lange –, dann solltest du langsam mal anfangen, auch an andere Menschen zu denken und nicht nur an dich selbst«, sagte sie.

An diesem Punkt wünschte ich mir aus ganzen Herzen, ich würde ohnmächtig. Ich hielt die Luft an, bis es in meinen Fingerspitzen kribbelte und mein Gesicht rot anlief. Am liebsten hätte ich meinen Verstand abgeschaltet. Aber das passierte nicht. Mir fiel nichts anderes ein, was ich meiner Mutter hätte antworten können, außer: Es tut mir leid. Ich begann zu weinen.

Der Ausdruck, einen Hund treten, der schon am Boden liegt, kam mir in den Sinn. Um nicht noch mehr Schaden anzurichten und James zu erschrecken, musste ich flüsternd antworten.

»Mum, mein Leben geht gerade in die Brüche, und ich kann nichts dagegen tun. Wenn du nicht willst, dass wir hier wohnen, kann ich auch in Ohio bleiben und mich dort irgendwie durchschlagen. Aber genauso wenig wie ich hier wieder einziehen und euch stören möchte, will ich in Ohio bleiben. Als Alleinerziehende ohne Mann und ohne Job wäre es dort vielleicht noch schlimmer und könnte schlimm enden. Aber lass mich dir sagen, wie sehr ich die Vorstellung hasse, hier wieder einzuziehen. Ich liebe mein Leben in Oberlin, und ich möchte nicht, dass es zu Ende geht. Ich habe Angst, kein Geld, und ich liebe meinen Mann, der gerade dabei ist, mich zu verlassen. Also entschuldige bitte, wenn ich zu viel getrunken oder zu viel über mich selbst gesprochen habe. Ich habe es nicht gemerkt. Ich werde mir Mühe geben, bescheidener zu sein und euch aus dem Weg zu gehen, aber wenn du uns hier nicht haben willst, musst du mir das sagen.«

Sie richtete sich sehr gerade auf.

»Nein. Dad und ich haben alles besprochen, und wir sind bereit. Wir haben uns einen Plan zurechtgelegt, wie wir damit umgehen werden. Wir sind entschlossen, und ich glaube, dass es durchaus mal Schwierigkeiten geben kann, aber dass wir es hinbekommen werden.«

Ich glaubte ihr nicht.

48.

Meine Abwesenheit hatte nichts an Josiahs Gefühlen für mich geändert, oder zumindest hatte er seine Meinung zum Thema Scheidung nicht geändert, während wir weg waren.

»Wo hast du denn Thanksgiving verbracht?«, sagte ich.

»Bei Solomon«, sagte er. Solomon war der Dekan der Englisch-Fakultät. »Ich habe mich ziemlich elend gefühlt, aber gestern haben Ward und Secca mich zum Ausgehen mitgenommen, und das war nett.«

»War Sylvia auch dabei?«

»Ja.« Da hatte ich wieder meinen Dämpfer.

Normalerweise hätte meine wachsende Panik mich dazu gebracht, weiterzubohren oder ihm vorzuwerfen, dass er sie liebe, oder eine weitere sinnlose Unterredung darüber zu beginnen, ob er zu mir zurückkehren würde, aber ich hielt mich zurück, denn ich hatte einen anderen Plan gefasst.

Am nächsten Morgen, es war ein Sonntag, erzählte ich Josiah, ich müsse an die Theaterwissenschafts-Fakultät, um mir Zeugnisformulare zu holen. Aber nachdem ich in New York auf dem Tiefpunkt angekommen war und ohnehin nur noch sehr wenig Hoffnung für meine Zukunft hegte, beschloss ich, mich fortan mit Leib und Seele dem Spionieren zu widmen. Schließlich dachte ich damals noch, Sylvia würde sich nach Kräften von Josiah fernhalten. Ich dachte, sie sei doch selbst verheiratet und hätte Besseres zu tun, als in Nordostohio mit dem Ehemann einer anderen zum Abendessen auszugehen. Aber offensichtlich irrte ich mich, und ich hoffte mehr als alles andere, dass die schüchterne und diskrete Secca, die zum

Spaß mit meinem Mann und einer anderen Frau ausgegangen war, mir die entsprechenden Antworten geben könnte.

Ich parkte in ihrer Einfahrt und lief die Stufen zu dem winzigen Haus hinauf. Es war zehn Uhr morgens und bitterkalt. Ich klopfte an die Tür. Ihre graue Katze Omen kam hinter einem Vorhang hervor und starrte mich an. Ich schaute durchs Fenster ins Wohnzimmer, aber dort war niemand. Das Auto stand neben dem Haus, aber sie waren offenbar noch nicht auf. Schließlich hatten sie auch keine Kinder.

Ich hämmerte fester an die Tür und wartete. Mir war eiskalt. Also schlug ich wieder und wieder an die Tür. Ich kam mir schon vollkommen verrückt vor, aber es kümmerte mich nicht. Wacht verdammt noch mal endlich auf und redet mit mir! Lasst mich auf euch zählen! Endlich sah ich Seccas Füße die Treppe herunterkommen. Ich hatte sie noch nie ohne Make-up gesehen. Sie musterte mich durch die Glasscheibe, lächelte nicht, machte aber wenigstens die Tür auf.

»Hi, Isabel, wir sind noch nicht auf«, sagte sie sachlich, aber nicht unfreundlich.

»Tut mir leid«, sagte ich. »Ich bin ziemlich verzweifelt und muss mit dir und Ward reden.«

»Komm rein«, sagte sie.

Wir setzten uns im Wohnzimmer auf ihr modernes Sofa.

»Kannst du bitte Ward holen?«, sagte ich.

»Nein, er möchte da nicht mit hineingezogen werden«, sagte sie.

Ich konnte nicht fassen, dass sie bereits darüber gesprochen hatten. Bei Minusgraden hatte ich an ihre Tür gehämmert, und sie hatten erst einmal besprochen, wie sie mit dieser Krise auf ihrer Türschwelle umgehen sollten?

Ich war auch schockiert, weil sie offenbar schon wussten, warum ich aufgetaucht war.

»Er will nicht mit mir reden?«, sagte ich.

»Nein.«

Noch ein Schock.

»Ich muss erfahren, was ihr über Josiah und Sylvia wisst.«

»Was für eine Rolle spielt das denn, Isabel? Es macht doch in Bezug auf deine Situation keinen Unterschied. Warum willst du das also wissen?«, sagte sie in sehr ruhigem Ton.

»Entschuldige bitte, aber für mich macht das einen himmelweiten Unterschied, Secca. Wenn ich mit Sicherheit weiß, dass da etwas zwischen den beiden läuft, dann habe ich eine Chance, es abzustellen. Ich versuche verzweifelt, meine Ehe zu retten ... Ich kann einfach nicht glauben, was da gerade passiert.«

Sie blieb so ruhig und reserviert, dass sie mir vorkam wie aus einer anderen Welt, wo Affären an der Tagesordnung sind. Mir fehlten fast die Worte.

»Dann willst du mir also gar nichts sagen? Bitte. ich muss es doch wissen«, presste ich hervor.

»Ich weiß nicht, was genau da läuft, und ich frage auch nicht danach. Aber wenn wir alle zusammen sind, benehmen sie sich wie ein Paar. Von dir ist da niemals die Rede.« Sie senkte den Kopf. »Tut mir leid.«

Ich verließ ihr kleines Haus und ging den Weg zu unserem Minivan zurück. Dann sah ich die verwaiste Straße hinauf und dachte, man müsste von hier aus die Kreuzung sehen, wo es in unsere Straße ging. Aber ich war völlig verwirrt und schaute genau in die falsche Richtung. Alles sah fremd aus. Ich stieg ins Auto und blieb für eine ganze Weile einfach in der Kälte sitzen.

49.

Im Dezember fällt in Oberlin jeden Tag ein bisschen Schnee. Wie der Rest des Landes rüsten sich auch die Stadt und das College für das Weihnachtsfest. Lichterketten schmücken die Läden am Tappan Square, Professoren nehmen Prüfungen ab, es gibt Abschlussaufführungen, Klassenpartys und Weihnachtskonzerte am Konservatorium. Josiah und ich haben im Dezember geheiratet. Unser erster Sohn Wallace kam zwei Jahre später im Dezember zur Welt. Josiah hat im Dezember Geburtstag. Und dann ist da ja auch noch Weihnachten. In den meisten Jahren ist der Dezember also ein wirklich schöner Monat. In diesem Jahr würde ich im Dezember meine Trennungsvereinbarung unterschreiben, meine hoffnungsvolle Dozentenkarriere beenden, mein vor neun Monaten gekauftes Traumhaus zum Verkauf anbieten und ein Leben aufgeben, das ich mir mit so viel Mühe aufgebaut hatte und von ganzem Herzen liebte – alles im Dezember.

Ich erzählte meinen Studenten nicht, dass mein bisheriges Leben gerade in Scherben fiel. Das wäre für sie wohl auch schwer nachvollziehbar gewesen, und außerdem ging es sie ja nichts an. Aber ich fühlte mich jedes Mal wie eine Lügnerin, wenn einer von ihnen etwas über unser Leben oder unsere Kinder sagte.

An dem Tag, als Josiah und ich unsere Trennungsvereinbarung zu unterschreiben hatten, bestand ich darauf, dass wir vorher noch gemeinsam im Black River zu Mittag aßen. Wir wohnten immer noch zusammen in unserem Haus, sahen einander aber immer seltener. Die Idee mit dem Lunch entsprach dem, was ich während der gesamten Katastrophe versucht hatte. Ich wollte einfach die Verbindung zwischen uns aufrechterhalten. An diesem Punkt ging es mir schon nicht mehr darum, dass er plötzlich eine Erleuchtung haben und mich um Verzeihung bitten (was ich ihm, da bin ich mir sicher, aber bestimmt gewährt hätte) müsste. Ich hatte vielmehr das Gefühl, ertrinken zu müssen, wenn ich ihn nicht sähe. Oder vielleicht war es auch nur simple Verdrängung. Solange wir im Black River Thunfisch-Sandwiches zusammen aßen, konnte es doch gar nicht sein, dass wir gleich die Straße hinaufspazieren und vor Betty von der Bank, die auch Notarin war, unsere sechsjährige Ehe beenden würden. Er stimmte zu, um mir einen Gefallen zu tun, aber er war längst nicht so bei der Sache wie ich. Wir zwangen uns zum Essen zwischen all den Studenten, die gerade die erste Mahlzeit des Tages mit dem Mädchen oder Jungen aßen, mit dem sie die letzte Nacht verbracht hatten. Ein Student von mir namens Adam saß am Tisch direkt neben uns. Offenbar in Begleitung eines Mädchens, das er erst am Vorabend kennengelernt hatte. Adam kam aus Kalifornien und war ein Flirt-Champion. Einmal zog er nach dem Unterricht meinen Parka an und tat so, als wolle er damit weggehen. Als ich ihm nachrief, er solle ihn mir zurückbringen, kehrte er ganz langsam um, blieb dann zwei Zentimeter zu nah vor mir stehen und zog ihn aus. Dabei sah er mir die ganze Zeit über unverwandt in die Augen. Das war eine Szene wie aus einem Film von John Hughes und sehr schmeichelhaft. Trotzdem kann man sich über einen zwanzigjährigen Surfer-Typ, der einem schöne Augen macht, nur amüsieren und sich dann später, wenn man absolut alleine ist, mal in einer hübschen Phantasie ergehen.

Adam lächelte mir zu. Er wusste, dass ich wusste, dass er die Nacht mit dem Mädchen verbracht hatte, und wir fanden das beide ziemlich lustig.

Ich versuchte Josiah in die Dynamik unmittelbar neben uns einzuweihen und plauderte über die Liebesangelegenheiten im Collegealter, die doch bewundernswert und süß zugleich wären. Aber Josiah ging gar nicht darauf ein. Er wollte dieses schreckliche, obligatorische Mittagessen hinter sich bringen und dann auf der Bank tun, was getan werden musste. Also verstummte ich, wir beendeten unsere Mahlzeit und gingen anschließend Betty aufsuchen.

Betty hatte uns sechs Monate zuvor das Renovierungsdarlehen für die Tapeten von William Morris bewilligt. Aber falls sie sich darüber wunderte, dass wir uns jetzt scheiden ließen, so merkte man ihr das zumindest nicht an. Da erwies sich das stoische Wesen der Leute aus dem Mittleren Westen eben auch mal als Vorteil. Wir saßen zu dritt am selben Tisch wie damals und unterzeichneten die offizielle Scheidungsvereinbarung, die wir beide in unserer Küche entworfen hatten. Es dauerte nicht lange, und keiner sagte ein Wort. Josiah und ich hatten am Nachmittag beide Unterricht. Stumm überquerten wir den Platz. Ich hatte das Gefühl, er hätte am liebsten einen anderen Weg genommen, aber es gab nun mal keinen. Es ist ein kleiner Campus, und da hat man nicht allzu viele Möglichkeiten, von A nach B zu kommen.

»Okay«, sagte ich und sah zu ihm auf. Wir standen vor dem Hauptgebäude. »Ich schätze mal, das war's.«

»Ja«, sagte er.

»Fühlt sich ganz schön beschissen an«, sagte ich.

»Vielleicht kann man darüber nur einfach im Moment kein gutes Gespräch führen, und wir sollten jetzt einfach auseinandergehen. Ich muss sowieso zum Unterricht.«

»Ich auch.«

»Also dann«, sagte er.

»Also«, sagte ich.

Und dann ging ich. Als ich in Richtung Theaterwissenschafts-Fakultät einbog, bemerkte ich die Wolken. Sie schwebten dicht über der Erde, und wegen des winterlichen Lichts Anfang Dezember hatte jede eine andere Farbe. Helle Grautöne, Schattierungen von Dunkelblau und Weiß. Meine Augen suchten jede einzelne ab und hofften auf eine Lücke, durch die ein Sonnenstrahl dringen würde. Ich suchte nach dem Licht Gottes, betete darum, dass es auf mich scheinen und irgendein Wunder bewirken würde, damit alles wieder gut wäre. Aber es war nichts zu sehen. Ich stand kurz davor zu weinen, zu schreien oder davonzulaufen, als ich Adam in dieselbe Richtung gehen sah.

»Hey, Prof«, sagte er lächelnd.

»Hey, Adam«, sagte ich.

»Kannten Sie das Mädchen, das ich dabei hatte?«

»Äh, nein, aber es sah aus, als würdet ihr beide euch schon ziemlich nahestehen.«

»Ja, sie ist cool.« Er wurde rot. »Aber ich sag Ihnen was, sie hält Sie, Ihren Mann und Ihre Kids für das Süßeste auf Erden. Nachdem Sie weg waren, schwärmte sie noch stundenlang davon. Ich war schon ganz schön genervt, aber sie ist trotzdem cool. Sie findet Ihren Mann auch ganz schön scharf. Obwohl sie ihn einmal beim Joggen gesehen hat, als er schwitzte wie ein Schwein.«

»Ja, der Mann kann ganz schön ins Schwitzen kommen«, sagte ich.

Wir gingen ein Stück durch den Schnee.

»Adam, ich will dich ja nicht schocken, aber Josiah und ich lassen uns scheiden. Wir kommen gerade von der Bank, wo wir die entsprechenden Papiere unterschrieben haben«, sagte ich.

Jetzt hatte ich nicht mehr das Bedürfnis zu weinen, weil ich schon auf den Unterrichtsmodus umgeschaltet hatte.

»Ich dachte mir, ich sollte dir das erzählen, weil, ach, ich weiß auch nicht … erzähl es in der Klasse nicht herum, ich möchte niemand verwirren oder … wahrscheinlich hätte ich es dir besser auch nicht gesagt«, sagte ich.

»O Mann, Isabel, das tut mir leid. Was für eine Scheiße.«

»Das kannst du laut sagen.«

»Aber wissen Sie was? Meine Eltern haben sich scheiden lassen, als ich elf war, und dann, ungefähr drei Jahre später, haben sie sich noch mal geheiratet«, sagte er.

»Echt? Und wie war das für dich?«, fragte ich ehrlich interessiert.

»Ich weiß nicht. Schon okay. Ich kann mich nicht mehr so genau erinnern.«

»Aber dir scheint's gut zu gehen. Schau dich doch an!« Er lächelte. Im Unterricht legte der Junge sich wirklich ins Zeug, und er war ein netter Kerl. Im Hinblick auf meine beiden fühlte ich mich ein klein wenig besser.

»Danke, Adam. Wir sehen uns dann im Unterricht«, sagte ich.

Ich sah ihm nach, wie er die Stufen zur Theaterwissenschafts-Fakultät hinaufging. An der Tür drehte er sich noch mal um und sagte: »Hey, Isabel, Ihnen wird es auch wieder gut gehen.«

50.

Josiah und ich beschlossen, mit der großen Packerei noch zu warten. Nur die Kleider der Kinder hatte ich schon zusammengesucht. An diesem Tag musste ich meine Sachen packen. Dafür hatte ich mir bei Target einen dieser großen Plastikbehälter besorgt – ungefähr in der Größe einer Badewanne – und dazu viele, viele Rollen Küchenkrepp. Ich stand in meinem Schlafzimmer und sah mich darin um, als wäre es das letzte Mal. Nichts wies mehr auf Josiah hin. Er hatte sich selbst entfernt. Es kam mir vor, als wäre es ausschließlich mein Zimmer. Darin befanden sich die Dinge, die ich liebte. Die meisten davon würden den Rest ihrer Existenz in der Plastikkiste von Target zubringen. Als Erstes wickelte ich den grünen Glasgorilla von Daum, den Josiah mir an unserem Hochzeitstag überreicht hatte, in Papier und legte ihn hinein. Dann kamen mein Ehering und die Ringe, die er mir zur Geburt unserer Babys geschenkt hatte, in ein silbernes Schächtelchen. Als Nächstes Muscheln, die wir am Strand von South Carolina gesammelt hatten, und Polaroids von Barbesuchen in New York. Es gab einen Schlüsselbund mit den Schlüsseln zu seinem Apartment in Cambridge und einen Stapel Liebesbriefe, der mit einem braunen Band verschnürt war. Ich weinte und versuchte meine Arbeit so ordentlich wie möglich zu machen. Mit Sicherheit würde ich diese Kiste viele Jahre lang nicht wieder auspacken. Vielleicht nie mehr. Vielleicht würden meine Jungs das eines Tages tun, wenn sie schon erwachsen wären. Ich wollte, dass sie dann alles sorgsam einsortiert vorfänden. Diese Kiste sollte in der Lage sein, unsere Geschichte zu erzählen. Es fühlte sich an wie das Begräbnis eines geliebten Freundes, der viel zu jung gestorben war.

»Hey, Isabel, kann ich kurz mit dir reden?«, Josiah blieb an der Tür stehen.

»Was ist denn?«, sagte ich und wischte mir schnell die Tränen ab.

»Bist du verdammt noch mal bei Ward und Secca zu Hause gewesen?«

»Ja.«

»Isabel, das war total unangebracht«, sagte er.

»Ach ja?« Die abgewischten Tränen wurden sofort durch neue ersetzt. »Ich weiß nicht, ob ich mir an deiner Stelle anmaßen würde, über angebracht und unangebracht zu urteilen, Josiah.«

»Ich arbeite hier immer noch«, sagte er.

Jetzt weinte ich ganz offen. Endlich bemerkte er, was ich gerade tat und sah mich entsetzt an.

»Was machst du denn da?«, sagte er.

»Packen.«

»Es tut mir leid.« Er sah mich mit diesem so schwer zu beschreibenden Blick an. Das ist der Blick von jemand, der einen verletzt, aber zugleich auch liebt. Es ist der Blick, der mich davon abhält, ihn zu hassen, obwohl man das eigentlich tun sollte, wenn man von seinem Ehemann verlassen wird. Aber ich denke, das Leben ist eben komplizierter, und die Menschen sind so verschieden, komplex und unbegreiflich. Er wollte weder mich noch die Kinder verletzen, aber er tat es, und zwar aus Gründen, die ich bis heute nicht ganz verstanden habe. Er wollte wohl etwas anderes für sich und vielleicht auch für uns. Das zumindest begriff ich, und deshalb sah ich ihn nur an und weinte inmitten der Dinge, die wir gemeinsam geliebt hatten.

»Du kannst alles haben«, sagte er. »Nimm dir, was du möchtest.«

Ich nickte, und er kam zu mir und umarmte mich.

51.

Ich glaube an die Liebe. Daran, dass man schwere Zeiten durchmachen kann, und daran, dass am Ende die Liebe siegt. Ich glaube, dass eine Ehe harte Arbeit ist. Ich glaube, dass Menschen Fehler machen. Ich glaube, dass Leute manchmal zwei Dinge zugleich wollen. Ich glaube, dass nur sehr wenige Menschen andere verletzen wollen. Ich glaube, dass das Leben einen überraschen kann. Ich glaube an Happy Ends. Aber es fiel mir wahnsinnig schwer zu glauben, dass Josiah mich tatsächlich verlassen würde. Die Rechnung ging einfach nicht auf. Und es würde eine solche Qual sein. Nichts würde mehr gut funktionieren, wenn unsere Familie nicht mehr zusammenlebte. Es gäbe zu wenig Geld, zu viele Meilen zwischen Ohio und New York, unsere Freunde und Familien wären hin und her gerissen und enttäuscht. Es würde für alle Beteiligten schrecklich anstrengend sein.

Am letzten Unterrichtstag schaute ich noch in der Englisch-Fakultät vorbei, um Josiah etwas zu sagen. In den Tagen zuvor waren wir sehr nett zueinander gewesen, daher hatte ich kein schlechtes Gefühl, als ich den Flur entlangspazierte, um jemand zu überraschen, der immerhin offiziell noch mein Ehemann war. Seine Tür stand offen und er war am Telefon.

»Okay, bye«, sagte er rasch, als er mich sah. Er drehte seinen Schreibtischstuhl in meine Richtung. Weil er so überstürzt aufgelegt hatte, roch ich den Braten sofort. (Ich wurde langsam ziemlich gut darin, diesen speziellen Braten zu riechen.)

»Wer war das?«, fragte ich.

Er seufzte nur.

»Wer war das?«, fragte ich noch mal.

»Isabel …«

»Wer war das, Josiah?«

Er senkte den Kopf. »Sylvia.«

Ich drehte mich um und ging zu ihrer Tür, die verschlossen war. Sie musste beim Rauchen sein. Das war alles so simpel. Sie hatten telefoniert, dann war ich aufgekreuzt, sie legten auf, und sie stürmte auf eine Kippe nach draußen. Was glaubten die beiden eigentlich? Dass ich total beschränkt war? Wahrscheinlich nicht, denn ich hatte sie ja überrascht. Aber wussten sie denn nicht, wie mutig ich war?

Ich lief die Treppe hinunter und nach draußen. Dort standen Sylvia und Secca und rauchten im leichten Schneefall.

»Hast du gerade mit meinem Mann telefoniert?«, schrie ich. Secca sauste zurück ins Gebäude, ohne den Kopf zu heben.

»Ja«, sagte Sylvia.

»Was zum Teufel treibst du da?«, sagte ich.

Sylvia sah wütend aus. Sie trug wieder einmal diesen militärisch wirkenden Mantel mit Epauletten – ich bin mir sicher, er war von Prada oder Miu Miu, aber in jenem Augenblick erinnerte er mich eher an Filme, die im Zweiten Weltkrieg spielten.

»Isabel, wir sind befreundet. Was schockiert dich daran so? Josiah und ich werden immer Freunde sein«, sagte sie, kalt wie ein Fisch.

Was mich so schockierte? Verstand sie etwa nicht, dass sie im Begriff war, mir den Ehemann zu stehlen? Ich schwieg vor Staunen. Vielleicht wusste ich mehr über ihre Zukunft als sie selbst. Das war frappierend. Vielleicht wusste ich, dass sie dabei war, die Stiefmutter meiner Söhne zu werden, noch bevor es ihr selbst in den Sinn kam. Ich war ihr voraus, und wieder einmal trug ich meinen blöden voluminösen Parka! Aber ich kam mir nicht blöd vor. Dieser Anorak ist prima, wenn man lange draußen bleibt, etwa mit den Kindern auf einem Spielplatz. Er ist nicht schmutzempfindlich, und wenn er richtig dreckig ist, schmeißt man ihn einfach in die Waschmaschine. Eine Jacke mit vielen großen Taschen für Trinkflaschen und eine Tüte mit Brezeln. Es ist eine typische Mamajacke. Ich fühlte mich als Mutter, und Mütter tun alles, um ihre Kinder zu retten. Also fiel ich im Schnee auf die Knie.

»Bitte, halt dich von meinem Mann fern«, sagte ich. »Wir reisen in vier Tagen ab, und dann beginnen meine Kinder ein Leben, das so unfair und schwer ist. Sie lieben ihren Vater, und sie brauchen ihn. Ich liebe und brauche ihn. Bitte, bitte, hör auf mit was auch immer du da tust. Bitte.«

Sie sagte kein Wort. Sie verstand nicht, was ich gerade machte. Ich bin sicher, sie hielt mich für pathetisch, denn in ihren Augen gab es wohl keinen Grund, sich in den Schnee zu knien. Direkt über uns war ein Fenster, und ich spürte, dass dort jemand war. Als ich hinaufschaute, sah ich, dass ein langjähriges Mitglied der Englisch-Fakultät dort stand und zu uns herunterblickte. Er unterrichtete schon seit mindestens drei Jahrzehnten am College. Ein allseits respektierter Gentleman der alten Schule. Er hatte uns geraten, in Oberlin lieber ein Haus zu kaufen, als eines zu mieten. Er wusste über alles Bescheid, was vor sich ging. Also wusste er auch, warum ich gerade auf den Knien lag. Er sah eine Ehefrau, die um ihren Mann kämpfte, eine Mutter, die versuchte, ihre Kinder zu beschützen. Seine Anwesenheit brachte mich dazu, wieder aufzustehen.

»Mehr habe ich dir nicht zu sagen«, sagte ich zu Sylvia. »Und ich werde nie wieder ein Wort mit dir wechseln.«

Dann ging ich fort, weil mir in jenem Moment klar geworden war, dass es überhaupt keine Rolle mehr spielte, wer was wusste. Ob er es war und sie nicht, oder umgekehrt, oder ob beide im Bilde waren. Sie waren bereits zusammen, und ich war ein Stück Vergangenheit.

52.

Wallace, James und ich flogen am 16. Dezember nach New York zurück. Wir mussten wegen des blöden Timings an jenem Tag abreisen. Das Problem war allerdings, dass das sowohl der vierte Geburtstag von Wallace, als auch der Vorabend unseres sechsten Hochzeitstages war. Aber wir reisten jedes Jahr zu Weihnachten nach New York, also fanden die Jungs nichts Ungewöhnliches daran, zu Granny und Papa zu fahren. Ich brachte allerdings nicht den Mut auf, ihnen zu sagen, dass wir nicht zurückkommen würden. Immer noch hatte ich Hoffnung, dass wir nach Ohio zurückkehren würden. Ich klammerte mich an die kleine Chance, dass der Albtraum, den wir gerade durchlebten, sich als solcher erweisen und wir am Weihnachtsmorgen aufwachen würden und dass dann Josiah anriefe und alles ungeschehen machen würde. Aber wie es aussah, würden wir am 16. ohne Josiah nach New York fliegen und unser neues Leben am 17., also genau an unserem Hochzeitstag, beginnen. Ich brachte es einfach nicht über mich, den Kindern zu sagen, warum Josiah nicht mitkam. Ich war zu verängstigt und wusste auch nicht, wie ich das hätte anstellen sollen. Also sagte ich ihnen gar nichts. Ich plante nur die Geburtstagsparty für Wallace vor unserer Abreise, und zwar am 13.

Außerdem rief ich meine Freundinnen in New York an und begann, Spielverabredungen für meine Jungs aus Ohio zu arrangieren. Ich vereinbarte Schnupperstunden in Kindergärten und nahm Einladungen zu Weihnachtspartys an. Fürsorgliche Freunde, die ich seit der Grundschule kannte, boten an zu kommen und Wallace, James, mich und unsere ganzen Sachen abzuholen, sodass wir – wenn wir erst einmal in New York waren – nie mehr nach Oberlin zurückmüssten. Mir gefiel zwar die Vorstellung, dass meine alten Kumpel eine solche Fahrt unternahmen, um ihre Freundin zu retten, die vom Weg abgekommen war, aber Josiah und ich hatten bereits vereinbart, dass er mit James' Gitterbett und den anderen schwereren Sachen, die wir dringend brauchten, am Tag nach unserem Abflug nachkommen würde. Ich wollte seine und nur seine Hilfe.

53.

An unserem allerletzten Tag standen wir alle auf, um gemeinsam zu frühstücken, sahen uns die *Sesamstraße* an und trödelten im Haus herum, als wäre es ein ganz normaler Morgen. Ich saß auf meinem Fensterbankplatz und trank Tee, während Josiah James die Sachen anzog, die ich am Abend zuvor in die Küche gelegt hatte. Unser Flieger ging mittags, also hatten wir es schon ein bisschen eilig, aber wenn ich wirklich realisiert hätte, dass dies unser letzter Morgen als vollständige Familie war, egal, wie zerrüttet diese auch sein mochte, dann hätte ich mir sicher keine Gedanken darüber gemacht, ob wir den Flug versäumten. Aber schließlich geht das Leben immer weiter, und Leute, die sich Sorgen darum machen, ob sie ihre Flugzeuge erwischen, machen das immer. Also stiegen wir rechtzeitig ins Auto, schnallten uns an, kontrollierten, ob der Hund auch wirklich an Bord war, und fuhren aus unserer Einfahrt.

»Sagt auf Wiedersehen, Haus!«, sagte ich zu den Jungs.

»Wiedersehen, Haus!«, zwitscherte Wallace.

Ich lehnte den Kopf an die Scheibe und verließ die Stadt mehr oder weniger so, wie ich gekommen war – stumm weinend, damit die Kinder es nicht merkten.

Wir hatten nicht vorhergesehen, dass uns am Flughafen keine Zeit zum Vertrödeln bliebe. Aber als wir ankamen, gab es bereits eine ganze Schlange von Autos, aus denen Fluggäste ausstiegen. Verkehrspolizisten scheuchten die Fahrer weiter. Die Jungs hüpften wie Gummibälle aus dem Wagen, und ich hatte Mühe, sie einzufangen und in meiner Nähe zu halten. Sie verstanden nicht, dass es ein endgültiger Abschied war. Auch wenn Josiah am nächsten Tag mit dem Auto nachkam und wir bereits einen Terminplan für die Besuche aufgestellt hatten, und auch wenn wir in Verbindung bleiben würden. Es war der letzte Augenblick.

»Ich habe Angst, ich habe solche Angst«, flüsterte ich Josiah zu, während ich an seinem Hals hing.

»Es wird schon gut gehen«, sagte er. »Es wird euch gut gehen.«

Er drückte mich fest. Wir hielten einer den anderen und dann ließ er, weil es sein musste, als Erster los.

54.

Im Apartment meiner Eltern an der Central Park West nahmen mein Bruder Andrew und ich (bis wir mit sieben und fünf groß genug waren, um mit meinen Eltern im Esszimmer zu Abend zu essen) jede Mahlzeit an einem kleinen blau gestrichenen Tisch auf kleinen blau gestrichenen Stühlen in der Küche zu uns. Unsere Küche war gar nicht so groß, aber es gab eine perfekte Nische, in der wir Kinder unsere Hühnersuppe mit Reis löffelten. Als Wallace, James und ich am 16. Dezember ankamen, stand in der Küche ein anderer kleiner blauer Tisch mit blauen Stühlen für meine Kinder bereit. Natürlich war es nicht derselbe wie damals, obwohl auch das möglich sein konnte. Ich habe jedenfalls keine Ahnung, wo meine Mutter ihn entdeckt hat.

Vieles an New York war den Jungs sicher vertraut. Etwa dass Granny Zuckerplätzchen in Engelsform buk oder dass Papa sie mit zur Columbus Avenue nahm, um einen Weihnachtsbaum auszusuchen. In ihrem Inneren muss es sie bewegt haben, dass ihr Vater nicht da war, und obwohl es mir schon widerstrebt, das auch nur niederzuschreiben, haben sie sicher bemerkt, wie traurig ich war. Meine Eltern und ich versuchten, fröhliche Gesichter aufzusetzen, aber schließlich bewegten wir uns auf unbekanntem Terrain, und ich weiß wirklich nicht zu sagen, wie effektiv unsere Bemühungen waren. Rückblickend wäre es wahrscheinlich besser gewesen, wenn ich ihnen die Wahrheit gesagt hätte, nämlich dass wir nicht mehr nach Hause zurückfahren würden. Aber ich brachte die Worte einfach nicht über die Lippen. Außerdem hatte ich noch nicht einmal für mich klar realisiert, dass wir nie mehr nach Oberlin zurückkehren würden.

Diese Geschichte nimmt ein glückliches Ende, aber alles zu berichten, was uns nach dem 17. Dezember widerfuhr, würde ein eigenes Buch füllen. Also will ich nur noch ein bisschen darüber erzählen, und dann zum Happy End kommen.

Ich hatte für Wallace ein Schlagzeug bestellt und es nach New York schicken lassen. Es mag verrückt klingen, einem Vierjährigen für ein New Yorker Apartment ein Schlagzeug zu schenken, aber solange man in einem großen Einfamilienhaus mitten in Ohio wohnt, klingt es kein bisschen verrückt. Ich war also nicht verrückt, sondern hatte ihm das Instrument nur schon versprochen, bevor ich wusste, wie unsere Zukunft aussehen würde. Bis zum 24. Dezember machte ich die drei Kartons, in denen das Schlagzeug geliefert worden war, gar nicht auf. Wir waren alle zum Krippenspiel in der Kirche gewesen. Das ist eine wunderschöne Aufführung, in der ich schon als kleines Mädchen mitgespielt habe, immer als Engel, nie als Maria. Es gibt da einen echten Esel, sodass die Jungs hingerissen waren. Ich ließ keine Gelegenheit aus, auf die Knie zu fallen und zu beten. Später richteten wir noch ein Tablett mit Keksen und Wein her (ich weiß, dass man traditionell Milch bereitstellt, aber in meiner Familie bieten wir Santa Claus eben ein Glas Wein an). Dann brachten wir die Jungs zu Bett, damit sie süß in den Weihnachtsmorgen träumten. Schließlich schleppte ich die Kartons ins Wohnzimmer, um das Schlagzeug aufzubauen. Mein Vater musterte mich und machte ein bekümmertes Gesicht.

»Was ist das? Das Schlagzeug?« Er klang besorgt.

»Genau. Ich werde es jetzt zusammenbauen, damit Wallace morgen früh, wenn er aufwacht, gleich loslegen kann. Er wird außer sich sein vor Freude, meinst du nicht?« Plötzlich war ich verunsichert. Er sah mich mit so sorgenvoller Miene an, und ich wusste nicht, warum.

»Ish, ich sage dir das nur sehr ungern, aber bestimmt sind da ungefähr siebenhundert Teile drin und es würde mich wundern, wenn überhaupt eine Bauanleitung dabei wäre.« Der Mann sprach aus fast fünfzigjähriger Erfahrung im Zusammenbauen von Kinderspielzeug.

»Ist das dein Ernst?« Panisch riss ich die Kartons auf.

»Ich wünschte, ich würde mich irren«, sagte er.

In den ersten beiden Schachteln waren nur Trommeln, aber die dritte enthielt, wie Dad vorhergesagt hatte, ungefähr siebenhundert winzige Schrauben und Metallstifte, die nötig waren, um die Trommeln miteinander zu verbinden. Beigefügt war auch ein Blatt Papier mit genau drei Sätzen als Anleitung. Ich bin mir sicher, dass Tommy Lee das Ganze in null Komma nichts zusammengehabt hätte, aber mir genügte ein Blick, um zu wissen, dass mein Dad und ich keine Chance haben würden. Ich schlug die Hände vors Gesicht und weinte. Es war Heiligabend und mir war es nicht nur nicht gelungen, meinem lieben Sohn seinen Vater herzuschaffen, ich war noch nicht einmal in der Lage, dieses verdammte Schlagzeug zu montieren, um ihm wenigstens eine kleine Freude zu machen. Mein Vater las sich die dürftige Anleitung einmal durch. Danach faltete er sie zusammen, legte sie auf den Tisch und sagte: »Keine Sorge, Ish. Ich weiß, wie wir es machen werden.«

Dad hatte seinen besten, optimistischsten Plan-B-Ton angeschlagen.

»Montagmorgen« – Weihnachten fiel in jenem Jahr auf einen Sonntag – »rufe ich in der Musikalienhandlung Sam Ash an und lasse, egal, was es kostet, einen von diesen Schlagzeugexperten herkommen, der mit Wallace zusammen das Schlagzeug aufbaut. Wallace wird das bestimmt toll finden, dass ein echter Schlagzeuger kommt, um sein Instrument aufzubauen. Bis dahin stellen wir die Trommeln einfach einzeln auf und hoffen, dass er nichts merkt.«

»Er wird es merken, denn er schaut sich immer wieder alles von Neil Peart im Internet an«, schniefte ich.

»Trotzdem ist es das Beste, was wir tun können, Ish.« Er klopfte mir beruhigend auf den Rücken.

Plan B. Diese Pläne tun meist ein bisschen weh, aber sie sind besser als nichts, und immerhin sind es Pläne. Eine Lektion, die ich langsam zu lernen begann, war, dass es nützlich und hilfreich ist, überhaupt einen Plan zu haben, wie dürftig er auch sein mag.

»Okay«, sagte ich. Ich wischte mir die Tränen ab und begann die rätselhaften Kleinteile wieder in die Schachtel zu packen. Ich wusste, dass Dads Plan das Beste war, was wir tun konnten, und das muss eben genügen. Die Lichter am Weihnachtsbaum blinkten ebenso wie die an der Fifth Avenue jenseits des Parks. War ich die einzige alleinerziehende Mutter in New York, die daran scheiterte, das Schlagzeug ihres Sohnes zusammenzubauen? Wahrscheinlich nicht, aber es fühlte sich so an.

Josiah erzählte mir am kältesten Tag im Februar, dass er und Sylvia ein Paar wären. Ich saß gerade im Taxi, um allein ins Kino zu fahren. Ich wollte mir, und das ist jetzt kein Witz, *Der Tintenfisch und der Wal*, einen Film über eine Scheidung, ansehen. Jeder hatte mir davon abgeraten, aber ich wollte es unbedingt, um endlich mal unter Leuten zu sein, die das Gleiche durchmachten wie ich, und wenn es nur vor einer Leinwand der Lincoln Plaza Cinemas am Broadway wäre.

Hätte ich unsere Unterhaltung verfilmen sollen, hätte ich meine Stimme ausgeblendet und stattdessen kraftvolle Musik über die Bilder gelegt. Man wüsste trotzdem beim Zusehen, dass es brutal war, Worte waren da unnötig. In meiner Erinnerung saß ich in einem dieser altmodischen karierten Taxis mit kleinen Klappsitzen aus den Siebzigerjahren, aber das konnte gar nicht sein. Diese Wagen hatte man schon Jahre zuvor aus dem Verkehr gezogen. Aber vielleicht täuschte mich mein Gedächtnis, weil die Straßen von New York City in meiner Kindheit voll davon waren. Und weil ich mich wie ein kleines Mädchen fühlte, dem man sagt, dass seine Eltern sich scheiden lassen. Nur war ich die Erwachsene, nicht das Kind.

Er würde also nicht kommen. Und er würde uns auch nicht bitten heimzukommen.

Plan B. Bis zum heutigen Tag ist die Vorstellung, nicht mit Josiah befreundet zu sein und unsere Jungs nicht in gewisser Weise gemeinsam großzuziehen, für mich inakzeptabel. Ich musste allerdings erst einmal darüber hinwegkommen, dass ich nicht das Leben führen würde, das ich geplant hatte.

Vom Wohnzimmer meiner Eltern aus blickt man auf den Central Park. Im Sommer sind die Bäume dicht belaubt. Dann kann man nicht einmal bis auf den Boden sehen. Im Winter ist dagegen alles sichtbar. Ein Pferd mit Reiter auf dem Bridal Path, Jogger, spielende Hunde am frühen Morgen, deren Besitzer an ihren Kaffeebechern nippen. Eines Tages schaute ich auf den Park hinunter. Alles war weiß und grau. Die kahlen Äste der Bäume ragten in den weißen Himmel. Da unser Apartment im siebten Stock liegt, befindet man sich knapp über den Zweigen. Alles sah wie tot aus, aber während ich hinausstarrte, dachte ich mir: Auch wenn jetzt alles ruht, pausiert und gefroren ist, unter der Erde, in den Bäumen und selbst im gefrorenen Wasser des Reservoir-Sees gibt es Leben. Ich stellte mir vor, mich in die Lüfte zu schwingen und über die Bäume zu fliegen. Wenn ich in eine der Knospen auf den Zweigen eindringen und bis in den Stamm gelangen könnte, dann würde ich dort auf den lebendigen grünen Kern stoßen, zu den Blatttrieben, die nur darauf warteten, im Frühling herauszukommen.

Warte nur, sagte ich zu mir selbst. Warte diesen Winter ab. Denn du bist stark und lebendig, deine Kinder sind gesund, deine Eltern lieben dich, deine Freunde sind nicht weit. Warte nur ab, und bis zum Frühling wirst du wieder in Ordnung und bereit sein zu wachsen.

Mein Vater hat drei Grundsätze, die er unermüdlich aufsagt. Einen davon hat er sich in den Sechzigerjahren zugelegt, als er in Teheran lebte: Inschallah. Das bedeutet: So Gott will. Der zweite ist: Kopf hoch. Die dritte und am häufigsten von ihm verwendete Redensart ist: Beschreite stets den rechten Weg. Die Kombination dieser drei Grundsätze und dazu unglaublich viel Hilfe von allen möglichen, teilweise auch wildfremden Menschen haben mich wieder aufgerichtet.

Epilog

Die Jungs sind viel größer geworden (aber trotzdem noch ziemlich klein). Sie haben sich ungemein viel Mühe gegeben und sind lebhafte, süße, brave kleine Schätze. Josiah ist mit Sylvia verheiratet, die sich als bedachte und liebe Stiefmutter erweist. Seltsamerweise mag ich sie inzwischen wieder, fast so wie damals, als wir uns kennenlernten. Josiah und ich sind wie Leute, die lange in derselben Band gespielt haben – wir sind nicht immer einer Meinung und fahren nicht mal im selben Tourbus, aber wir bleiben zusammen, weil unsere Musik uns verbindet: die Jungs. Sie sind unser gemeinsames Interesse, ihr Glück ist unser gemeinsames Ziel.

Und dann begegnete ich der Liebe meines Lebens …

Dank

Ich danke meinen Eltern – ihr seid die Größten –, meiner Familie (auf allen Verwandtschaftsseiten) und meinen Freunden für das, was sie mir sind. Sasha Lazard für den Lunch in Woodstock und Eliza Griswold für den an der Upper East Side. Meinem Agenten Bill Clegg für seine sorgfältige Lektüre, seinen glorreichen Verstand, seinen Optimismus und vor allem dafür, dass er an mich geglaubt hat. Ich danke Nan Graham für ihre ungeheure Klugheit, Wärme, Eleganz und Zielstrebigkeit. Susan Moldow für ihre enthusiastische Unterstützung. Matt Hudson und Paul Whitlatch für ihre Hilfe. Außerdem möchte ich allen bei Scribner danken, die so großartig darin sind, ein Buch von A nach B zu bringen. Und schließlich der New York Society Library, einem herrlichen Ort zum Schreiben.

Schließlich danke ich noch meinem geliebten Ehemann Peter Lattman für seine ungebrochene Unterstützung, Großzügigkeit, Freundlichkeit, Aufmunterung, Toleranz und Liebe.

Elizabeth Buchan

Rosen für die zweite Frau

Roman. Aus dem Englischen von Karin Dufner. 320 Seiten. Piper Taschenbuch

Von der ewigen Geliebten zur Ehefrau – in Mintys Leben hat sich viel geändert, seit Nathan seine erste Frau verlassen hat, um sie zu heiraten. Doch das gemeinsame Familienleben läuft anders als erwartet. Rose dagegen, Nathans erste Frau, hat sich eine Existenz als Reisejournalistin aufgebaut – und ihr gutes Verhältnis zu ihrem Exmann weckt Mintys Eifersucht. Doch durch ein unvorhergesehenes Ereignis kommen die ehemaligen Rivalinnen sich wieder näher ... Charmant und voller Humor erzählt Elizabeth Buchan eine ungewöhnliche Geschichte über Eifersucht und Liebe und die Hoffnung auf Versöhnung.

»Dieses scharfsinnige, wunderschön geschriebene Buch zeigt eine neue Perspektive auf eine altbekannte Situation. Für Frauen aller Altersgruppen – ein ergreifender, unvergesslicher Roman.«
You Magazine

05/2221/02/L

Céline Curiol

Von Liebe sprechen

Roman. Aus dem Französischen von Sabine Schwenk. 288 Seiten. Piper Taschenbuch

Sie ist die Stimme von Paris. Als Bahnhofsansagerin kündigt sie die Züge an – denkt dabei aber einzig an ihn und an den Kuß, der ihr Leben veränderte. In den Straßen der Stadt begegnet sie dem, was das Leben ist, aber sie wartet auf ihn, den sie liebt. Und irgendwann kann er sich ihr nicht mehr entziehen ... Feinsinnig und schonungslos offen beschwört Céline Curiol das Lebensgefühl ihrer Generation.

»Dieser Erstling hat das Zeug zum Lieblingsbuch!«
Westdeutsche Allgemeine

05/2292/02/R

Nicolas Barreau

Die Frau meines Lebens

Roman. Aus dem Französischen von Sophie Scherrer. 144 Seiten. Piper Taschenbuch

Eines Mittags sitzt im Pariser Lieblingscafé des passionierten Buchhändlers Antoine wie vom Himmel gefallen die Frau seines Lebens. Beim Hinausgehen wirft die schöne Unbekannte ihm ein Kärtchen mit einer Telefonnummer zu, die aber nicht mehr vollständig ist. Antoine hat nun zehn verschiedene Möglichkeiten und nur vierundzwanzig Stunden Zeit, um die Frau seines Lebens wiederzufinden … Ein federleichter und lebenskluger Roman über den wunderbaren Wahn der Liebe.

»Atemlos folgt man Antoine auf seinen Wegen und bangt mit ihm um den Erfolg der Unternehmung. Und man hofft mit ihm auf ein Happy End und wünscht, das Buch möge niemals enden.«
literature.de

05/2445/01/L

Sándor Márai

Wandlungen einer Ehe

Roman. Aus dem Ungarischen von Christina Viragh. 461 Seiten. Piper Taschenbuch

Lüge und Leidenschaft, Sehnsucht und Vergänglichkeit – das neue Meisterwerk von Sándor Márai: ein Herr, eine Dame, ein Dienstmädchen. Das ist das Personal dieses großen Romans um Liebe und Betrug, um wahre und ersehnte Gefühle, um Aufrichtigkeit und Befangenheit in gesellschaftlicher Konvention. Zugleich ist es ein Abgesang auf die großbürgerliche mitteleuropäische Welt.

»Hier beschreibt Meistererzähler Sándor Márai sehr weise, wie schwer die Liebe lasten kann – ein Sittenbild der Gesellschaft zwischen den Kriegen, wie es sensibler selten zu finden ist.«
Stern

05/1657/02/R

Liebesbriefe berühmter Frauen

Herausgegeben von Petra Müller und Rainer Wieland. 224 Seiten mit 11 Abbildungen. Piper Taschenbuch

Jeder Sex-and-the-City-Fan kennt die Szene, in der Carrie ihrem Mr. Big aus dem Buch »Liebesbriefe großer Männer, Band 1« vorliest. Doch nicht nur Männer waren große Briefeschreiber, auch die bedeutenden Frauen der Geschichte wussten ihre Gefühle in zauberhafte Worte zu fassen. Dieser Band stellt 50 Liebesbriefe großer Frauen vor und erzählt die Geschichten hinter den Briefen. Die ergreifendsten, eindringlichsten, leidenschaftlichsten und auch humorvollsten Zeugnisse der Liebe – für alle, die sich nach großen Gefühlen sehnen.

05/2455/01/L

Jette Kaarsbøl

Das Versprechen der Ehe

Roman. Aus dem Dänischen von Christel Hildebrandt. 560 Seiten Piper Taschenbuch

Die Zukunft der jungen Frederikke steht fest: Sie wird den Theologiestudenten Christian heiraten und Pfarrfrau in der dänischen Provinz werden. Doch dann lernt sie den charmanten Arzt Frederik kennen und löst ihre Verlobung mit Christian – im 19. Jahrhundert ein gesellschaftlicher Skandal, der Frederikke jedoch nicht von ihrem Weg abbringen kann. Jette Kaarsbøl erzählt die dramatische Geschichte einer jungen Frau zwischen Konvention, der Sehnsucht nach Freiheit und der Suche nach persönlichem Glück.

»Die Dänin Jette Kaarsbøl erweist sich in ihrem ersten Roman als ein fulminantes Erzähltalent, dem man schier lesesüchtig auf der Zeitreise folgt.«
Nordis

05/2207/02/R